城市空间分析与区位政策

以北京、杭州为例

URBAN SPATIAL ANALYSIS AND LOCATION POLICY

Examples of Beijing and Hangzhou

李佳洺　著

社会科学文献出版社
SOCIAL SCIENCES ACADEMIC PRESS (CHINA)

序　言

我们处在一个信息爆炸的时代，现在我们每天制造的数据可能比从文明肇始到 2000 年的总和还要多。通过对这些海量数据的分析，我们能够准确地捕捉事物的个性化特征和趋势，对社会经济活动进行精细化的管理，从而以最低的成本和资源消耗满足人们个性化的需求，这使得人们逐渐意识到数据已经成为未来发展的重要驱动力。

本书也是以大规模微观企业个体数据这一新型数据为出发点，对产业区位、产业空间等传统经济地理学问题进行重新审视。尽管一个城市的微观企业数据也许算不上海量数据，但是与常用的基于行政区划的统计数据相比，其数据规模还是巨大的。这些规模巨大的数据一方面给我们带来了新的研究方向和视角，但是另一方面也使我们面临一些困惑和问题。首先，如何处理这些规模庞大的数据？传统的方法是否足够，还是需要新的分析方法？其次，这些新的数据与传统数据相比具有哪些优势？在研究中可以给我们带来哪些好处？最后，面对如此丰富的企业属性，我们应该选取哪些角度进行研究分析？可能会出现什么样的结果？

目前基于微观企业个体数据的研究相对较少，缺乏针对此类数据的特点、分析方法、研究思路等的系统阐述。本书对基于此类数据的研究进展、研究方向等进行了梳理，以一系列研究实例对上述问题进行回答。虽然多个并列的个例研究可能使全书内容缺乏连贯性，但是本书的一个主要目的是尽可能全面地介绍基于微观个体企业这一类新数据的不同研究方向，为进一步的研究奠定基础，换句话说是注重研究的广度而非深度，因此多个并行的篇章结构更加符合本书写作的目的。加之，本书的所有研究案例都围绕"区位"这一经济地理的核心命题，从不同角度研究企业空间分布特征和机制，因此研究主题十分明确且聚焦。

全书共十章，分为三个部分。第一部分主要介绍数据特征与研究方法，包括两章内容：第一章重点介绍微观企业个体数据的特点及与传统数据的差异，进而总结数据在研究应用中的优点和问题，并梳理了相关研究和趋势；第二章介绍研究涉及的主要理论和方法，重点关注微观企业个体数据处理和分析需要使用的点状数据分析方法和基于距离的空间分析方法，并辅以一些分析示例。第二部分包括多个从不同角度对微观企业数据进行应用研究的实例，总计六章，以北京和杭州为研究的案例城市，涉及城市圈层结构对产业布局的影响、产业集聚区的识别与划分、不同产业集聚特征的空间分异、不同规模企业集聚特征的异同、不同城市典型行业集聚特征的比较、不同所有制企业在城市空间中的分布状况、不同类型行业区位选择的对比分析、微观企业数据与其他来源数据融合分析应用等内容，主要是对以微观企业数据为基础、从多个方向和角度出发的分析研究进行介绍，力求进一步开拓基于此类数据研究的视野。第三部分是针对北京产业空间和产业发展战略的政策评估，分为两章，即第九章和第十章；第九章是基于微观企业数据对新一轮北京城市总体规划中提出的"一核一主一副、两轴多点一区"的城市空间结构进行分析和评估，从而对未来城市产业空间的调整提出建议；第十章是笔者对于新形势下北京未来产业发展方向和战略的思考，考虑了北京产业发展对周边区域发展的影响，是对全书以北京为主要案例城市进行研究的总结。

本书得到了国家自然科学基金青年项目（项目编号：41701128）的资助，相关研究内容是以笔者博士阶段的研究工作为基础，并以此后的相关研究工作加以补充和完善。因此，本书很大程度上得益于笔者的博士指导老师，即中国科学院地理科学与资源研究所张文忠研究员的悉心指导，中国科学院地理科学与资源研究所的樊杰研究员、金凤君研究员、徐勇研究员、余建辉副研究员以及北京大学李国平教授、孙铁山副教授等师长和朋友也对相关研究工作给予十分有益的建议，在写作过程中也得到了马诗萍博士等同学的协助，在此表示由衷的感谢！本书能够顺利出版得到了社会科学文献出版社高明秀女士和侯洁女士的大力帮助，在此表示衷心的感谢！

大规模微观个体数据是近年来兴起的全新的数据类型，相关研究仍处于探索阶段，加之笔者水平和能力有限，研究可能存在纰漏，敬请读者指正。

李佳洺

中国科学院地理科学与资源研究所

2018 年 2 月

目　录

第一章　微观企业研究的缘起

本书从地理学视角出发，关注微观企业的空间布局和区位等问题。同时，由于微观企业数据在中微观尺度研究中的优势以及已有的数据基础，本书对于微观企业的研究和讨论将主要聚焦于城市内部这一空间尺度和范围。

本章重点回答为什么要使用微观企业数据这个核心问题，包括大规模微观数据研究现状、微观企业数据自身特征以及基于微观企业数据的研究进展三个方面的内容。首先概述大规模微观数据研究的时代背景和主要方向，其次在此基础上总结微观企业数据的特点及与传统产业数据相比的优势，最后对产业区位、产业集聚等相关研究的发展趋势进行梳理和分析，从而明确基于大规模微观个体企业数据进行产业空间研究的意义。

一　大规模微观数据研究的兴起

信息化时代背景下，人们不仅采用遥感等技术手段对地形、地貌、植被等自然地理环境进行了数字化，而且对居住、出行、工作、学习等各类社会经济活动也都进行了编码和数字化处理，对人类行为广泛地进行数字化和信息化成为近年来基于大规模微观数据进行社会经济研究的重要基础。

"信息化"于20世纪60年代被提出，随着电子计算机的诞生和广泛应用、卫星带来的全球性通信以及信息产业的崛起，人类社会开始进入了"信息化时代"。20世纪90年代，曼纽尔·卡斯特陆续完成的《信息时代三部曲：经济、社会与文化》等著作也详细阐述了信息化对人类社会发展的深刻影响。但是大数据快速发展是21世纪以后的事情，在2000年时数字数据仍仅占全球数据量的1/4，而模拟数据占了3/4。2007年人类存储的数据大约 300 艾字节（EB，$1EB = 2^{60}$ 字节），其中 93% 的数据为数字数据。有研究（赵鹏军、李铠，2014：25）表明到 2013 年，人类存储的数据约为 1.2 泽字节（ZB，$1ZB = 2^{70}$ 字节），其中数字数据的比例高于 98%。因此，应用大数据对人类社会经济活动进行的研究也主要出现在 2000 年以后，特别是 2010 年以来此类研究快速增多。

城市尤其是一些大都市人类活动的相关数据较为完善，因此目前大多数研究主要集中在城市区域，涉及地理学、城市规划学、交通规划及政策、社会学等多个学科领域，但是从数据来源看主要可以分为以下三个类型。①来自交通管理部门的公交刷卡和出租车运行数据，此类数据主要记录了居民的出行轨迹，包括居民上下车的详细时间、车站编号等，一般还包括公交卡类型，如普通卡、学生卡、老年卡等，但是并没有与居民身份信息绑定，因此可获取的持卡人的社会经济属性数据相对较少。②来自通信部门的手机信令数据，此类数据主要是居民使用手机通信时会就近连接在一个通信基站上，而通信基站的空间位置是确定的，因此可以通过通信基站的空间位置大概确定手机使用者的空间位置信息。我国已经全面实行手机卡实名制的登记制度，理论上手机卡已经绑定了用户的基本身份信息数据，但是居民的这些个人身份信息是涉密数据，因此研究通常还是以空间位置信息为主的。③来自互联网的 POI 和网络签到数据，此类数据是随着电子地图的发展和互联网社交平台的兴起而产生的。许泽宁、高晓路（2016：928）将 POI（Point of Interest）定义为具有地理标识的空间特征物，包含名称、类别、经纬度等信息，电子地图中每一个地名、建筑、住宅小区、公园、学校、医院、公司、商场等都是一个兴趣点；而网络签到数据则是用户在登录微博、QQ 等社交网络平台时，网络平台自动记录下登录时所在的地理空间位置等信息，但是用户在注册时会留下一些关于社会属性的信息，加上网络平台也有该用户与其他用户的关联信息等，因此该类数据能够包含一些重要的用户社会属性或关系网络信息。总体来看，这三类数据都包含空间位置及时间维度的信息，差异是前两类数据都是社会经济属性数据，相对较少，且都不是公开数据，而第三类数据的属性信息也相对丰富，且可以从公开渠道获得。

由于这三类数据自身的特点和所包含信息的差异，学者们基于它们所进行研究的主要方向和领域也有所不同。

基于公交卡和出租车数据的研究除对 OD 矩阵的推算外，主要集中在居民出行及城市交通方面。如龙瀛等（2012：1339）利用北京公交和地铁刷卡数据对北京职住关系、交通通勤等进行了研究，尹芹等（2016：126）利用地铁刷卡数据对北京地铁站点的客流进行研究分析，Zhou 等（2014：2051）评价了北京通勤效率和过度通勤的状况，Tao 等（2014：90）使用公交刷卡数据研究了布里斯班居民不同时期不同时间段的出行行为。尽管 Roth 等（2011）基于地铁刷卡数据分析了伦敦的多中心城市结构，Zhong 等（2014：2178）利用 2010～2012 年新加坡公交刷卡数据分析了城市空间结构，Sun 等（2014：5099）基于公交刷卡数据分析了社会网络，但是公交刷卡数据等的有偏性，使得其在城市空间结构和社会网络分析等社会整体特征的研究中存在一定问题。

手机信令数据主要被应用在城市中心的识别等方面。丁亮等（2016：484）基于 2011 年连续 5 个普通工作日的手机信令数据，通过典型工作时间的手机位置确定居民工作地点，从而识别上海的主要就业中心及其腹地范围。王德等（2015：50）利用手机信令数据分析了上海商业中心的等级关系。通过手机信令数据可以识别工作地和生活地，因此也有研究利用手机信令数据分析城市职住关系和交通通勤等问题。

POI 和网络签到数据的研究主要集中在城市功能区的识别及社会网络的研究。陈蔚珊等（2016：703）通过商业设施的 POI 点对广州市零售商业中心的集聚特征和模式等进行了分析。许泽宁和高晓璐（2016：928）通过 POI 密度等值线的变化构建了城市建成区边界的识别方法。网络签到数据的分析更多地应用于社会网络的研究，如隋正伟等（2013：1）通过微博签到数据分析了中国 370 个城市间的交互网络，贺泽亚等（2017：862）利用微博签到数据分析了城市间的联系强度，梁霄等（2014：43）利用网站签到数据量化了社会关系，分析了社会网络与地理空间等的关系。网络签到数据也被应用于城市空间和游客时空特征等分析（王波等，2014：14；王录仓等，2017：94）。

尽管这三类数据在来源、特征以及主要应用的研究领域等都存在一定差异，但是总体来看，基于这些数据的研究聚焦于城市居民这一微观主体，都从居民的日常行为出发，对居民交通出行和活动区域进行深入研究，进而对承载居民活动的城市空间进行阐释，更多的是对城市生活空间的分析。目前针对企业这一微观主体，采用大数据进行空间分析的实证研究相对较少，但是企业作为经济活动的最基本单元，能够反映城市中产业空间这一重要组成部分。虽然一些研究也采用交通出行、手机信令等数据对城市就业空间或城市中心进行分析，在一定程度上能够反映城市的产业空间，但是居民行为只是经济活动的间接表征，不能完整地反映城市中经济活动的空间特征，也难以对产业集聚中心等进行确认性分析。因此，基于微观企业数据的研究是城市领域中进行大数据研究的重要组成部分，能够与已有的研究相互补充，共同完善城市研究的图景。

大数据分析相较于传统的研究而言，具有"要全体不要抽样、要效率不要绝对精确、要相关不要因果"三个显著性特征（杨振山等，2015：410），全体样本一方面使得研究的样本规模巨大，另一方面也使得研究更加精细化，同时在信息化时代技术上允许实时进行数据收集和更新，这使得研究的动态性更强。与上述三类微观居民个体数据相比，微观企业数据在规模、空间精细化等方面基本相似，但是在动态性方面相对较弱，因为企业的空间位置不像居民一样时刻发生变化。

二　微观企业数据的特点与优势

微观企业数据（Firm-level Data）是指可以细分到单个企业的个体数据集。尽管是企业个体数据，但是与案例研究的数据也有较大差异，研究中通常与经济普查和统计年鉴中以各种方式加总的聚合数据（Aggregated Data）相对应。目前最为常见的微观企业数据主要是由国家统计局建立的中国工业企业数据库，全称为"全部国有及规模以上非国有工业企业数据库"。该数据主要是被经济学家应用于我国经济发展的宏观分析和研究中（周黎安等，2007：1297；Hsieh and Klenow，2009：1403；Song et al.，2011：196）。但该数据库存在两个不足：一是数据库中的企业全部是工业企业，不包括服务业企业，但是近年来服务业在我国经济尤其是城市经济中占很高比重，2013年服务业在全国 GDP 中的比重超过工业；二是企业样本量不足，该数据库只包括国有及规模以上的非国有工业企业，这里的"规模以上"要求企业每年的主营业务收入（即销售额）在 500 万元及以上，2011 年该标准改为2000 万元及以上，对于以单个城市为研究对象的中观尺度研究来说，样本量略显不足。本书中的微观企业数据主要来自笔者收集的企业工商登记数据和经济普查数据，数据包含的行业类型较为齐全以及企业规模较大，因此更适合应用于经济地理、城市经济以及城市规划等领域内中微观尺度的研究。

1. 微观企业数据的特点

微观企业数据具有数据量大、属性信息丰富，但也包含一定错误信息等特点。

（1）数据量大

微观企业数据集通常包括大量的企业个体，如笔者收集的北京、杭州、佛山三个城市的企业登记数据，企业数量都在数十万家，北京更是多达 70万家企业个体，而中国工业企业数据库中每年的样本企业数量也从 1999 年的大约 16 万家逐年递增到 2007 年的大约 33 万家（聂辉华等，2012：142）。这些数据可以反映一个城市、区域或国家企业发展的整体状况，因此这类数据通常被应用于普遍性特征或规律的研究中。与案例研究中所使用的企业个体数据有很大差异。

（2）属性信息丰富

微观企业数据中含有大量的企业属性信息，不仅有企业名称、企业法人代表信息、企业具体地址、成立时间、职工人数、注册资本等企业基本信息，还包括组织机构代码、行业代码以及纳税情况、企业利润等一些企业财务信息。当然，这些属性信息的获取并不容易，尤其是企业法人代表信息以及企业利润等财务信息都十分敏感。因此，在开展研究初期需要对研究进行良好的设计，明确研究所必需的属性信息。这样一方面能够降低收集数据的难度，另一方面也能减轻数据后期整理、校对等的工作量。

（3）企业空间位置精确

对于空间分析而言，微观企业数据还有一个特殊的优势，即可以根据企业位置信息，确定企业所在地理空间中的位置。在企业信息中通常包括企业的位置信息，即使没有企业的位置信息，也可以根据企业名称获得企业的空间位置信息。尽管通常来说依据企业的位置信息对企业进行定位将更加准确，但是也不尽然。在空间分析中，精准的企业空间位置是微观企业数据与传统聚合数据相比最大的优势，同时也能避免传统聚合数据的一些难以解决的问题。

2. 与传统聚合数据相比的优势

（1）消除可塑性面积单元问题（Modifiable Areal Unit Problem，MAUP）

可塑性面积单元问题最初由 Openshaw 和 Taylor（1979：127）提出，即为"对连续地理现象的空间单元进行人为划分而导致空间模式的变化，从而引起的问题"。这些问题可以分为尺度效应和区划效应两种类型，前者是分析的尺度或分辨率的不同而导致结果的差异，后者则是对区域划分方案不同而导致结果的不一致（Openshaw，1984：213；陈江平等，2011：1597），二者都与区域单元划分标准的改变有关。

传统的空间分析都是以基于行政单元的聚合数据为基础的，因此可塑性面积单元问题在这些研究中是十分常见的问题。空间自相关是研究产业集聚和空间格局的基本分析方法，但是城市内部统一行政级别的空间单元面积差异巨大，以北京为例，面积最小的东城区不足 50 平方公里（42 平方公里），而密云区、怀柔区的面积都在 2000 平方公里以上（分别为 2229.45 平方公里和 22122.62 平方公里），而对于街道（乡、镇）来说，房山区的斋堂镇面积达 392.4 平方公里，而同样位于房山区的星城街道不足 1 平方公里。对面积较大的街道（乡、镇）进行进一步划分后，空间自相关所表示的集聚程度可能会大幅提升。因此，从行政管理等角度的空间划分使得空间单元的面积差异巨大，可能对产业空间分析的结果产生显著影响。

以微观企业数据为基础进行的空间分析是基于空间距离的，有效地避免了可塑性面积单元问题。根据企业个体的地理空间位置，能够计算企业间的空间距离，空间分析不再依靠空间单元是否邻接，而是基于真实的地理空间距离，因此结果不再受空间尺度及空间单元划分方法的影响。

（2）精细准确地刻画产业空间

以精准的企业空间位置为基础的精细化空间分析不仅对于中微观尺度的研究十分重要，而且对于以高度集聚为特点的服务业经济也具有重要的现实意义。对于中微观尺度的研究而言，基于企业空间位置的精细化空间表达和分析无疑能够有效地深化基于行政单元的传统研究结果，同时结合企业的其他属性信息可能使研究结果更有价值。更重要的是，在我国进入后工业时代背景下，微观企业数据在空间分析中的重要性日趋明显。随着我国逐步进入后工业时代，服务业成为经济增长的主要动力，金融、商务、研发等现代服务业成为城市，尤其是区域核心城市的主导产业，这些现代服务业的共同特点之一是在地理空间中高度集中。以北京金融街为例，大量的企业总部和金融机构主要集中的空间范围在 1 平方公里左右，但是金融街街道的辖区范围近 4 平方公里，在金融街街道的大部分区域金融机构并没有明显的地理集聚，因此以行政区划为基础的分析并不准确，而且这些企业的集聚区范围可能是位于多个行政区的边界区，尤其是那些处于集聚区边缘的行政区，尽管集聚程度也很高，但由于企业总量不大，基于行政区聚合数据的传统研究可能无法探测。在现代服务业逐步成为大城市核心产业的背景下，基于微观企业数据的分析不仅使得研究更加精细化，而且是十分必要的。

3. 存在的问题

尽管微观企业数据具有传统聚合数据无法比拟的优势，但是其自身也存在一定的问题。最大的现实问题就是微观企业数据不易获取。企业级数据涉及一些比较敏感的信息，因此政府机构不会公布企业级的数据，数据获取较为困难。当然近年来随着需求的增加，一些民间机构业开始收集企业信息，构建企业级数据库，如万得金融数据库、色诺芬经济金融数据库、国泰安上市公司数据库，样本企业都是上市公司。

即使获取了中国工业企业数据库和企业工商登记等微观企业数据，也需要对这些数据本身存在的一些问题有清醒的认识。尽管从整体来看，微观企业数据集包含的企业数量众多，因此个别企业的错误信息对研究的总体结果可能不会产生显著影响。但是我们依然要对数据集中存在的样本匹配混乱、指标缺失、指标大小异常、测度误差明显和变量定义模糊等问题有清醒的认识，尽可能降低错误信息的干扰。聂辉华等（2012）已经以中国工业企业数据库为例，就微观企业数据集存在的样本匹配混乱、指标缺失、指标大小异常、测度误差、样本选择、变量定义等一般性问题进行了详细分析。

在此，笔者重点阐述在使用工商登记数据进行空间分析过程中遇到的三个主要问题：一是企业位置信息，工商登记信息中的企业地址为企业注册地址，企业注册地址与实际经营地址可能存在差异，就准确性而言经济普查企业数据库最为准确，其次是税务系统的企业经营地址，但是这两类信息很难获取；二是企业规模信息，根据企业规模划分标准，企业规模以企业职工人数或销售额为主要依据，但是企业财务信息较难获取，因此通常以职工人数为依据，但是工商登记的企业职工人数可能是企业在全国所有职工人数的总和，这一问题在北京等企业总部集中的大城市十分突出；三是企业的行业类型，尽管工商登记数据中包含企业的行业代码，但是对于一些大型制造业企业，其总部、研发部门以及销售部门等非生产制造部门可能与生产制造的工厂在空间上是分离的，但是这些非生产部门在登记行业类型时仍是按照制造业部门进行登记的。对于以上问题，在研究中需要进行一定的处理和修正，即使无法进行校核，也要清晰地知晓这些信息偏误可能对研究结果造成的影响。

三　相关研究进展

微观企业作为市场经济的行为主体，很早就引起了学者的广泛关注。Coase（1937：386）、Coase 和 Dorfman（1972：100）等经济学家在 20 世纪初期就对企业的形成和规模等进行了深入研究，韦伯（2009）、克里斯塔勒（1998）等地理学家构建的工业区位论和中心地理论等也都是基于微观的企业行为。但是早期的实证研究多是针对单个企业进行的案例分析，受数据等的限制，对于大样本企业数据的研究兴起较晚。

1. 研究数据和方法正在趋于微观化、精细化

目前多数研究依然采用行政区划的聚合数据（Aggregated Data），以基于面状数据的分析方法为主。聚合数据多是以某一个行政单位为基础，对行政单元内的企业数量、总产值、从业人员数量等社会经济数据进行加总后的数据。我国的统计数据多是此类数据，因此该类型数据较容易获得，很多学者采用这些统计数据对产业在空间中的集聚状况进行了大量的研究。

针对聚合数据的分析方法发展也相对较为成熟，主要分为两大类：一类是企业在地理空间中的集中度测度，另一类是地理空间的聚类分析。前者以 EG 指数（Ellison and Glaeser，1997：889）和 MS 指数（Maurel and Sedillot，199：575）为主，这两种方法一定程度上是对空间基尼系数的改进，是从企业区位选择的角度出发，测度特定产业的企业（或从业人员）是否更倾向于在同一空间单元内集中。EG 指数是从空间的自然优势以及企业间的溢出效应等因素出发，推导企业的区位决策行为，具有明确的经济理论基础（赵浚竹等，2014：850）；而 MS 指数则是简单的概率估计，但它考虑了企业规模的影响，能够区分产业的空间集中是外部性导致的地理集聚（孟晓晨等，2011：186）。尽管 EG 指数在企业规模影响控制方面存在一定的缺陷（Holmes Stevens，2002：682），但是其明确的经济理论基础被广泛应用于经济和产业集聚的测度（Ellison et al.，2010：1195；贺灿飞、肖晓俊，2012：

111；罗勇、曹丽莉，2005：106；路江涌、陶志刚，2007：801）。后者则是以 Moran's I、G 统计量等为代表（Cliff and Ord，1981：87），本质是探查多个相似属性的地理单元在空间中是否存在邻近性，即空间相关性或异质性，其理论基础是地理学第一定律。贺灿飞和谢秀珍（2006：212）、吴玉鸣和徐建华（2004：654）、吴爱芝等（2013：775）、靳诚和陆玉麒（2009：713）等分别从省区、地级市、县域三个尺度对我国产业专业化、经济增长、产业转移以及经济格局等问题进行研究。尽管秦波、王新峰（2010：43）以邮政区为基本单元对城市内部产业格局进行了分析，但是对于金融、商务、信息等服务业的集聚来说空间范围依然偏大。李佳洺等（2016：95）的研究表明，信息服务业在杭州市区的集聚范围在 3 公里左右。加之，基于空间单元的聚合数据还存在边界效应问题以及可塑性单元问题等。正如 Clark 等（2003：125）所说，虽然大家都同意州并非最合适的区域分析层次，但是由于州一级数据的有效性而被广泛采用。

近年来以微观企业数据为基础，构建的基于距离的产业集聚特征等研究方法推动了微观尺度下精细化的产业区位等研究。Duranton 和 Overman（2005：1077）提出了一个基于距离的测度集聚的指数（DO 指数），并应用该方法对英国制造业企业的集聚状况进行实证研究。Barlet 等（2013：338）对 DO 指数的有偏性问题进行了修正，研究了法国的产业集聚特征。而 Marcon 和 Puech（2003：409；2009：745）则对 K 函数进行了一定的修正，并应用于对巴黎制造业空间集聚的研究。袁海红等（2014：38）应用 DO 指数分析了北京各行业空间分布状况，但是在设定集聚的阈值时，直接借用了 Duranton 和 Overman（2005：1077）在英国全国尺度上将所有企业空间分布点位都作为重新取样点的做法，但这一方法在城市内部可能存在一定问题，因为在城市空间中由于城市规划等的限制，工业用地和商业用地是分开的，不考虑这一因素将大幅提高制造业集聚门槛，而降低服务业集聚门槛。李佳洺等（2016：95）对这一问题修正后，应用基于距离的研究方法，对杭州产业空间的研究表明信息服务业主要集中在 3 公里左右的空间范围内，远小于各区（县）的范围。

同时，城市内部产业区位的研究也逐步突破了行政区划的限制，尝试结合公共交通、公共设施等对产业区位进行综合评估和模拟。对于以服务业为主的城市副中心研究已经突破了行政区划的限制（Giuliano and Small，1991：163；Leslie，2010：205）。在此基础上，李佳洺等（2016）尝试综合现有产业基础、高素质人口分布、公共服务设施以及山体、河流等对杭州各区域产业发展潜力进行评估。刘小平等（2010：695）和梁育填等（2013：497）基于多智能体模型对企业区位选择过程进行模拟。

2. 城市内部各行业间空间区位比较研究有待加强

工业仅次于农业是发展时间最长的行业，更重要的是工业促进了世界经济的快速发展，同时推动了人类社会由农业社会向工业社会的转变。因此，工业尤其是制造业区位选择问题成为区位理论和实证研究关注最多的产业。除古典工业区位论外，克鲁格曼（Krugman）等进一步阐释了马歇尔（Marshall）对制造业集聚的论述，以劳动力池、产业前后向联系以及信息和知识溢出三大基本因素构建集聚经济理论模型。因此，大量的实证研究都围绕制造业展开。

Ellison 和 Glaeser（1997：889）构建了表征产业集聚的 EG 指数，并以美国制造业为例，确认了上述三大基本因素对于制造业在全国空间尺度上布局的影响，并认为产业前后向联系是最重要的，其次是劳动力池。Rosenthal 和 Strange（2004：2119）的研究除确认集聚经济三个因素的重要性以外，还表明自然资源优势、地租等都对产业区位选择有较大影响。贺灿飞等（2007：1253）认为产业的投入要素、外商投资等对中国制造业集聚及分布有重要影响，但是产业间联系则没有显著影响。樊杰等（2009：131）通过问卷调查等方法对洛阳大型工业企业区位选择的分析表明，快速通道建设、政府补贴弥补土地价格差价等是企业区位选择的重要影响因素。张华和贺灿飞（2007：984）认为接近高速公路、工业园区等影响了北京外企制造业的区位。张晓平和孙磊（2012：14）认为区位通达度、集聚经济、科技园区规划与政策引导对北京制造业空间格局及产业区位有显著影响。政府产业政策也是导致北京制造业圈层结构的重要原因（刘涛、曹广忠，2010：716；Li et al.，2015：33）。

近年来，随着服务业对经济发展的贡献越来越大，对于服务业区位的选择也引起了学者的关注。张文忠（1999：273）认为信息获取的便捷性、高素质的劳动力等是服务业区位选择重点考虑的因素。阎小培等（1996：1）认为信息技术的应用对服务业区位布局产生深远影响。王铮等（2007：651）认为信息化设施水平、高技术产业发展基础、人力和社会资本条件等对 IT 产业的发展和布局有重要影响。刘曙华（2012：117）认为除集聚经济外，地区人力资本、政府产业发展规划与政策等也影响了生产性服务业的布局。潘峰华等（2013：19）认为拥有集聚经济带来的专业化、多元化的产业环境和优质配套条件，以及高行政等级带来的信息和政策优势，是企业总部迁往经济发达以及高行政等级城市的重要原因。张景秋等（2010：675）、张景秋和陈叶龙（2011：1299）认为交通和城市功能定位对北京市办公活动空间的区位有重要影响。申玉铭等（2007：821）、冯鹏飞和申玉铭（2017：49）发现制造业由于与生产性服务业有很强的投入产出联系，从而对北京生产性服务业的布局产生影响。邱灵（2013：74）认为交通可达性，尤其是公共交通对北京金融、商务等服务业区位有显著影响。

从研究结果来看，制造业和服务业区位选择的因素和机制存在明显差异，前者更注重产业前后向联系、区位通达性等，后者多受到产业政策、高素质劳动力、产业多样化等的影响。一些研究对比了服务业和制造业区位因素的差异，如 Kolko（2007：1）对服务业的研究表明，劳动力池对于服务业区位没有显著影响，但产业前后向联系和信息溢出等对于服务业集聚的解释力则高于制造业。李佳洺（2015：110）对比研究北京商务服务业和汽车装备制造业的区位选择因素，表明上下游联系对于汽车装备制造业有十分显著的影响，但是对商务服务业的影响则并不显著。事实上 Ellison 等（2010：1195）也不确定影响制造业集聚的三个基本要素是否能够普遍适用于非制造业部门，尤其是创新型服务业。

即使两大产业内部各行业之间区位选择的影响因素也存在一定差异，尤其是服务业。随着后工业化社会中服务业的迅速发展，服务业的行业类型快速增多，行业间的区位差异也较为明显，如于伟等（2012）认为北京零售业出现了快速的郊区化趋势，而张景秋等（2010）的研究则表明北京金融业向心集聚的趋势依然十分明显。影响不同服务业区位选择的因素也有较大差异，如 Glaeser（2005：593）认为城市便利性（Urban Amenity），即完善的生活服务、便利的交通、良好的外观等有利于文化创意产业的发展和布局。Mitchell（1999：89）进一步认为城市内部高质量的教育和医疗服务、大量灵活的交通设施和公共服务供给等对文化创意产业区位有重要影响。这些结果也得到了国内学者的进一步确认（栾峰等，2013：70；马仁锋，2014：1）。

尽管大量的研究已经表明不同行业的区位选择因素和机制存在一定差异，但是系统地梳理和对比各行业区位选择差异的研究相对较少。鉴于一些因素具有明显的地方性，针对特定区域系统地比较各行业区位选择的差异能够使研究结论更加准确，这一定程度上涉及区位因素的空间尺度问题。

3. 多行业联合集聚的研究逐渐增加

目前产业集聚的研究多是针对某一行业空间集聚特征及机制的研究，特别是对制造业的研究较多。事实上，集聚经济领域的许多重要的奠基之作是以制造业为基础的，如克鲁格曼（Krugman，1999：32）等在构建集聚经济的理论模型时强调了产业间的上下游联系，而 Ellison 和 Glaeser（1997：889）也是基于美国制造业建立了 EG 指数以测度产业集聚的程度，Duranton 和 Overman（2005：1077）构建的基于距离的集聚测度指数也同样基于英国的制造业企业，因此后续的研究也多是围绕制造业展开的。

由于制造业数据更容易获取、行业分类更为细致等，国内对于产业集聚的研究也多是针对制造业的，如文东伟和冼国明（2014：3）对我国制造业集聚程度及变化趋势进行的研究，吴三忙和李善同（2010：4）对我国制造业地理集聚特征及时空演化进行的研究。这些研究多是将制造业作为一个产业类型进行的研究，很少分析制造业内部不同产业之间的差异性。

　　与以上下游产业链为基础形成高度专业化的制造业集聚区不同，服务业集聚则更多地依赖不同产业间的信息和知识外溢，从而形成一个多样化的产业发展环境。因此一些学者从产业联合集聚（Co-agglomeration）的角度对服务业的空间集聚进行研究，并且研究对象不仅仅局限在某一个产业。Kolko（2007：1）应用 Ellison 和 Glaeser（1997）构建的联合集聚指数，对美国服务业的联合集聚的影响因素及其在不同空间尺度上的影响进行分析。Jacobs等（2014：443）认为阿姆斯特丹都市区的知识密集型服务业与跨国公司有显著联合集聚的现象，跨国公司对于知识密集型产业布局有重要影响。而Stephen 和 Erik（2016：13）则采用自己构建的联合集聚指数对 Denver-Boulder-Greeley CMSA 大都市区内部产业集聚进行分析，结果表明，交通运输业与制造业联合集聚的程度最高，而零售商业、住宿、餐饮等产业与其他产业之间联合集聚的程度很低。

第二章 研究的相关理论与方法

一 相关理论

本书应用企业级微观数据重点关注城市内部企业分布、产业区位及产业空间演变等问题，主要涉及经济区位论、集聚经济理论以及城市空间相关理论。本节将通过对相关理论的梳理，为相关研究提供理论支撑，并进一步聚焦研究的核心问题，探讨研究的理论意义。

1. 概念辨析

产业的空间集聚是本书重点讨论的问题之一，但是存在一些与产业集聚较为相近的概念，为了明确本书所研究和关注的内容，对这些相似的概念进行比较和辨别是有必要的。

（1）产业集中、产业集聚、产业集群

产业集中（Industry Concentration）是指某个产业内，少数几家规模巨大企业的生产量、销售量、资产总额等占整个产业的份额很大，以至于可以支配产业价格，对行业造成垄断。因此，产业集中与产业的空间分布没有关系。

与产业集中相近的空间产业分布的相关概念是产业地理集中，是指产业的从业人员、产值等在少数地理空间上集中。这种集中可能是该产业少数规模较大的企业造成的，也可能是企业数量众多造成的，因此这个概念反映高强度的经济活动只在少数地理空间上出现，但不能区分这个集中是企业内部规模经济造成的，还是自然资源、企业前后向联系、劳动力市场等因素引起的外部规模经济造成的。

产业集聚（Industry Agglomeration）也是指产业的就业、产值等要素在少数地理空间上的集中，但是强调外部规模经济引起的地理集中，如大量的实证文献是对中间产品的规模、劳动力市场以及技术外溢等外部性的研究。因此，产业集聚的概念研究的重点也是在集聚与扩散两种力量的相互作用上。对产业集聚测度的指标也都排除了内部规模经济造成的影响，如 EG 指数和 MS 指数。

产业集群（Industry Cluster）是由波特提出的，他认为产业集群是指在特定区域中，具有竞争与合作关系且在地理上集中，由交互关联性的企业、专业化供应商、服务供应商、金融机构、相关产业的厂商及其他相关机构等组成的群体。对产业集群的研究更注重对企业间相互联系的研究以及对本地社会环境的适应。

总体来看，产业集聚和产业地理集中是两个与地理空间相关的概念，而产业集中和产业集群与空间相关性较弱。产业集聚更强调由于经济外部性而形成的企业在空间上的地理集中；而产业地理集中则重点在于空间集中，这种集中可能是经济外部性造成的，也可能是政策等其他因素造成。产业集中是一个产业经济学概念，与地理空间并不相关；产业集群强调企业间的协作关系，更多与地方性社会环境、根植性等联系在一起。

（2）产业集聚区

本研究以微观企业数据为主对城市内产业空间进行分析，重点考虑企业间外部规模经济的影响，但是企业间相关联系不作为研究重点，因此产业集聚区的概念更为合理。同时，产业集聚区的范围主要依据企业在城市空间的密度，并不依据经济开发区等行政边界，研究城市内已经形成的高密度的产业空间。因此，本研究中产业集聚区的概念首先强调产业的外部性，其次是发展成熟的产业空间。

本书中产业集聚区是指在北京市域范围内企业高密度集聚的区域。首先，北京市域已经不仅仅是一个城市的概念，更是一个大都市区的概念；其次，集聚区的边界确定与企业的密度等指标相关，与行政边界无关；最后，企业的集聚是外部规模经济作用的结果消除内部规模经济的影响。

2. 经济区位论

经济区位论主要包括农业区位论、工业区位论和中心地理论，本书主要关注城市内部以工业和服务业为主的经济活动，因此主要对工业区位论和中心地理论进行梳理和相关评述。

（1）工业区位论

工业区位论最初是由德国经济学家韦伯（Alfred Weber）提出的，他在1909 年出版的《工业区位论：区位的纯理论》一书中开创性地提出了一系列概念、原则和公式（定理），系统地构建和论述了工业生产活动的空间区位理论，从而奠定了现代工业区位论的基础。韦伯提出工业区位论的时代是德国在产业革命之后，近代工业有了较快发展，从而伴随着大规模人口的地域间移动，尤其是在产业与人口向大城市集中的现象极为显著的时代。韦伯在经济活动的生产、流通与消费三大基本环节中，挑选了工业生产活动作为研究对象，通过探索工业生产活动的区位原理，试图解释人口的地域间大规模移动以及城市的人口与产业的集聚原因。韦伯在提出工业区位论之前，对1860 年以后德国的工业区位进行了详尽的调查，著有《工业分布论》一文，这成为其工业区位论研究的实证基础（李小建等，2006：67；韦伯，2009：57）。

工业区位论以最小费用为基本原则，重点考虑了运输费用和劳动力费用两个一般性区位因子以及集聚因子对工业区位的影响，以阶段性的思想构建了其工业区位论。韦伯首先提出区位因子的概念，并选取了原料和燃料费、劳动力成本以及运输费用三个影响所有工业的一般区位因子。以此建立三个基本假定条件：①已知原料供给地的地理分布；②已知产品的消费地与规模；③劳动力存在于多数的已知地点，不能移动，各地的劳动力成本是固定的，在这种劳动力花费水平下可以得到劳动力的无限供应。在上述三个假定条件下，韦伯分成三个阶段逐步构建其工业区位论。第一阶段：不考虑运费以外的一般区位因子，即假定不存在运费以外的成本区域差异，影响工业区位的因子只有运费一个，也即韦伯工业区位论中的运费指向论。由运费指向形成地理空间中的基本工业区位格局。第二阶段：将劳动力费用作为考察对象，考察劳动力费用对由运费所决定的基本工业区位格局的影响，即考察运费与劳动力费用合计为最小时的区位，也即韦伯工业区位论中的劳动力费用指向论。劳动力费用指向可以使在运费指向所决定的基本工业区位格局发生第一次偏移。第三阶段：将集聚与分散因子作为考察对象，考察集聚与分散因子对由运费指向与劳动力费用指向所决定的工业区位格局的影响，即为韦伯工业区位论中的集聚指向论。集聚指向可以使运费指向与劳动力费用指向所决定的基本工业区位格局再次偏移（张文忠，2000：80）。

韦伯（2009：41）提出的运输费用成为此后工业区位论研究的重点。帕兰德、胡佛等通过对运输费用理论的改进，从而不断完善工业区位论（李小建等，2006：78）。帕兰德提出了远距离运费衰减的规律，即随着距离的增加，单位距离的运费会不断降低。他认为运费有两种形式，即距离比例运费和远距离递减运费，当运费率为均等时，总运费在上述两地点（原料地和消费地）的连线上到处都相同；当运费率为可变时，总运费在原料供给地和市场双方比其两地点中间的任意区位都低。在现实世界中运费率一般是可变的，那么，最佳区位选择在原料地或者市场的可能性更大。胡佛认为，一般运费随着运输距离的增加而增加，但每千米的平均运输费用与距离的增加不是按等比例增加，而是呈递减的趋势，这一点胡佛与帕兰德的观点相同。不同的是，他把运输分为与距离变化相关的线路运输费用和与距离变化无关的场站作业费用。同时，他还对比了 20 世纪 40 年代末密西西比河下游地区的水运、公路运输和铁路运输的成本，分析了各类运输方式在不同距离上的经济性。因此，胡佛的运输理论一方面是对运费的结构分析，提出了随距离的变化呈递减趋势的途中运输费用和与距离变化无关的场站作业费用，因此区位布局要尽量避免原料和产品的多次中转；另一方面是按照原料和产品的运输距离可以通过选择运输方式降低运费。之后，霍特林（Hotelling，1929：41）等从竞争性市场、廖什（2013：33）从最大化利润等角度对工业区位理论进行了修正和改进。但是距离及其所产生的运输成本一直是工业区位理论探讨的核心问题。

（2）中心地理论

德国地理学家克里斯塔勒在对德国南部所有城市和中心聚落深入研究的基础上，在《德国南部中心地原理》（1998 年）一书中提出并系统阐述了中心地理论。中心地理论是依据城市和中心聚落中商业服务业等级和服务范围提出的，因此成为零售业领域企业区位的基本理论。同时，中心地理论很大程度上反映了对城市的形态、空间分布和规模等级等，也成为城市地理的基本理论（克里斯塔勒，1998：77；李小建等，2006：92）。

中心地理论是从商品的等级和服务范围出发，在市场原则、交通原则和行政原则的基础上，采用演绎思维，推演商品的最佳市场范围，进而构建空间秩序，其核心是一种空间嵌套的等级关系。中心地理论提出中心地、中心商品、中心地职能、中心性、商品服务范围等一系列核心概念，认为低级中心地数量多、分布广、服务范围小，提供的商品和服务档次低、种类也少；而高级中心地数量少、服务范围广，提供的商品和服务种类也多。在二者之间还存在一些中级中心地，其供应的商品和服务范围介于两者之间。在市场原则的基础上，克里斯塔勒（1998：77）认为六边形是实现空间均衡的最佳空间形态，并以此构建了市场原则下嵌套式的中心地空间体系。此后，在市场原则的基础上，采用交通原则和行政原则对中心地系统进行修改，并进一步强调，高级中心地对远距离的交通要求大。因此，高级中心地按交通原则布局，中级中心地布局行政原则作用较大，低级中心地的布局用市场原则解释较合理。

克里斯塔勒（1998：77）的中心地理论最大特征之一是中心地的等级和中心职能是相互对应的。最低等级的中心地具有最低的中心职能，而比其高一级的中心地不仅具有自己固有的职能，同时也有最低中心地的中心职能，以此类推，最高级的中心地具备所有等级的中心职能。同时，同一等级的中心地以一定的间隔布局。

总体来看，尽管工业区位论和中心地理论作为经济活动空间分布的基本理论对现在的产业布局依然具有较好的指导意义，但是由于经济环境的变化、产业的发展以及研究问题的特点等，仍需要对区位理论进一步研究。

①经典的区位论都在 19 世纪末 20 世纪初被提出，但是 20 世纪后期，我国交通基础设施的不断完善、信息技术等的快速发展，这些都使得运输成本大幅下降和信息交流大幅减少，较大地改变了产业发展的基本条件和环境。②随着经济的快速发展，出现了许多新的行业，尤其是服务业中的细分行业快速增加，信息装备制造、金融、研发等新兴产业空间区位的影响因素可能与传统的制造业及商业等有较大差异。③企业区位选择分为两步，首先是从区域尺度都进入城市的选择，然后是在城市内部具体空间区位的选择。传统的区位理论更多地阐述和解析了宏观尺度的产业空间结构和格局，重点是对城市的选择，而本研究聚焦在城市内部这一中微观尺度，重点是企业对微观区位的选择。

3. 集聚经济理论

在韦伯提出集聚因子之前，经济学家马歇尔就已经关注了工业在空间上的集聚现象。尽管受当时主流经济学遵从的规模报酬不变等理论以及技术手段等的限制，马歇尔并没有构建出解释这一现象的理论模型，但是提出了导致这一现象的三个主要原因，即产业的前后向联系、知识溢出以及劳动力池。之后，克鲁格曼等正是应用规模报酬递增理论、D－S 垄断竞争模型以及"冰山"形式的运输成本等，对产业前后向联系进行了模型化，建立了新经济地理学，打开了产业空间集聚的"黑箱"，从而推动集聚经济理论的发展（克拉克等编，2005：87）。在"第二自然"日益重要的背景下，集聚经济很好地解释了在同样自然条件的区域上产业发展的较大差异，对于城市这一人类创造的高度人工化区域内产业空间研究具有重要意义。

（1）不同学科的集聚理论

集聚和扩散是影响人类社会的两个重要力量，人口的集聚产生了城市，而产业也由于生产要素的不均匀分布在空间上形成了集聚。产业的空间集聚已经成为最重要的地理特征（Krugman，1991：10），并对地区的发展产生了巨大的影响。因此，产业空间集聚成为地理学、经济学、管理学等相关学科关注的重点。

地理学的产业集聚理论是企业空间区位选择的理论，以韦伯的工业区位论为基础，后由帕兰德、胡佛不断完善，成为产业区位选择和集聚的经典理论。在韦伯的时代，人们已经注意到工业制造业的区位移动，韦伯试图寻找工业区位移动规律的纯理论。韦伯认为影响工业区位的因素可以分为两类：一类是分布于各区域的区域性因素，包括地价、原材料、劳动力成本、运输成本等生产成本的构成因素；另一类是在工业区域分布中，把工业集中于某个特定地区而不是其他地区的集聚因素。他将区域的社会制度、历史文化因素以及其他特殊因素排除在外，对区域性因素进行仔细剖析之后，认为劳动力成本和运输费用对工业区位的选择起决定性作用，其他因素都可以通过这两个因素进行表达。应用"范力农架构"和"综合等费用线"等运费指向理论，在此基础上建立劳动力成本指向论。除区域性因素外，集聚因素也对工业的空间分布产生重要的影响。韦伯认为集聚因素是使在某一特定地区集中产生优势或降低成本的因素，并将集聚分为两个阶段，即企业自身规模扩大而产生的集聚优势和多个企业相互联系、分工协作而产生的空间集中。之后，帕兰德将不完全竞争引入区位论研究，胡佛则对运费的计算进行改进等都对区位论的发展做出贡献，使之不断完善。工业区位论是以最小成本为出发点的，而廖什则从最大化利润出发，将市场需求作为产业区位的决定性因素形成了市场区位论。

经济学的集聚理论最早由马歇尔提出，认为外部性导致产业集聚。马歇尔的时代，经济学以规模报酬不变为基础，对产业的空间集聚不能进行很好的解释，马歇尔通过引入外部性的概念对集聚现象加以解释。马歇尔认为产业集聚是集聚所产生的外部经济导致的。马歇尔的外部性分为三个方面：企业的前后向联系、劳动力池以及知识溢出（Marshall，1890：32；克拉克等，2005：97）。此后，外部性一直作为经济学对产业空间集聚解释的重要理论，直到现在国内外大量的实证研究中这三个方面的外部性被证明依然具有很高的解释力，尤其是对于制造业来说（Ellison and Glaeser，1999：311；Barrios et al.，2006：467；贺灿飞、谢秀珍，2006：212）。但是外部性长期以来都是一个"黑箱子"，外部性的来源和机制并不清楚。直到 20 世纪 90

年代，以克鲁格曼为代表的经济学家，通过垄断竞争模型和"冰山"形式的运输成本将规模报酬递增和空间距离纳入一般均衡分析中，以此来解释空间集聚的收益递增来源。克鲁格曼等的研究注重经济学模型和方法的应用，并将空间维度纳入主流经济学分析框架内，形成新经济地理学。虽然新经济地理学将马歇尔的外部性进行模型化，但是克鲁格曼本人也承认，新经济地理学仅是考虑外部性中的一个因素——前后向联系，而且这个因素是在经济活动中相对不重要但较容易模型化（克拉克等，2005：97）。

管理学的集聚理论主要是由迈克尔·波特提出的产业集群理论。他认为产业集群是那些在特定领域内既竞争又合作的相互联系的公司、专业化供应商和服务商、相关产业的企业和有联系的机构的地理集中。波特（Porter，1990：74）从竞争优势的角度出发，构建一个钻石模型来分析国家的竞争优势（见图2-1），认为产业集群可以使国家获得竞争优势。钻石理论包括企业战略（或企业结构、同业竞争）、生产要素、需求条件、相关与支持性产业、机会以及政府支持六个方面。

（2）集聚经济的来源和分解

如前所述，从微观机制上来看，集聚经济主要来源于产业前后向联系、知识和信息溢出以及劳动力池三个方面，是企业通过在地理空间中相互邻近，从而有效降低上下游企业间的运输成本和交流成本等，加快信息、技术等的有效传播和外溢，共享区域基础设施等实现的。

第一，产业前后向联系。这一因素已经由克鲁格曼等以严格的数学模型证明，成为产业集聚的基础。模型表明在中等水平的运输成本下，制造业的前后向联系效应最强，一个区域由于历史因素或偶发因素形成了比其他区域更为发达的制造业，那么该区域的价格指数就较低，通过紧密的产业前后向联系，厂商就能实现较低的生产成本，支付较高的工资，吸引更多的制造业工人，在循环累积效应的作用下实现持续的产业集聚，从而形成中心－外围的空间结构。当然，集聚是否持续是产业前后向联系的向心力与运输成本等离心力共同作用的结果。

第二，知识和信息溢出。克鲁格曼也承认知识、技术和信息等的外溢是产业空间集聚最重要的因素，但是该因素难以被测度和量化，因此目前仍然没有对其构建严格的理论模型，而且该因素对于金融、商务、研发等生产性服务业来说尤为重要。已有大量研究表明生产性服务业在城市内部较小的空间范围内高度集聚，而且进一步认为面对面交流是这些行业空间集聚的最主要原因。

第三，劳动力池。多个企业在空间集聚，可以共享区域的劳动力市场，有效降低企业对劳动力的搜寻成本，也可以灵活地调整雇佣水平，劳动者也由于较大的劳动力市场而降低了失业的风险。劳动力池还常常与社会人力资本紧密相关，对于现代服务业和高技术产业的发展产生十分重要的影响。

但是从区域经济的角度，胡佛将集聚经济分解为地方化经济、城市化经济以及内部规模经济，而地方化经济与城市化经济又与经济的专业化和多样化紧密相连。经济的专业化和多样化被认为是创新的原动力，因此对集聚经济分解的阐述也有助于我们对于产业空间和产业发展的理解。

地方化经济是指同一行业内的企业在空间上的集聚所带来的外部规模经济，即马歇尔的外部经济。他认为同行业厂商的集聚有利于培育专业化服务商和供应商，形成具有专门技能的劳动力以及创造和传播新技术、新思想，从而获得和企业内部规模经济类似的经济效益。亨德森（Henderson，1986：47）对地方化经济做了进一步阐释，认为地方化经济主要来源于四个方面：①行业内部的专业化经济，行业规模的不断扩大有利于中间产品市场、专业化服务商和供应商以及相关金融市场的发展；②劳动力相关成本降低，同一行业的地理集中有利于专业技能劳动力市场的形成，降低了劳动力培训成本、劳动力搜寻成本，同时一些学者认为还可以降低企业的工资支出（Diamond and Simon，1990：175）；③企业地理空间的邻近可以显著降低产品的运输成本和沟通的通信成本及提高效率；④可以共享特定产业的公共产品和基础设施，发挥规模经济效益。

城市化经济是指多种不同行业的空间集聚带来的外部范围经济。因为不同行业的经济活动同样可以共享基础设施、培育多样化的劳动力市场以及接受行业间的技术溢出从而节约成本。这些都与地方化经济的原因基本相同，但是城市化经济还有两个重要的来源。一方面，多个不同行业的集聚不仅可以降低行业间的交易成本，亦可以降低客户的搜寻成本。这种现象在服务业中表现得十分明显，多样化的产品和服务可以满足不同客户的需求，在降低客户成本的同时也有利于行业间信息的传递，从而提高企业对于市场变化的反应速度。另一方面，不同行业的集聚一个很重要的方面是可以降低经济波动带来的风险。经济全球化的时代，每个地区都面临经济波动的风险，经济多元化是低于全球经济波动和某些周期性行业下行风险的有效手段。城市化经济主要来源于简·雅各布斯（Jacobs，1969）对城市经济发展的阐述，她认为多样化的经济活动有利于知识的创新，从而促进城市经济增长。因此，城市化经济更多地强调多元化经济对于创新的影响，对于后工业社会地区的创新能力和经济增长具有十分重要的影响。

内部规模经济是指企业的产量提高时，企业生产的平均成本下降，即规模经济或规模报酬递增是存在于企业内部的。与马歇尔的外部性产生生产成本的降低及外部规模经济不同，它强调企业因内部规模的扩大而降低生产成本。其产生的原因是，生产规模的扩大在购买原材料、销售产品等方面单位产品成本的下降以及产品标准化和专业化分工带来的生产效率的提升。

（3）集聚经济与创新

产业集聚不仅通过产业规模的不断扩大推动地区经济的发展，而且常常与创新联系在一起，提高经济增长的活力，从而支撑地区经济的持续发展。创新被视为经济增长和发展的"主发动机"，而创新的周期性也就决定了经济增长与发展的周期性循环。创新理论是 20 世纪初由熊彼特（1990：21）提出的，他认为"创新"就是"一种新的生产函数的建立，即实现生产要素和生产条件的一种从未有过的新结合"。熊彼特认为大企业比中小企业更具创新能力，因此其追随者都倾向于认为专业化更有利于创新的发生，但是简·雅各布斯（Jacobs，1969）认为经济多样化更有利于创新。产业集聚正式通过专业化集聚和多样化集聚与创新联系在一起，但是究竟是专业化还是多样化更能有效促进创新一直存在很大争议。

专业化集聚与创新。专业化集聚是指同一行业的企业在地理空间中的集聚，形成马歇尔式的产业区。产业区内的企业通过专业化分工、知识和技术外溢以及劳动力的流动等，其中知识外溢被认为是促进技术创新和科技发展的重要因素。这种产业内部知识溢出被称为马歇尔－阿罗－罗默（Marshall-Arrow-Romer，MAR）型。但是与熊彼特一样，马歇尔（Marshall，1890：32）、阿罗（Arrow，1964）、罗默（Romer，1990：S71）等学者倾向于认为地方垄断更能促进技术创新。他们认为垄断或市场集中度较高的大企业能够承担创新风险，且规模巨大的垄断企业可以投入巨大的资金进行创新研究，而同一行业内的企业相互模仿，降低了企业技术创新的积极性。

多样化集聚与创新。与产业内部知识溢出所产生的创新相对应，简·雅各布斯等（2014）认为不同行业间的交流更有利于创新，即产业多样性所产生的知识溢出被称为雅各布斯（Jacobs）型。多样化集聚多与城市化经济联系在一起，通常认为大城市集聚大量不同类型的行业，这些行业间通过非正式的交流合作，更容易产生新的想法、技术和行业等。多样化集聚更倾向于认为是竞争而不是垄断更有利于创新，这一观点也得到了波特的支持，他认为竞争更能够促使企业采用新技术，以获得更多的利润，从而促进经济增长。

现实中，专业化集聚和多样化集聚可能同时促进创新，只是行业的类型和发展阶段不同，因此作用强度可能有所差异。一般认为标准化生产的制造业的增长受地方化经济的专业化影响更大，而高科技行业和现代服务业受城市化经济的多样性影响更大，因此传统制造业适合专业化发展，扩大产业规模有利于产业的发展，而高科技行业和现代服务业则需要不同行业的相互交流，进而更有利于创新的产生和行业的发展。在市场经济的作用下，制造业集聚区更倾向于专业化生产，而现代服务业和高科技集聚区则会更加多样化。

4. 城市空间结构及组织相关理论

（1）单中心城市（Monocentric City）
单中心城市空间结构最先由城市社会学家借鉴生态学提出，之后城市经济学家通过经济学模型严格证明了单中心城市空间结构的形成机制。因此城市社会学和城市经济学分别对单中心城市模型进行了阐述。

早在 20 世纪初期，城市社会学家也从社会学的角度提出了同心圆式（Concentric Model）的单中心城市空间结构。伯吉斯（Burgess，1925：47）在对芝加哥城市土地利用结构分析后，认为城市内部空间结构是以不同用途的土地围绕单一核心，有规则地从内到外扩展，形成圈层式结构（见图 2 - 2）。他在对城市土地利用模式进行总结后，提出城市以中心区为核心，自内向外，由五个同心圆组成，五个环带依次为中心商业区（Central Business District）、过渡地带（Zone of Transition）、工人住宅区（Zone of Workingmen's Homes）、良好住宅带（Zone of Better Residences）和通勤带（Commuter's Zone）。伯吉斯借鉴生物学的"侵蚀"（Invasion）、"演替"（Succession）等基本概念和理论，认为当城市人口的增长导致城市区域扩展时，每一个内环地带必然延伸并向外移动，入侵相邻外环地带，产生土地使用的演替，从而对城市圈层式土地利用模式进行解释。

阿隆索（Alonso，1964：89）从城市经济学角度构建了单中心城市模型，他借鉴杜能的农业地租和土地利用的理论将其应用到城市形成的关于城市通勤费用和土地利用的模型，该模型主要用来解释居民选址模式是由哪些因素决定的。之后，该模型很快被扩展到生产、交通、住房等方面，并通过多种方法进行模型化。

阿隆索（Alonso，1964）在《区位和土地利用》一书中在封闭城市条件下，假设城市处于一个均质的平原中，并构建单中心城市模型。该模型用通勤者代替农业区位论中的农民、用中央商业区代替孤立的城市，以到市中心的距离来表示区位，越接近市中心交通费用就越少，整体上与杜能农业区位模型十分相似。但是，阿隆索运用均衡的经济学思维，在模型中采用了微观经济学中标准的家庭效用函数及预算约束，认为在一定预算约束下，人们必须在到市中心距离所产生的交通成本和消费的土地面积及商品数量之间进行平衡和选择，通勤距离增加导致的交通成本增加会被住房价格的减少所抵消，最终围绕 CBD 就业中心形成圈层式的城市空间。模型具体如下。

n 个家庭不等距离地居住在 CBD 周围，每个居民的效用函数是 U（z，L），z 是复合消费品，L 是公寓的面积。每个家庭都有一个通勤费用 T（x），x 表示到 CBD 的距离。每个家庭都有一个给定的收入 y，y 必须能够支付复合消费品、土地［单位地价为 r（x）］以及通勤费用。到 CBD 距离为 x 的地方其竞价租金就为 $b(x,\bar{u}) = \max \dfrac{y - T(x) - z}{L}$，同时保证 U（z，L）$\geqslant$ 0。通过包络定理可以得到竞价曲线的斜率。每个家庭对于土地的偏好不同，就会有不同的竞价曲线，土地所有者将土地出售给出价最高的家庭。在市场化的条件下，所有土地使用者和价格都会被确定，城市土地市场达到均衡。

阿隆索构建的单中心城市模型开创了城市内部空间结构的研究，奠定了城市经济学的基础，同时该模型对城市其他方面的研究也产生了重要影响。米尔斯（E. S. Mills）与穆斯（R. P. Muth）在阿隆索研究的基础上，建立了住宅区位模型。与阿隆索不同的是，他们在家庭效用函数中用住房替换了土地。由于住房的生产需要土地和其他非土地的投入，所以家庭对土地就具有一种派生需求，这一需求取决于家庭对住房的偏好和住房生产函数的特征。这三人的模型也被统称为阿隆索 – 米尔斯 – 穆斯（Alonso-Mills-Muth）模型，这种模型分析了城市内住宅土地市场、商业土地市场及城市劳动力市场三者之间的相互作用，并由此建立了城市内部经济的一般均衡模型（李天健、侯景新，2015：39）。科林·克拉克（Clark，1951：490）第一次将该模型应用于解释二战后发达国家城市郊区化的现象，他通过人口密度梯度函数描述居住地人口密度随着其到城市 CBD 距离越大而衰减的规律。

（2）多中心城市（Polycentric City）

在伯吉斯同心圆式城市空间结构的基础上，哈里斯和厄尔曼提出了更为精细的多核心模式，将原来的单中心假设进行了拓展，认为城市内部除主要经济胞体（Economic Cells）——中心商务区（CBD）外，还有次要经济胞体散布在整个体系内。这些胞体包括未形成城市之前中心地系统内的地级中心地和在城市形成过程中的其他成长点，这些中心点随着城市交通网、工业区等的发展而发展。交通条件最好的形成中心商业区，其他中心分别称为次级或外围商业中心和工业区等。这一多中心模式仍以地租理论为基础，但没有假设土地均质化，因此空间布局非常具有弹性（许学强等，2009：277）。

此外，由于20世纪以来城市的快速发展，城市空间结构逐步由单中心向多中心转变，城市经济学家也从城市次中心的识别、对人口和就业的影响以及各中心的职能等角度对多中心城市进行了大量的实证研究。

当然城市空间结构不仅有单中心和多中心两种模式，还包括霍伊特提出的由道路交通影响形成的扇形模型模式，McGee（1967：80）针对东南亚港口城市提出的Desakota模式等，甚至扇形模型模式与单中心、多中心模式一起被称为城市土地利用的三大基本模式。但是本书重点关注我国大城市由单中心向多中心转变过程，尤其是各产业集聚区形成的城市中心的职能分工等，也试图借鉴城市经济学的方法对我国大城市空间结构的特征及其转变进行研究。

二　主要研究方法

企业微观个体在空间分析时是以点状数据为主的，这与传统以面状数据为主的聚合数据有较大差异。数据形式上的差异，导致传统基于统计单元或行政单元的测度和分析方法，如莫兰指数（Moran's I）、G统计量等难以发挥微观企业个体数据的优势，因而不适用于微观企业的研究。在地理和城市领域中，对于企业微观数据的空间分析和研究主要关注企业空间分布模式和特征、空间分布的可视化和边界划定以及企业个体区位选择三个方面，因此分析方法也主要围绕这三个方面展开。

1. 空间分布模式判别方法

空间分布模式和特征是地理学关注的核心问题之一，因此企业个体在空间中的分布状况和格局也是经济地理空间分析的重点。企业个体空间分布的模式主要有三种，即集聚分布、随机分布和分散分布，各分析方法也主要是对这三种分布模式的判别。样方分析和最近邻点分析作为最基本的空间分析方法可以对企业空间分布的模式进行整体性判断，从而对空间分布的全局性特征进行刻画和描述。但是对于局部变异特征则无能为力，这对于希望以企业个体数据对空间分布进行更为精细化的分析来说是不利的。因此，除样方分析和最近邻点分析外，将对 K 函数和 OD 指数两个基于距离的空间分布方法进行重点介绍。

（1）样方分析和最近邻点分析

样方分析是通过观察企业密度的空间变化来对其空间分布特征进行判别的。具体来说，首先，需要对分析区域进行网格化划分，划分的空间形状可以是正方形也可以是六边形（圆形最大的问题是无法覆盖整个研究区域），划分后形成的空间单元就被称为样方，需要注意的是，样方的大小必须一致；其次，对样方内的企业个数进行统计，列出分别包括 0 个、1 个、2 个……直到企业个数最大值的网格的频数，从而按照网格中企业个数构建一个频数分布；最后，通过对比频数分布与随机模式下的频数分布来对企业分布模式进行判别，一般使用泊松过程（Poisson Process）来生成随机分布的点模式，从而采用 K－S 检验比较各类样方中观测到企业数量的样方频数及累计比率期望与随机分布情况下累计比率期望的差异，最终确定企业分布模式（Wong and Lee，2008：209）。

最近邻点分析最早是由 Clark 和 Evans（1954：445）两位植物学家提出的，用于分析植物群落的分布特征。该方法首先计算各企业与其最近邻企业的距离的平均值，然后比较随机分布状况下最近邻企业距离平均值的差异，即最近邻点统计量或 R 统计量，具体公式如下：

$$R = \frac{\bar{d}_{obs}}{\bar{d}_{exp}}$$

其中，$\bar{d}_{obs}$ 是各企业与其最近邻企业距离的平均值，$\bar{d}_{exp}$ 是理论模式（一般为随机、分散模式）决定的最近邻点平均距离的期望值。R 统计量的值为 0 时则为完全集聚，即所有的点位于同一位置，为 1 时则为随机模式，为 2.149（理论上最完美的分散模式——三角网模式）[①] 时则为分散模式，因此当 R 统计量的值在 0~1 时倾向于集聚，在 1~2 或大于 2 时则倾向于分散。

但仅从 R 统计量依然无法确定企业的分布模式，还要比较企业实际分布最近邻企业距离平均值与理论模式平均值的差异与标准误差（SE）的比率，从而判断集聚或分散的趋势是否显著，是否仅为偶然因素造成的。具体公式为：

$$Z_R = \frac{\bar{d}_{\text{obs}} - \bar{d}_{\text{exp}}}{SE_r}$$

$$SE_r = 0.26136 \sqrt{\frac{A}{n^2}}$$

其中，A 为研究区域的面积，n 为企业数量。如果 Z_R 的绝对值大于 1.96，则结果在 $\alpha = 0.05$ 的水平下具有统计的显著性；如果小于 1.96，则表明尽管具有集聚或分散的趋势，但是与随机模式没有显著差异，依然不能拒绝零假设。

（2）K 函数（K - Function）分析

K 函数由 Ripley 在 1976 年提出，是一个用于分析完全映射的空间点过程数据的工具，完全映射数据包括一个预先确定研究区域内所有事件，即企业个体的空间位置，可以被用来做空间点数据分布模式的假设检验。具体公式如下：

$$K(d) = \lambda^{-1} E[\text{在一个随机选择的点的距离 } d \text{ 内的附加事件的数量}]$$

其中，λ 为单位面积内企业个体的数量，即企业密度。具体分析步骤如下。

首先，设定一个距离增量 d，以此作为空间尺度变化的基本单位；然后，在每个企业中以个体为中心，以 d 为半径划定圆形缓冲区，并不断以 d

---

[①] 三角网模式，即将区域按大小相同的正六边形划分，由每个六边形中心点处的点构成的点分布模式就是三角网模式。

为基本单位扩大半径，即第一次缓冲区半径为 d，第二次为 $2d$，第三次为 $3d$，以此类推直至覆盖整个区域；最后，记录每次改变半径时缓冲区内企业数量。如果在这个迭代过程中，企业呈现高度集聚模式，则较小的半径对应着较多的企业数量，当半径不断扩大到一个相对较大的水平时，企业数量增加就会放缓；而如果企业较为分散，则当半径较小时，企业数量也较少，而随着半径的扩大，企业数量也会不断增加。

K 函数描述了各个距离上的点，即企业的空间分布特征经常被用来与完全随机分布状况下点数据进行对比，从而检验点数据的空间分布是不是随机的。如上所示，泊松过程被认为可以产生典型的完全空间随机（Complete Spatial Randomness，CSR）的分布状况，在完全空间随机的状况下，$K(d)$ 的值为 πd^2。在实践中，常用基于 K 函数的 L 函数来对点分布模式进行分析，L 函数的公式为 $L(d)=\left[\dfrac{K(d)}{\pi}\right]^{1/2}$，其检验值为完全空间随机状况下的 $L(\hat{d})$，$L(\hat{d})$ 的值为常数 d。最终，通过每个距离上 $L(d)-L(\hat{d})$ 的差值，即 $\left[\dfrac{K(d)}{\pi}\right]^{1/2}-d$，评判点数据，即企业个体在不同空间尺度上的分布模式。差值为正值则表明企业在相应的空间距离 d 上呈现集聚趋势，为负值则表明在该距离上呈分散的趋势，为 0 则是随机分布的状况。

K 函数最初被应用于生物群落空间分布的分析，后来逐步被引入社会经济活动的空间分析中，但是 K 函数用于社会经济领域存在一些问题。这主要是生物群落与人类社会经济活动在地理空间中集中的影响因素和机制不同造成的。对于生物群落来说，影响其空间分布的因素都是自然环境要素，如降水、高程、气温、地形地貌等，因此研究主要关注这些自然环境要素对动物或植物在空间上分布的影响。然而对于人类活动而言，影响其在地理空间中分布的因素包括自然因素和社会因素两大类，研究往往希望明确是哪方面因素导致空间分布格局，而简单的 K 函数只能确定空间是否存在集中的现象，无法确定是哪方面因素导致的，有时用简单的空间集中来描述人类活动意义不大。

以北京为例，大部分人类经济社会活动一定是空间集中的，因为北京西部和北部的山地面积在市域总面积的比重超过60%，而平原区仅占不足40%，人类大部分社会经济活动都分布在平原区，因此简单地以K函数来测度的话，北京几乎所有的社会经济活动都是空间集中的。事实上，我们更希望研究经济活动前后向联系或经济活动外部性等导致的空间集聚，即使在K函数分析时仅以北京的平原区甚至是以北京建成区为基础也存在问题。因为社会经济活动很大程度上也受到政策的影响，如企业分布受到城市规划等的限制，工业企业只能分布在工业园区或工业用地内，而服务业则只能在商业用地上进行经营活动，这些人为的政策因素也需要排除，而简单的K函数分析难以胜任。

（3）DO指数

DO指数是Duranton和Overman（2005：1077）在对英国产业集聚的研究中提出的一种基于距离的空间集聚分析和测度的思路和方法。相对于传统基于行政区划聚合数据的集聚测度方法，这个基于微观企业个体数据地理集聚的测度方法能够克服传统方法的一些问题，如基于不同尺度行政单元（省、区、市、县）的数据难以进行比较，同一层级各行政单元之间面积或人口差距过大，两个或多个区域对边界区域完整产业集聚分割，以及可塑性单元问题等。他们提出一个好的产业集聚指数所需要符合的五个条件：①不同产业间是可比的；②经济活动的总体集聚程度是能够控制的；③产业集中度是能够控制的；④空间尺度与聚合方面是无偏的；⑤能够给出一个指标以检测结果的显著性。基于以上五个条件，Duranton和Overman构建了DO指数，以测度企业个体在空间中的分布特征。

DO指数计算包括如下四个步骤。

一是计算特定行业所有企业两两之间的空间距离。在具体计算过程中会面临一些问题，企业两两间的距离计算的结果是一个矩阵，根据产业包括企业数量的不同，矩阵的大小差异很大。如果行业中企业数量相对较少，在8000家左右，可以使用R语言等统计软件直接计算出两两企业间的距离；但是如果企业数量较多，超过10000家时，由于计算机设备以及R语言自身特点等的限制，直接计算结果较为困难，此时就需要采用蒙特卡罗等方法进行处理，对企业数量较多的行业随机抽取一定数量的企业，如 5000 家，计算各个企业两两间的距离，然后进行 1000 次或更大规模的循环计算，最后采用各距离上 1000 次计算结果的中位数作为该产业的结果。

二是采用核密度函数对计算结果进行分析。对各产业距离计算的结果采用核密度函数分析企业的空间分布状况，如某个产业在特定距离的频数较大，表明该产业在这一距离上集聚程度较高。核密度函数分析的结果还可以是曲线下的面积为 1，使各产业之间集聚程度具有可比性。需要计算企业两两之间的距离，因此对普通核密度函数公式进行修正，具体如下：

$$K(d) = \frac{1}{n(n-1)h} \sum_{i=1}^{n-1} \sum_{j=i+1}^{n} f(\frac{d - d_{i,j}}{h})$$

其中，n 为特定产业的企业数量，$d_{i,j}$ 为企业 i 和企业 j 之间的距离，本书采用高斯核函数，h 为带宽。对于核密度函数来说带宽的确定十分重要，本书参考 Silverman（1986）对各种设定方法比较的研究成果，设定带宽的公式如下：

$$h = 0.9An^{-1/5}$$

其中，$A = \min$（企业两两间距离的标准差，企业两两间距离的四分位距）。

三是选择参照变量。如前文所述，对于社会经济活动空间分析时要慎重选择合适的参照变量。为消除自然条件和人为设定的限制条件等因素的干扰，需要设定一个集聚的参照标准。Duranton 和 Overman（2005）在对英国全境的 8 个行业进行研究时以所有企业的总体分布状况为参照标准，他们分析的行业都是工业这一大类，因此是可以接受的。但是如果分析的行业中包括服务业和制造业两个大类，尤其是在城市内部各行业空间分布比较时，就需要分别以服务业和制造业企业的总体分布状况作为两个行业的参照变量。一方面，是由于这两大类行业空间分布特征差异很大，如果以所有企业的总体分布作为参照变量，则会大幅低估工业的集聚程度而很大程度上高估服务业的集聚程度，如图 2-3 展示的杭州服务业、制造业以及所有企业总体分布状况；另一方面，在城市内部建设用地分类中，企业主要分布在工业用地和服务业用地两大产业空间上，制造业企业和服务业企业只能布局在各自类型的产业用地中，因此使用不同的参照变量也是合适的。因此，在实际分析时，要根据研究目标、数据等情况，选择合适的参照变量。

四是建立检验的置信区间。置信区间以参照变量为基础，采用蒙特卡罗的方法进行构建。具体原理是，对一个拥有 n 个企业的行业 A，在所选取参照变量的所有空间分布的点位中，随机选择一次性抽取 n 个点位，计算这 n 个点位两两间的距离，对每个行业进行多次（通常不低于 1000 次）的抽样和距离计算，然后对结果进行排序，选取第 5 个和第 95 个百分位的数值作为置信区间的边界值，即上置信带和下置信带的值，分别表示为 $\overline{K_A}$ 和 $\underline{K_A}$。如果 $K_A(d) > \overline{K_A}(d)$，则认为这个行业是集聚的；如果 $K_A(d) < \underline{K_A}(d)$，则认为这个行业是分散的；如果位于两者之间，则认为是随机分布的。集聚和分散指数分别为：

$$\alpha_A(d) = \max[K_A(d) - \overline{K_A}(d), 0]$$
$$\beta_A(d) = \max[\underline{K_A}(d) - K_A(d), 0]$$

α 和 β 指数只反映了局部集聚和分散的信息，即使是随机分布的行业也有可能在某些距离上呈现集聚或分散，为此需要建立全局置信区间。全局置信区间是局部置信区间在多个目标距离上的联合估计，没有一个局部置信区间能包含所有局部置信区间 95% 的模拟值。为了使全局置信区间能包含多个目标距离上 95% 的模拟值，DO 指数选择多个距离上的局部极值（第一极值或第二极值）进行插值，得到 95% 的全局置信区间。$\overline{\overline{K_A}}(d)$ 为行业 A 上置信带的值，如果在至少一个距离上出现 $K_A(d) > \overline{\overline{K_A}}(d)$，就认为这个行业是集聚的。在定义分散时，DO 指数认为，短距离内，如果 $K_A(d)$ 值异常小，可以解释为分散；但在长距离时，这样解释则是有问题的，长距离上的值异常小，则表示很少企业远离彼此，即表示企业在较短距离上集聚，所有距离上的值相加之和必须为 1，短距离的高度集聚就意味着在长距离上的分散。因此，全局分散定义为，如果行业 A 在分析的空间距离上至少有一次 $K_A(d) < \underline{\underline{K_A}}(d)$ 且没有出现过集聚（袁海红，2014：38）。因此全局集聚指数为：

$$\Gamma_A(d) = \max[K_A(d) - \overline{\overline{K_A}}(d), 0]$$

全局分散指数为：

$$\psi_A(d) = \begin{cases} \max[\underline{\underline{K_A}}(d) - K_A(d), 0] & \text{if } \sum_{d=0}^{d_{\max}} \Gamma_A(d) = 0 \\ 0 & \text{其他} \end{cases}$$

通过蒙特卡罗模拟建立置信区间，为满足第 1 个和第 3 个条件，模拟的行业与考察的行业有相同数量的企业，任何行业内的每个企业只能占据一个点位，且可以考虑企业规模；这些企业随机分布在所有确定的空间点位上，这样就控制了全局分布，满足第 2 个条件；以空间距离为基础在空间尺度发生变化和加总时是无偏的，满足条件 4；最后建立置信区间来判断集聚和分散以满足第 5 个条件。

2. 空间分析与集聚区空间范围

（1）点状数据空间分析

点状数据一般数量众多，很难以简单的点状图形展示来刻画其分布特征，因此需要使用一些空间分析的方法。如图 2－4 就以点状数据的形式简单展示了 2013 年北京企业空间分布的状况，企业个体数量过多，难以清晰地呈现北京企业分布的格局和特征，尤其是企业集中的城市中心区域。因此，还是需要借助一些空间分析工具，以更好地揭示大规模企业个体的空间分布特征。

点状数据可以通过与面状空间单元结合，从而适用于面状数据的空间分析方法。点状数据可以通过空间匹配和关联，与传统的行政单元进行结合，从而使用面状数据的空间分析方法；或者根据研究的需要，对行政单元进行网格化处理后，将点状数据与网格单元进行结合，同样可以使用面状数据的空间分析方法。这样做并不是毫无意义的，因为如果网格单元足够小，研究结果同样可以对产业的空间格局进行十分精细的刻画，如图 2-5 就展示了北京中心大团区域从业人员的密度分布，表明即使中心城区企业及其从业人员的分布也是有梳有密的，在空间中不是平均分布的。

但是面状空间单元依然不能有效地发挥企业个体数据的优势，且面状数据的空间分析方法在其他书籍或文献中已经有相近的介绍，因此以下主要对核密度估计这一点状数据较为常用的分析方法进行介绍。

核密度估计是一种非参数估计的方法，是对空间或者数值进行平滑，以期得到连续的数值变化趋势。通常参数估计需要得到一个函数的固定形式，而非参数估计仅需要满足一定的光滑性，每一点的值由数据决定。最简单的状况是，每一点的值由周围最近的几个数据点所对应的值的平均值得到。虽然带宽越大，则数据点越多曲线越光滑，但是可能失去很多有用信息，而且残差过大。如果带宽越小，则数据点越少，且残差较小，但是光滑度较低，因此需要解决平衡问题，这就涉及权函数的选择问题。对于数据 x_1，x_2，$\cdots$，x_n，核密度估计的公式如下：

$$\hat{f}_h(x) = \frac{1}{nh}\sum_{i=1}^{n} K\left(\frac{x-x_i}{h}\right)$$

其中，h 为带宽，n 为观测值的数量。

核函数（Kernal Function）$K(x)$ 就是一个权函数，核函数的形状和值域控制着用来估计 $f(x)$ 在点 x 的值。核密度估计的好坏取决于核函数和带宽 h 的选取。常用的核函数包括以下四种：

$$\text{Gaussian}: \frac{1}{\sqrt{2\pi}}e^{-\frac{1}{2}t^2}$$

$$\text{Uniform}: \frac{1}{2}I(|t|<1)$$

$$\text{Epanechikov}: \frac{3}{4}(1-t^2)I(|t|<1)$$

$$\text{Quartic}: \frac{15}{16}(1-t^2)I(|t|<1)$$

高斯核函数中所有的数据都用来估计 $\hat{f}_h(x)$ 值，但距离 x 点越近的点对估计的影响越大，h 很小时只有距离 x 很近的点才有影响；均匀核函数只有到 x 的距离小于带宽的值才对 x 的估计值有影响，但所有数据的权重是一样的；Epanechikov 和 Quartic 两个核函数不仅到 x 的距离大于带宽 h 的值，其对估计没有作用，而且有影响的数据随着到 x 的距离增大，其影响逐渐变小。通常使用高斯核函数或者 Epanechikov 核函数。但是一般认为对核函数的选取对于核估计的影响远小于对带宽的选取，如图 2 – 6 所示。以一个狄拉克 δ 函数（Dirac Delta Function）为例，如果带宽太大则会损失很多信息，但带宽太小又会使光滑度降低。

常用的带宽选择方法有拇指法则（Rule of Thumb），即根据经验的方法，把 f 用方差和估计方差相匹配的正太密度替换，若取 K 为高斯核函数而 δ 为样本方差，则根据 Silverman 的拇指法则得到：

$$h = \left(\frac{4}{3n}\right)^{\frac{1}{5}}\hat{\delta}$$

其他常用的带宽选择的方法还有代入法（Plug-in）和交叉核实（Cross-validation）等。

当然点数据空间集聚的测度也存在一些问题，最大的问题是研究事件地理位置的不确定性或不够精确，从而导致任何测度方法都是无效的。Kulldorff（1998：49）对整体（全局）集聚测度的方法做回顾后，认为目前对于各种不同空间集聚的检测方法进行对比研究的较少，不能提供在不同情况下使用合适的测度方法的依据。因此，测度方法应该以事件最有可能出现的类型为基础。

（2）企业集聚区空间范围的划分

采用核密度函数对企业点数据进行空间平滑不仅可以用于直观展示企业的空间分布格局，而且可以用来精确地划定产业集聚区的空间范围。与传统的以行政空间单位为基本单元的集聚区不同，采用以核密度空间平滑为基础的划分不仅精确同时也更加科学。一方面，金融、商务、研发等现代服务业在空间中的集聚程度很高，它们集聚在很小的空间范围内，这个空间范围可能小于最低层级的行政单元（我国目前经济社会统计的最低层级行政单元是街道，尽管社区比街道层级更低，但是社区一般不作为经济或人口统计的最基本单元），因而使得统计意义上的集聚区范围要大于实际的集聚区；另一方面，统计意义上的集聚区范围也可能没有覆盖所有的集聚区，因为城市中最低层级的相邻街道之间在政策、设施等方面的差异很小，并没有很强的边界效应，一些集聚区可能是跨越两个或多个行政区，以一个或多个主要街道为基础的集聚区范围可能没有包括一个完整的产业集聚区。

对研究使用核密度估计的方法进行产业集聚区块的识别和空间范围划定需要三个步骤：首先，需采用核密度估计对企业分布进行空间平滑，对企业在北京所有区域的分布状况进行拟合，作为识别产业集聚区块的基础；其次，为产业集聚区设定一个合理的门槛值；最后，还需要剔除规模过小的区块。

第一，核密度空间平滑。

核密度函数对企业点数据进行空间平滑拟合，得到企业在城市空间中的分布状况，找出企业较为集中的区域。核密度估计的权函数包括正态分布、统一分布、负指数函数等，研究采用负指数函数。负指数函数可以实现自适应核密度估计，Silverman（1986：58）的研究表明，自适应核密度估计能够更好地适应长尾数据的分析。加之，负指数函数空间平滑的程度低于其他函数，避免对核密度估计对空间过度平滑造成的不准确（见图 2-7）。

第二，门槛值的设定。

产业集聚区划分的方法很多，学者根据所掌握的数据特点以及研究目的采取的方法也各不相同，并没有一个最佳方案。总体而言，对于集聚区门槛值的设定大都在一定程度上存在主观性。

已有关于产业集聚区识别的研究通常考虑单一要素作为门槛值，而且门槛值的设定存在较大的主观性和不确定性。多数学者使用就业密度作为界定城市次中心的依据，而且通常是设定一个绝对标准来界定城市次中心（Giuliano and Small，1991：163；McMillen and Smith，2003：321；Giuliano et al.，2007：2935）。这种设定方法需要研究者具有丰富的经验，而且对所研究城市十分了解，即使如此设定的标准也难以对不同城市进行比较。进一步来说，集聚区的边界通常并不是十分明确的，设定不同的集聚区标准，可能得到不同的集聚区边界。具体而言有如下三方面。

首先，本研究对集聚区门槛值进行设定时，借鉴 Leslie（2010：205）对美国菲尼克斯进行城市多中心的研究时采用的多要素方法，考虑企业密度和从业人员密度两个因素。因为一个产业集聚区不仅要有较高的经济活动强度，即多数研究考虑的从业人员密度，而且要包括多家企业集聚于该区域。事实上，集聚经济的外部性主要是来源于多家企业之间的前后向联系以及溢出效应等，而不是单一企业的规模效应。如果一个区域有少数几个拥有很多员工的大型企业，这个区域即使符合从业人员密度的标准，但其企业之间联系并不紧密，不是集聚经济所认为的具有很高外部性的集聚区，因此也不是本书所关注的区域。

其次，如前所述，服务业和制造业企业空间密度的差距十分明显，需要将两大类产业分别进行分析。例如，对北京市服务业和制造业企业分别采用核密度函数进行空间平滑后，发现服务业的企业空间密度明显高于制造业，服务业企业空间密度最大值为 12728.49 个/km^2，就业密度最大值为 8516.57 人/km^2，而制造业企业这两个值分别为 1052.61 个/km^2 和 931.35 人/km^2，两者之间差距十分明显。

最后，为了避免集聚区标准的主观性及边界范围的不确定性，笔者认为使用相对标准的方法来设定集聚区的门槛值较为合理，同时使用相对标准也可以对不同城市之间进行比较分析，而且也符合 Shearmur 等（2007：1713）提出的城市次中心应该是高密度区域的原则。

第三，集聚区范围最终划定。

在采用企业密度和从业人员密度两个指标叠加分析后，得到的集聚区可能会比较破碎，数量也过多，不利于进一步分析。因此对集聚区范围进行初步划定之后，剔除那些面积过小的区块，并对一些空间相邻或邻近的区块进行整合，最终确定集聚区的范围。

3. 企业个体区位选择——逻辑选择模型

区位选择是经济地理的传统领域，已有的区位分析多是基于统计数据的产业区位，对企业个体区位选择的研究相对较少。但是由于企业个体属性数据更加丰富，如对企业个体区位的分析不仅可以分析某个特定行业的区位，还可以增加企业性质、规模等的影响，因此对企业个体区位选择的研究能够更加深刻地解释产业区位选择的过程和机制。

在企业个体区位选择研究中常用的条件逻辑选择模型（Conditional Logit Model），其属于离散选择模型，主要针对微观主体选择行为进行分析，描述了微观决策主体在不同可供选择的选项之间做出选择的过程（Train，1986：33）。Logit 模型最初是由 Luce（1959：81）通过引入不相关选项间的独立性（Independence from Irrelevant Alternative，IIA）特性，对选择概率的特性进行假设推导得到的，其误差项设定为极值分布。后来 McFadden（2001：351）在 Luce 模型的基础上，从计量经济学的角度将效用设定为选择项可观测变量的函数。决策者 n 选择项 i 的概率的表达式为：

$$P_{ni} = \frac{e^{V_{ni}}}{\sum_{k \in C} V_{nj}}$$

其中，V_{nj} 为系统性效用，C 为选择项集合。在给定的选择项集合 C 中，可以被认为是需求的条件分布，因此，该表达式被 McFadden 称为条件 Logit 模型。

Carlton（1979：84）首次将离散选择模型引入产业区位选择的实证研究中，对企业区位决策行为进行初步尝试研究。此后，离散选择模型尤其是有条件逻辑选择模型，由于其简便性和明确的理论含义而成为研究产业区位选择的常用分析方法，被应用于跨国企业选择及各行业区位选择的研究中（Head and Ries，1999：197；余珮、孙永平，2011：71；黄娉婷、张晓平，2014：83）。

与其他离散选择模型一样，有条件逻辑选择模型也是以效用最大化为基础的。最初由 Thurstone（1927）从心理刺激角度提出，认为真实的刺激水平的选项 i 包含一个正态误差项，即 $V_i + \varepsilon$。后来 Marschak（1960：3）将这种感知的刺激解释为效用，并从理论上对包含随机因素的效用最大化进行数学推导，从而形成了随机效用最大化（Random Utility Maximization，RUM）

模型。决策者选择的效用可以分为两个部分：$U = V + \varepsilon$。V 为效用的可观测部分，又被称为代表性效用（Representative Utility）；ε 为不可观测部分的效用，包含难以观测到的效用和观察误差，因而通常作为随机项。不同的离散选择模型就是对随机项的联合密度函数的不同设定而获得的。

　　企业区位选择结果实则为区位特征（区位影响要素）对企业的效用函数（赵浚竹等，2014：850）。在利益最大化原则下，企业在所有可供选择的区位中，会选择使其利润最大化的区位。企业在一个区域获得的利润可分为可观察部分和随机项两个部分，即 $\pi_{ij} = U_{ij} + \varepsilon$。当 $\pi_{ij} > \pi_{ik}$，$k \in C$ 且 $k \neq j$ 时，企业就会进入 j 地区。选择任意两个备选区域的概率不受其他区域影响时，企业 i 进入地区 j 的概率可以表达为：

$$P_{ij} = \exp(\beta \cdot U_{ij}) \bigg/ \sum_{k=1}^{c} \exp(\beta \cdot U_{ij})$$

C 为可选择的区域数量。假设企业 i 的利润受到 m 个因素影响，则 U_{ij} 可表达为：

$$U_{ij} = \beta_1 x_{ij}^1 + \beta_2 x_{ij}^2 + \cdots + \beta_m x_{ij}^m$$

　　参数 β 将采用最大似然法（Maximum Likelihood Estimation，MLE）进行估计。

　　由于条件逻辑选择模型所估计的参数并不能直接表示解释变量对被解释变量的边际影响，为了得到边际影响的大小，本书参考 Mucchielli 和 Puech （2003：129）、Cheng 和 Stough（2006：369）的处理方法，以平均概率弹性 （Average Probability Elasticity，APE）来计算解释变量的边际影响。企业 i 选择区域 j 的概率弹性由区域 j 的经济特征和企业 i 自身的特征 R_{ij} 决定，其概率弹性可表示为 $\dfrac{\partial \ln P_{ij}}{\partial R_{ij}} = \beta_i (1 - P_{ij}) \dfrac{\partial \ln P_{ij}}{\partial R_{ij}} = \beta_i (1 - P_j)$，则产业区位特征的平均概率弹性为所有企业和区域的加总，即 $APE_{ij} = \beta_i \left(\dfrac{J-1}{J} \right)$，其中 J 为所有备选区域的总数，β_i 是需要估计的参数。在本书中对服务业企业而言需要乘以 0.968，而制造业企业需要乘以 0.980。

第三章 城市圈层结构分析

单中心模式是十分典型的城市空间结构，在城市发展初期一般会围绕城市中心发展，形成中心－外围结构。随着城市的发展，城市内部交通和过境交通交织带来很多不便，城市就会修建环城公路，以疏解过境交通。环城公路的修建很容易形成单中心圈层式的城市空间结构，这一空间结构在我国的城市中十分普遍，其中以北京最具代表性。

环城公路通常并不以行政区划为基础，但是从城市发展来说环路形成的圈层结构又对城市经济活动的空间分布有十分重要的影响。为了研究圈层式空间结构对城市产业分布的影响，可以在微观个体数据分布的基础上，使用环路等对产业空间重新划分，从而揭示圈层结构中产业的分布特征。

一 研究区域与方法

1. 研究区域

北京是典型的圈层式发展的城市，企业主要集中在五环内以及京承高速、京通快速路等8条主要交通道路周边区域。五环内及8条道路周边5公里范围内集中了北京超过80%的企业，其中五环内企业数量占北京企业总数的66%（见图3－1）。

为了对北京产业空间进行详细研究，需要对城市空间进行划分，以分析产业在城市空间中的分布状况。北京从20世纪90年代开始，城市空间出现快速扩张，不断修建的5条快速环路系统使得城市空间结构呈现明显的单中心圈层模式（陈秉钊，1999：27）。因此，本研究以天安门为中心，以5公里为间隔，对北京城市空间进行划分。但是，由于城市快速环路对城市产业空间有重要影响，所以在中心城区仍以环路作为划分边界，对100公里以外的区域不再细分，共形成22个环形空间单元（见图3-2）。

对城市制造业和服务业两大类产业进行初步分析发现，两大类产业的企业分布在距离城市中心60公里左右的地方同时出现小幅增长，分布曲线的斜率为正（见图3-3）。在研究中，正的斜率可以被认为是城市副中心的标志（Craig and Ng，2001：100）。而实际中，这个位置刚好是延庆和密云两个区所在地，由于北京行政区域过大，并非一个城市经济区的范围，所以60公里以外区域的社会经济发展主要受地方郊县的影响，而非北京主城区的影响范围，因此本书的研究范围是距城市中心60公里内的区域。

2. 研究方法

依据行业大类对行业进行划分，主要涉及制造业和服务业两大类产业，共包括57个行业和500671家企业，其中制造业有27个，服务业有30个，企业数量分别为43102家和457569家。

通过 ArcGIS 软件可以提取并计算出各圈层的企业数量，然后使用行业代码对企业进行类型划分，最终得出各圈层不同行业的企业数量。特定行业在各个圈层的企业数量是该行业在城市空间中进行区位选择的结果，各个行业区位选择的结果综合揭示了北京产业空间格局的整体特征。某一圈层中不同行业的企业数量的比例关系能够较好地表示该圈层的主要产业职能，而某一行业在不同圈层企业分布的差异说明该行业区位选择的偏好以及在不同区域的承租能力。本书关注的重点是各个行业的区位选择以及最终形成的产业格局，因此将以特定行业在不同圈层的企业占该行业全部企业的比重为基础，分析各行业在北京城市空间中区位选择的特点和差异。一个行业在某圈层的企业比重越大表明该行业更倾向于在这个圈层集聚，对于该圈层的承租能力也越强，而各行业在不同圈层中的差异表明不同行业间区位选择的偏好和承租能力是有所不同的，这种差异最终导致各产业差异化的空间分布特征和城市整体产业格局的形成。

由于产业空间分布特征是以不连续的点数据进行表征的，为了得出完整的连续的城市产业空间界面，需要将这些点数据拟合为连续的线条，从而研究各产业在整个城市空间的格局特征和变化趋势。研究采用负指数函数对各行业企业的空间分布进行拟合分析，并与线性函数进行对比。虽然许多非参数估计的方法能够更好地对企业空间分布进行拟合，但是由于行业众多，对57个行业的分布图叠加分析是十分困难的，而参数估计的分析可以通过参数值对各行业空间分布的差异进行比较。科林·克拉克（Clark，1951：490）首次将负指数函数应用于城市人口密度的研究，后来该函数被赋予了很多经济含义，广泛应用于单中心城市的研究中，但是正如 Kemper 和Schmenner（1974：410）认为的那样，该函数仅是一个描述工具，可以被应用于各方面的研究，当然也可以被用于城市产业空间分布的研究。同时，为了使各行业企业空间分布具有可比性，具体计算时采用每个行业企业在不同区域中的百分比，而非企业实际数量。

负指数函数和简单线性函数分析结果的对比显示，前者对于北京企业空间分布的拟合度更高，负指数函数拟合 R^2 的均值为 0.857，而线性函数该值为 0.768，负指数函数的表达式如下：

$$n_x = n_0 e^{-bx}$$

其中，n_x 是距离城市中心为 x 公里的区域的某一行业企业占该行业所有企业的比重，n_0 是该行业企业数量最多的区域的企业比重，b 是该行业企业空间分布曲线的斜率。对于每个行业来说，其在某一区域的企业比重能够表明行业的区位偏好。因此企业的空间分布曲线反映了行业在整个城市空间中的区位偏好，企业比重最大的区域就是现实状况下该行业最佳的区位选择。

但是北京产业分布有一定的特殊性，因为城市的中心区域并非各行业企业最为集中的区域，实际上没有一个行业在该区域企业比重最大。就制造业来看，3个行业在三环和四环之间的区域企业数量最多，10个行业在四环和五环之间的区域企业数量最多，2个行业在 15~20 公里的区域企业数量最多，12个行业在 20~25 公里的区域企业数量最多；就服务业来看，14个行业在二环和三环之间的区域企业数量最多，15 个行业在三环和四环之间的区域企业数量最多，3 个行业在四环和五环之间的区域企业数量最多。因此，各行业企业的空间分布都呈现先增加后减少的趋势，需要两条曲线对各行业企业空间分布状况进行拟合。一条曲线由行业的集聚中心向城市中心方向拟合，另一条曲线则向城市外围方向拟合，这两条曲线斜率的差异反映了行业更倾向于向城市中心扩张还是向城市外围扩张。若向城市中心方向的曲线斜率大于向城市外围方向的曲线斜率，则产业倾向于向城市外围扩张，反之亦然。对于集聚中心位于同一区域的各行业来说，对曲线斜率的比较能够反映行业间空间分布的差异。

二 分行业空间圈层分布

1. 制造业圈层分布特征

27 个制造业中有 24 个行业的集聚中心位于四环外的区域，而且 74.47% 的制造业企业也位于四环外，这表明北京制造业去中心化的趋势十分明显。这一结果与周一星等人（郑国、周一星，2002：205；冯健、周一星，2004：227）的研究结果是一致的。土地市场的供应、地价以及交通条件的改善共同导致制造业企业向城市外围搬迁。除此之外，"退二进三"等产业政策以及奥运会等国际大型赛事的举办等也是制造业郊区化的重要影响因素。

与大多数集聚于四环外的制造业不同，通信设备、计算机及其他电子设备制造业，医药制造业，仪器仪表及办公用品制造业等高科技制造业的集聚中心位于三环和四环之间的区域（见表 3 - 1 和图 3 - 4）。但是从三个行业拟合曲线的斜率来看，即使是高科技制造业也很难向城市中心区域扩张，因为向城市中心方向拟合曲线的斜率明显大于向城市外围的曲线。三个高科技制造业间也有一定差异，通信设备、计算机及其他电子设备制造业和仪器仪表及办公用品制造业的集聚程度相对较高，这两个行业有超过或接近 1/4 的企业位于行业集聚中心，而医药制造业的企业地理集中度较低（见表 3 - 1）。

表 3 - 1　高科技制造业空间分布状况

行业类型	n_0 (%)	b	b'	$b + b'$	R^2	
					负指数函数	线性函数
通信设备、计算机及其他电子设备制造业	26.01	0.627	- 0.434	0.193	0.970	0.857
仪器仪表及办公用品制造业	22.18	0.578	- 0.401	0.177	0.960	0.891
医药制造业	16.78	0.284	- 0.288	- 0.004	0.871	0.892

注：b 为向城市中心拟合曲线的斜率；b' 为向城市外围区域拟合曲线的斜率；$b + b'$ 为正表明行业向城市外围扩张，为负表明行业倾向于向城市中心扩张。

行业集聚中心位于四环和五环之间区域的制造业行业以装备制造业为主，这些行业大多数倾向于向城市外围区域扩张（见表 3 - 2）。仅印刷和记录媒介复制业以及皮革、毛皮、羽毛（绒）及其制品业两个行业向城市外围区域扩张的曲线斜率较大，意味着这两个行业没有明显的向城市外围扩张的趋势。印刷和记录媒介复制业为很多城市经济部门提供服务，且小型的提供复印记录等服务的企业对周边没有影响，因此倾向于主要城市区域发展是较为合理的。而皮革、毛皮、羽毛（绒）及其制品业企业数量较少，仅占所

表 3 - 2　集聚中心位于四环和五环之间区域的制造业行业空间分布状况

行业类型	n_0 (%)	b	b'	$b + b'$	R^2	
					负指数函数	线性函数
饮料制造业	11.02	0.616	- 0.096	0.520	0.7510	0.7845
橡胶制品业	13.28	0.600	- 0.274	0.326	0.7805	0.8760
交通运输设备制造业	19.61	0.528	- 0.251	0.277	0.8775	0.8265
纺织服装、鞋、帽制造业	25.65	0.439	- 0.296	0.143	0.8370	0.6725
通用设备制造业	13.72	0.410	- 0.248	0.162	0.9195	0.9475
电气机械及器材制造业	16.81	0.406	- 0.307	0.099	0.9790	0.9650
专用设备制造业	16.56	0.346	- 0.331	0.015	0.8600	0.8695
皮革、毛皮、羽毛(绒)及其制品业	15.47	0.208	- 0.323	- 0.115	0.7780	0.7825
纺织业	10.63	0.200	- 0.193	0.007	0.9185	0.9140
印刷和记录媒介复制业	14.01	0.129	- 0.248	- 0.119	0.7035	0.6685

注：b 为向城市中心拟合曲线的斜率；b' 为向城市外围区域拟合曲线的斜率；$b + b'$ 为正表明行业向城市外围扩张，为负表明行业倾向于向城市中心扩张。

有企业的 0.4‰，因此该企业分布的随机性较大。此外，橡胶制品业虽然看上去向城市外围扩散的趋势相对明显，但是其在行业集聚中心的地理集中度较低，表明该行业在城市空间中较为分散，这是不合理的现象。

集聚中心位于 15~20 公里及 20~25 公里两个区域的制造业行业主要是重化工工业和一些轻工制造业。从行业的扩张趋势来看，这些行业中有近 1/2 的行业 $b+b'$ 为负值，表明这些行业更倾向于向城市中心方向扩张，而即使那些该值为负的行业，其绝对值也相对较小（见表 3-3）。这种趋势表明北京制造业虽然整体向城市外围扩张，去中心化的趋势比较明显，但是制造业并非无限制地向城市外围扩散，城市中心对于制造业企业仍有一定吸引力。总体来看，非金属矿物制品业等重工业倾向于向城市外围扩张，而文教体育用品制造业等轻工业则倾向于向城市中心区域扩张。家具制造业和黑色金属冶炼及压延加工业两个行业看上去不符合这一规律特征，但是这两个行

表 3-3 集聚中心位于 15~20 公里及 20~25 公里两个区域的制造业行业空间分布状况

行业类型	n_0 (%)	b	b'	$b+b'$	R^2 负指数函数	线性函数
造纸及其制品业	13.65	0.402	-0.256	0.146	0.901	0.932
黑色金属冶炼及压延加工业	16.85	0.319	-0.392	-0.073	0.921	0.923
木材加工及木、藤、棕、草制品业	22.12	0.608	-0.414	0.194	0.906	0.8715
家具制造业	24.54	0.594	-0.491	0.103	0.974	0.8705
石油加工、炼焦及核燃料加工业	15.83	0.498	-0.338	0.16	0.7675	0.815
非金属矿物制品业	12.11	0.484	-0.263	0.221	0.8485	0.9195
农副食品加工业	15.24	0.476	-0.23	0.246	0.92	0.9285
金属制品业	14.98	0.469	-0.341	0.128	0.91	0.9345
塑料制品业	14.64	0.319	-0.236	0.083	0.912	0.8715
化学原料及化学制品制造业	12.18	0.219	-0.318	-0.099	0.7295	0.809
食品制造业	14.07	0.118	-0.338	-0.22	0.76	0.675
工艺品及其他制造业	11.36	0.051	-0.301	-0.25	0.6285	0.669
文教体育用品制造业	12.29	0.027	-0.356	-0.329	0.6215	0.6085
废弃资源和废旧材料回收加工业	13.12	0.011	-0.29	-0.279	0.434	0.4395

注：b 为向城市中心拟合曲线的斜率；b' 为向城市外围区域拟合曲线的斜率；$b+b'$ 为正表明行业向城市外围扩张，为负表明行业倾向于向城市中心扩张。

业的地理集中度很高，总体向两个方向扩张的趋势都不明显。实际上，化学原料及化学制品制造业明显地向城市中心扩张的趋势是较为不合理的现象。

总体来说，制造业不同类型的行业所偏好的城市区位有明显差异，高科技制造业位于中心城区边缘，装备制造业则紧邻中心城区，重化工工业和轻工制造业位于城市外围区域。就行业空间扩张趋势而言，制造业去中心化的趋势比较明显，行业更倾向于向城市外围扩张，但是这些行业也并非无限制地、散乱地向城市外围蔓延。

2. 服务业圈层分布特征

与制造业明显的去中心化趋势不同，北京市服务业并没有明显向外围扩散的趋势。30 个服务业大类中，仅有 3 个行业的集聚中心位于四环外，而且 78.93% 的服务业企业（361175 家）位于四环内。14 个服务行业的集聚中心位于二环和三环之间的区域，13 个服务行业的集聚中心位于三环和四环之间的区域，即使另外 3 个行业的集聚中心也位于五环内。此外，制造业和服务业的地理集中度也有较大差异，服务业在集聚中心的平均集聚度为 26.53%，而制造业仅为 16.10%。

以二环和三环之间的区域为集聚中心的行业类型多样化，不仅包括银行业、商务服务业等高端服务业，也包括住宿业、餐饮业等传统服务业，而且邮政服务业、居民服务业等为城市居民服务的行业也已在该区域集聚。

从行业扩张趋势来看，虽然多数行业（9 个）的 $b + b'$ 值为正，表明行业倾向于向城市外围扩张，加之，城市中心区域用地紧张，因此这个现象看似是合理的。但是事实并非如此简单，因为很多研究都表明银行业、商务服务业等现代服务业只在较小的范围内集聚，向周围扩张的趋势较弱。对拟合结果仔细分析，可以发现在该区域集聚的服务行业多数也并没有表现出明显的向城市外围扩散的趋势。除新闻出版业、证券业等 5 个行业明显地倾向于向城市中心区域扩张（$b + b'$ 值为负）之外，航空运输业、保险业和其他金融服务业在二环和三环之间的区域内集聚度很高，分别达到 35.90%、29.55% 和 28.85%，且这三个行业的两条拟合曲线的斜率都很大，因此这些行业向外围扩张的趋势较弱（见表3－4）。而居民服务业两条拟合曲线斜率相近，因此在向两个方向扩张的趋势是相近的。因此，实际上只有银行业、商务服务业、地质勘查业、邮政服务业、装卸搬运和其他运输服务业5个行业有明显的向城市外围扩散的趋势。国内银行业不仅为企业提供服务，同时也为居民提供服务，因此具有与邮政服务业相似的社会服务的属性；而商务服务业包含的行业类型过多是导致其集聚程度较低的一个原因，其不仅包括资产管理、会计、法律、咨询等高端服务业，也包括旅游、中介等服务业。

表3－4　集聚中心位于二环和三环之间区域内的服务行业空间分布状况

行业类型	n_0 (%)	b	b'	$b + b'$	R^2	
					负指数函数	线性函数
新闻出版业	33.85	0.241	－1.67	－1.429	0.7050	0.7905
证券业	38.04	0.795	－1.355	－0.560	0.6375	0.7680
水上运输业	41.28	1.281	－1.704	－0.423	0.7420	0.7625
住宿业	26.14	0.081	－0.337	－0.256	0.9310	0.8215
餐饮业	24.48	0.370	－0.387	－0.017	0.9725	0.8585
其他金融服务业	28.85	0.369	－0.353	0.016	0.9630	0.8085
居民服务业	23.17	0.487	－0.409	0.078	0.9840	0.8750
地质勘查业	25.00	1.281	－1.080	0.201	0.6490	0.8740
保险业	29.55	0.545	－0.344	0.201	0.9450	0.7970
银行业	22.41	0.472	－0.265	0.207	0.9690	0.8660
邮政服务业	21.19	0.513	－0.288	0.225	0.9770	0.8850
装卸搬运和其他运输服务业	23.63	0.767	－0.485	0.282	0.9645	0.8725
商务服务业	25.39	0.733	－0.368	0.365	0.9750	0.8555
航空运输业	35.90	1.091	－0.587	0.504	0.8985	0.8550

注：b 为向城市中心拟合曲线的斜率；b' 为向城市外围区域拟合曲线的斜率；$b + b'$ 为正表明行业向城市外围扩张，为负表明行业倾向于向城市中心扩张。

　　值得注意的是，拟合结果表明新闻出版业、住宿业等行业比银行业、证券业等金融和商务服务业更偏好在北京的城市中心区域发展。

　　以三环和四环之间区域为集聚中心的行业以高科技服务业为主，13个行业中有近1/2的行业与科技及技术服务相关，如计算机服务业、研究与试验、电信和其他信息传输服务业等（见表 3 – 5），加上 3 个高科技制造业，几乎所有与高科技相关的行业都以该区域为集聚中心。

表 3 – 5　集聚中心位于三环和四环之间区域内的服务行业空间分布状况

行业类型	n_0 (%)	b	b'	$b+b'$	R^2	
					负指数函数	线性函数
广播、电视、电影和音像业	29.42	0.319	− 1.166	− 0.847	0.9360	0.8250
城市公共交通业	20.62	0.127	− 0.407	− 0.280	0.6435	0.7010
零售业	23.12	0.253	− 0.39	− 0.137	0.9560	0.8580
房地产业	20.24	0.338	− 0.342	− 0.004	0.9430	0.8270
批发业	21.55	0.337	− 0.335	0.002	0.8770	0.7760
研究与试验	22.11	0.451	− 0.434	0.017	0.8920	0.8140
文化艺术业	24.94	0.448	− 0.424	0.024	0.9740	0.8490
电信和其他信息传输服务业	26.72	0.470	− 0.407	0.063	0.9760	0.8760
计算机服务业	29.96	0.574	− 0.453	0.121	0.8540	0.7850
铁路运输业	27.04	0.631	− 0.317	0.314	0.9040	0.7835
科技交流和推广服务业	27.02	0.734	− 0.413	0.321	0.9100	0.7765
软件业	33.48	0.926	− 0.435	0.491	0.7895	0.7290
专业技术服务业	32.42	1.055	− 0.492	0.563	0.7700	0.7030

注：b 为向城市中心拟合曲线的斜率；b' 为向城市外围区域拟合曲线的斜率；$b+b'$ 为正表明行业向城市外围扩张，为负表明行业倾向于向城市中心扩张。

就行业扩张趋势来看，以该区域为集聚中心的多数行业具有明显的向城市外围扩张的趋势，尤其是高科技服务业，如专业技术服务业、软件业等。而广播、电视、电影和音像业，零售业，城市公共交通业和房地产业则倾向于向城市中心区域扩张。此外，这些行业的整体集聚度也低于以二环和三环之间区域为集聚中心的行业，前者平均集聚度为 26.05%，后者为 28.49%。

仅仓储业、道路运输业和租赁业三个服务业的集聚中心位于四环和五环之间，这三个行业向城市外围扩张的趋势较为明显，同时集聚程度也较低（见表 3 – 6）。这三个行业都需要较大的场地空间和便利的运输条件，与其他服务业有较大差别。

表 3 – 6　集聚中心位于四环和五环之间区域内的服务行业空间分布状况

行业类型	n_0（%）	b	b'	$b + b'$	R^2	
					负指数函数	线性函数
仓储业	0.225	0.828	– 0.309	0.519	0.9660	0.8780
道路运输业	0.190	0.466	– 0.241	0.225	0.9265	0.8605
租赁业	0.168	0.408	– 0.310	0.098	0.9210	0.9190

注：b 为向城市中心拟合曲线的斜率；b' 为向城市外围区域拟合曲线的斜率；$b + b'$ 为正表明行业向城市外围扩张，为负表明行业倾向于向城市中心扩张。

总体来说，首先，北京制造业去中心化的趋势较为明显，但是服务业仍然在中心城区集聚。其次，服务业空间集聚程度要高于制造业，服务业平均集聚度为 26.53%，而制造业只有 16.10%，而且与制造业集聚中心相比，服务业集聚中心行业的多样性较高。最后，城市中心对于特定的服务业具有较强的吸引力，如新闻出版业、餐饮业、住宿业等，而那些向城市中心扩张的制造业主要是为了使其仍然在北京城市经济区范围内，城市中心对其没有直接影响和作用。

三　圈层式产业整体格局

1. 产业空间整体格局

根据前文对 57 个行业的企业空间分布的分析，综合得到北京市整体产业空间分布格局。一个行业在特定城市区域的企业比重反映了该行业的区位偏好，这个区位偏好不仅基于企业对于特定区位的承租能力，而且受到城市规划、产业政策等多重因素的影响，因此各行业空间分布的叠加能够真实反映在市场、政策等多种力量作用下形成的北京产业空间。最终的空间格局包括了 41 个行业，而非前文提到的所有行业，因为一些服务业如零售业、居民服务业等在各圈层分布较为均匀，因此在城市空间中没有明确的区位特征（见图 3 – 5）。

从总体来看，北京已经形成多个产业职能中心，产业空间形成明显的圈层式的结构特征。从城市中心到外围，依次为生产性服务业、高科技制造业、装备制造业、重化工工业以及轻工制造业。以金融服务业、商务服务业为主的生产性服务业紧邻城市中心，以计算机服务业、软件业、研究与试验、专业技术服务业等高科技服务业和通信设备、计算机及其他电子设备制造业为主的高科技制造业主要集中在三环和四环之间，四环和五环之间集中了大量的装备制造业，重化工工业和轻工制造业主要分布在五环以外的区域，已经形成多个产业的职能中心。但是也有一些例外，比如住宿业、餐饮业等行业与生产性服务业同在二环和三环之间区域集聚，而纺织服装、鞋、帽制造业，通用设备制造业，专用设备制造业同在四环和五环之间区域集聚。值得注意的是，北京的城市中心并非产业中心，事实上没有一个行业的企业数量在二环内达到峰值，而且二环内企业密度和数量都低于二环和三环之间的区域（见图3-6）。

从整体来看，多数行业都有向城市外围扩张的趋势，但是也有一些行业存在明显的向城市中心集聚的趋势。制造业和服务业都存在向外围扩张的趋势，但是服务业向外围扩张的趋势明显小于制造业，而且服务业集聚程度很高，因此更多的是在主要集聚圈层集中分布。对于新闻出版业，广播、电视、电影和音像业，住宿业，餐饮业等行业则呈现明显的向心集聚的趋势，而且新闻出版业、住宿业等比银行业、商务服务业等高端服务业更倾向于在城市中心区布局。

随着到城市中心的距离增加，产业的多样性和集聚程度不断降低，北京依然符合单中心的城市空间结构。随着到城市中心距离的增加，企业密度不断下降。集聚程度较高的服务业位于城市中心圈层，在外围的圈层以制造业为主，而且距离城市中心越远的圈层，集聚的行业越少，产业功能越单一。

2. 不同方向的产业空间分异

以距离为基础构建的城市产业空间结构模型，忽略了不同方向上产业发展的差异。但是由于历史等因素的影响，北京市域在不同的发展方向上，尤其是南部和北部地区的产业发展存在一定差异。因此，以长安街和中轴线为界，将北京市域分为四个区域，对四个方向上的产业差异进行分析，进一步深化北京产业空间结构模型（见图3-7）。

（1）南北差异

从整体来看，北京南部地区和北部地区都是以服务业为主的，三环和四环之间是服务业企业的主要集聚区域，但是在企业数量和行业类型上都有一定差异。

南北两个地区间企业数量的显著差距是服务业发展水平的差异造成的。北部地区企业数量是南部地区的近2倍，两个地区的企业数量分别为346840家和195336家。其中，北部地区的服务业企业数量为322118家，占服务业企业总数的65%，而南部地区则仅占35%。

从服务业的行业类型来看，北部地区以计算机服务业、软件业、研究与试验等技术服务业以及银行业、保险业等生产性服务业为主，而南部地区服务业中企业数量最多的是批发业。此外，尽管两个地区的服务业企业最集中的区域都是三环和四环之间，但是北部地区不同行业的集中区域仍有一定差异。在北部地区，银行业、商务服务业等生产性服务业主要位于二环和三环之间，而计算机服务业、软件业等技术服务业位于三环和四环之间，而南部地区各主要服务业之间基本没有差异（见图3-8）。

就制造业而言，南北两个地区企业数量差距不大，但产业类型有一定差异。从制造业的分布来看，南北两个地区制造业企业数量差异并不明显，南部地区和北部地区的制造业企业数量分别为22518家和24722家。但是，南部地区制造业以传统制造业为主，而北部地区高科技制造业发展较好。南部地区制造业以都市型轻工制造业为主，其数量达到10007家，占企业总数的44.44%，而北部地区以机械与装备制造业和高科技制造业为主，其数量为10892家，占企业总数的44.06%。

此外，北部地区制造业去中心化的趋势明显强于南部地区。北部地区制造业企业数量在四环外的区域才开始快速增长，且制造业企业数量远低于服务业；而南部地区制造业企业数量从三环外就开始快速增长，且制造业企数量与服务业的差距相对不大（见图 3-9）。

（2）东西差异

北京东部地区和西部地区的差异主要表现在北部地区服务业行业类型的差异，而南部地区的制造业在东西两个方向上的差异并不明显。同时，北部地区服务业在各行业中的比重较高，因此导致整个市域层面上产业发展的空间分异。

从东北部地区和西北部地区两个区域主要服务业企业的分布来看，在东北部地区银行业、保险业、商务服务业等生产性服务业占服务业的份额很大，该类型产业主要分布在二环和三环之间；而在西北部地区软件业、计算机服务业等科技服务业是主要服务业类型，其在三环和四环之间企业分布最多，在二环和三环之间生产性服务业的比重也较大（见图 3-10）。此外，可以看出高科技服务业在北京西北部地区有极为重要的影响，其他服务业的空间变化趋势与之较为一致，而在东北部地区，虽然银行业、商务服务业对地区有重要影响，但是其影响范围主要是在三环内的区域，四环外的区域以高科技服务业为主。

总体来看，北京产业发展的空间分异主要表现为南北两个地区服务业发展水平的差异。北部地区服务业企业数量明显多于南部地区，且银行业、商务服务业、电信和其他信息传输服务业等现代服务业较为发达，而南部地区仍然以传统的批发业、零售业为主。北部地区企业数量在全市中所占的比重很高，且南部地区批发业、零售业等传统服务业最为集中的区域并非三环内，因此并没有改变北京整体产业格局。

第四章　集聚区空间划分及演化分析

尽管圈层结构已经突破了行政区划的限制，能够展现从城市中心到外围地区主要行业的变化，很好地发挥微观企业数据的优势。但是环路、距离等的划分依然缺乏科学依据，加之并非所有城市都是单中心圈层式的结构，因此有必要对城市产业空间进一步细分。

产业集聚区包含了相对完整的产业链条和经济要素，可以作为产业空间格局分析的最基本单元。本章将以北京为例，应用微观企业个体数据首先识别和明确了城市内部的产业集聚区的空间范围，并进一步利用微观企业的国民经济行业编码、注册时间等属性信息，对集聚区的主要产业功能及时空演化特征等进行分析。

一　产业集聚区块的识别

1. 数据的校核

企业的工商登记数据作为企业个体数据，与以行政区域为基础的加总数据相比，能够更加准确地反映产业在城市空间中的分布状况，但是这类数据也存在一些问题，可能导致数据的分析结果出现偏差。因此，需要对这些数据进行一些处理和筛选，以使分析结果能够更加准确。

第一，北京作为国家的政治和经济中心，吸引了很多企业总部机构进入，这些总部机构在工商登记的从业人员数量是全国所有分支机构的加总，而非在北京工作的实际员工数。在工商登记从业员工数量最多的企业是中国烟草总公司，登记的员工数量高达 50 万人，而且登记员工数量超过 10 万人的企业有 24 家，登记员工数量超过 1 万人的企业有 150 家，在北京工作的员工数量不可能如此之多。这些总部机构往往登记的员工数量很大，对就业密度分析结果产生很大的影响，使得结果出现偏差。

针对这一问题，与 2010 年《中国统计年鉴》的数据进行校核。2010 年《中国统计年鉴》中第三产业员工数量为 767.5 万人，第二产业为 202.7 万人。但是 2010 年在工商登记的服务业企业员工数量加总为 1234.3 万人，第二产业企业员工数量加总为 476.2 万人。这两个数据严重不符，其主要原因就在于一些企业总部登记的人数为该企业在全国所有员工人数的总和，因此要剔除这些企业总部的影响。对工商登记的企业员工人数进行分析发现，企业员工数量为 5000 人是一个较为合理的分界值。服务业员工数量大于或等于 5000 人的企业有 169 家，这些企业员工数量按 5000 人计算，服务业总计就业数量为 820 万人左右；制造业超过 5000 人的企业数量为 67 家，剔除此类企业后，就业总数为 300 万人左右，进一步剔除非生产制造类企业，就业员工数量为 270 万人左右，与统计数据较为相近。

第二，很多制造业企业在北京是总部机构或销售部门，并非制造功能，也会对分析结果产生影响。本研究将制造业企业划分为生产制造功能企业和非生产制造功能企业。制造业的非生产制造功能的部门包括总部的行政办公机构、分公司办事处以及销售部门等。这些部门实质上属于商务办公等服务业，企业员工一般在写字楼中办公，而企业的注册地址通常包括"室"或"大厦"，例如"美国通用无线通信有限公司北京办事处"，登记行业编码为"40"，为通信设备、计算机及其他电子设备制造业，其登记地址为"北京市东城区建国门北大街 8 号华润大厦 3 层 305 室"。本研究关注的制造企业为具有生产制造功能的企业，因此去除注册地址中包括"室"和"大厦"的企业。但是印刷企业属于制造业，此类企业经常出现在商务办公楼中，因此生产企业中应该保留在写字楼中的印刷企业。

北京市制造业总计 47240 家，具有生产制造功能的企业为 42070 家，非生产制造功能的企业为 5170 家。在四环内的非生产制造功能的企业达到 3318 家，占总数的 64%，而五环内的数量更高达 80%，这与总部、办事处以及销售部门等非生产制造功能的部门在城市中心区集中的现实情况相符合。进一步来说，生产制造功能型的制造业企业总计员工数量为241.33万人，与统计数据更为接近。

将去除非生产制造功能企业后的制造业空间集聚状况与所有制造业企业集聚状况进行对比，差异十分明显（见图4-1）。对所有制造业企业进行分析，企业密度在第95个百分位以上的区域在中心城区十分集中；而仅从对生产制造功能制造业企业分析的结果来看，大于第95个百分位的区域相对较为分散。从两张图对比发现：就整体而言，中心城区集中了过多的非生产制造功能的制造业企业，使得城市外围生产制造功能企业较为集中的区域难以被识别；从局部区域来看，差异最大的是CBD附近区域，这个区域集中了大量的非生产制造功能制造业部门，因此对所有制造业区域的分析会使这个区域表现得较为突出，但该区域明显不是生产制造功能企业集中的区域，因此剔除非生产制造功能企业后，结果更加符合实际状况，同时这一结果表明大量的制造业总部机构、办事处以及销售部门主要是集中在CBD区域。

2. 产业集聚区块的识别过程

在对研究使用的基础数据进行校核处理后，依据产业集聚区块识别的三个步骤对北京产业集聚区进行识别，具体如下。

（1）核密度空间平滑

如方法部分所述，为了避免正态分布函数造成空间过度平滑带来的不准确，通常以负指数函数作为核函数，进行核密度分析。以北京为例，核密度空间分析结果表明了北京所有企业分布的状况，企业密度最高超过13000个/km^2，北京城市中心区密度很高，外围在各区县城区企业分布也出现小的集聚区，但城市整体上是明显的单中心结构。进一步来看，在城市中心区的企业分布也是有差异的，中关村和CBD附近是企业密度较高的区域（见图4-2）。

（2）门槛值比较及确定

如前所述，产业集聚区门槛值考虑企业密度和从业人员密度两个因素，而且由于服务业和制造业的巨大差异，本研究进一步区分服务业集聚区和制造业集聚区。研究还对比了第 90 个百分位、第 95 个百分位以及平均值 + 2 个标准差三类门槛值，对产业的集聚区进行初步判定。结果表明，第 95 个百分位和平均值 + 2 个标准差两类门槛值结果较为接近（见图 4 - 3）。为了使结果更加明确，本研究采用第 95 个百分位的值作为门槛值。

（3）集聚区块空间范围分析

总体来说，北京市的企业和就业集聚区域在空间区位上较为一致，就业集聚区的范围略小于企业集聚区域，不存在受单一大企业影响的区域，表明通常以就业密度为单一指标进行次中心或集聚区识别的方法在北京有一定的适用性。当然，这样的结果部分原因是在进行分析时已经去除大型企业总部机构的影响。但是在局部区域上企业和就业集聚区仍存在一定的差异。

第一，服务业企业与就业集中区域的空间差异。

服务业企业和就业集中区域不一致的地区主要是在南部丰台区邻近主城区的部分区域，该区域就业集聚区的范围明显小于企业集聚区，说明该区域以小型服务业企业为主。该区域虽然有较多的企业，但正式登记的就业人数并不多，因此不是正式就业的集聚区域，但是北京南部地区有大量的流动人口，而且商贸等企业较多，可能是一个非正式就业的集聚区域（见图 4 - 4）。

第二，制造业企业与就业集中区域的空间差异。

制造业企业集中区域与就业集中区不一致的地区较多，主要是在北京的城市中心区域和南部地区（见图 4 - 5）。虽然总体上就业集聚区的空间范围小于企业集聚区，但是北部一些集聚区的就业集聚的范围大于企业集聚。这种情况表明对于制造业来说，虽然剔除了大型制造业总部机构的影响，但是依然存在一些区域受到大型企业的影响，尽管这些影响相对较小。因此，同时考虑企业和就业双重因素的影响是较为合理的。

3. 产业集聚区块识别结果

与多数研究一样，集聚区范围的确定也要对总体规模进行控制。对集聚区范围进行初步划定之后，剔除面积在 0.01 平方公里以下的服务业集聚区块和面积在 0.25 平方公里以下的制造业集聚区块，因为我们认为这些区块规模过小，不能形成产业集聚区。结果表明如下所示。

北京服务业除中心大团外，在外围区域仍有 84 个集聚区块（见图 4-6）。中心大团和外围集聚区块总计包括 388942 家企业，占企业总数的 74.30%，总计就业人员数量为 6150040 人，占服务业总就业人员数量的 79.00%。

中心大团有 302787 家企业，就业人员数量为 5214258 人；在外围 84 个服务业集聚区块中，每个区块平均拥有 1025.65 家企业，企业数量最多的区块有 11170 家，最少的有 61 家；各区块就业人员数量的均值为 11140.26人，就业最多的区块有 176102 人，最少的有 655 人；服务业区块面积的均值为 0.97 平方公里，最大的区块面积为 11.10 平方公里，最小的为 0.07 平方公里。

外围服务业集聚区块中，企业数量最多、面积最大的区块为四元桥和五元桥之间的望京-酒仙桥区域。但是就业人数最多的外围服务业区块是上地区域，该区块面积不足望京-酒仙桥区块的 1/2，企业数量也仅是其 72%，但就业人数是望京-酒仙桥区块的 1.2 倍。

关于中心大团的进一步划分。北京产业空间结构呈现单中心的特征，企业和从业人员集中在中心城区，在城市中心形成中心大团（吴良镛，2007：6），中心大团存在不同的产业功能区，需要进一步划分。对北京市所有企业进行核密度估计，可以看到在城市空间的中心区域出现一个中心大团，在外围区域形成一些小的组团。这样的空间结构与孙铁山等（2014）基于街道就业数据得到的结果基本是一致的。

通过对企业和就业密度的分析，本研究得出的中心大团的范围东西两侧边界都超过四环路，南边接近南四环，北边接近北五环，总面积超过 224 平方公里，是四环内所有区域面积的 74%。尽管中心大团确实真实地反映了北京单中心的产业空间特征，但是中心大团实际上包含了多种不同类型的产业功能区（见图 4-7）。这些产业功能区在空间上是紧密相连的，从北京市整体产业空间分布来看，没有明显的空间界线。但是 Shearmur 等（2007：1713）认为城市存在核心-边缘结构，因此在对加拿大多伦多、蒙特利尔以及温哥华进行研究时，对中心和外围区域采取了两个不同的标准。本研究将在借鉴此类方法的基础上，考虑中心大团细分空间单元产业功能的差异和空间邻近性，将在下一节对集聚区划分时，对北京中心大团的产业空间进行进一步划分。

北京制造业集聚区块总计 212 个，总计包括企业 19716 家，占企业总数的 46.86%，总计就业人员数量为 1223858 人，占制造业总就业人员数量的 50.71%（见图 4-8）。

212 个制造业集聚区块，每个区块平均拥有 93 家企业，企业数量最多的区块有 820 家，最少的有 12 家；就业人员数量的均值为 5772.92 人，就业最多的区块有 64338 人，最少的有 236 人；区块平均面积为 1.38 平方公里，面积最大的区块为 16.18 平方公里，最小的仅为 0.26 平方公里。

企业数量最多，同时面积最大的制造业区块是从宣武门附近开始一直向西南延伸至丽泽桥附近。但这个区块的就业人数并不是最多的，就业人数最多的区块是五元桥附近的酒仙桥电子城区域。酒仙桥电子城区块面积只有前者的 1/4 左右，企业数量是前者的 41%，但就业人数是前者的 1.3 倍。

综合来看，外围服务业集聚区块多数位于制造业集聚区块内或在其附近区域，只有少数几个规模较小的服务业集聚区块是独立于制造业集聚区块的，其中规模最大的是位于大兴区安定镇的服务业集聚区块，面积为 0.36 平方公里，有 493 家服务业企业，就业人员数量为 3445 人，以机电和建材批发业、广告业和科技服务业为主。也有一些区块，制造业集聚区块规模较小，如通州的朗府镇。但是总体而言，北京市外围的服务业主要依托制造业发展，服务业郊区化还没有形成。而多数制造业集聚区块位于城市外围区域，表明制造业郊区化十分明显（见图 4-9）。

4. 产业集聚区的划分与界定

以上识别出的北京服务业和制造业集聚区块仅是产业集聚区的基础，这些产业集聚区块还需要进一步划分和整合才能作为产业集聚区。对于服务业来说，最大的问题是中心大团作为一个区块并不合适，因为中心大团包括

CBD、金融街、中关村等重要的服务业功能区，而这些区域的主要功能是有差异的，因此需要进一步划分；对于制造业来说，212 个集聚区块都作为产业集聚区明显过多，需要对空间邻近而且主要产业功能相同或相似的区块进行整合，将之作为一个集聚区来对待。对于服务业和制造业区块来说，都存在一些集聚区块仍然较小，不能单独作为产业集聚区，同时也远离其他集聚区块，因此也不能将之作为产业集聚区。

（1）服务业产业集聚区的划分

服务业产业集聚区的划分，一方面要对中心大团的不同功能产业集聚区进行划分，另一方面对其他外围集聚区块进行整合和调整。

为了对中心大团不同功能的产业集聚区进行识别，首先需要对该区块按 500m×500m 的网格进行划分，然后分析各网格单元内企业的产业类型，最后将空间相邻且产业类型相似的网格单元进行整合，识别出不同产业功能的集聚区。

按 500m×500m 网格单元划分后，得到 1135 个网格单元，其中企业数量大于 100 家（接近服务业企业密度第 95 个百分位的数值，即 393 家/km²）的单元格数量是 814 个（见图 4-10）。

对这 814 个单元格内的企业按行业 2 位码进行分类，并主要依据不同行业的从业人员数量对单元格的功能进行划分。具体计算各单元格就业人员数量时，仍然需要将登记就业人员数量超过 5000 人的企业按 5000 人计算，结果较为合理，如图 4-11 所示。

提取每个单元格内从业人员超过该单元格总从业人员 10% 的行业，将相邻单元格的主要产业功能进行对比分析，将北京中心大团分为 31 个产业集聚区。企业数量为 295106 家，总就业人员数量为 5570879 人，每个产业集聚区平均企业数量为 9520 家，就业人员数量为 179706 人，平均面积为 7.14 平方公里。其中，企业数量最多、就业规模最大的是 CBD 集聚区，企业数量和就业人员数量分别为 24052 家和 479800 人，面积最大的是南二环和四环之间木樨园到方庄区块，面积达到 13.26 平方公里；企业数量、就业规模和面积都是最小的集聚区是位于奥运村附近的集聚区（见图 4-12）。

对于外围集聚区块的调整主要是考虑空间邻近且功能相似的区域，同时剔除就业总人员数量小于500人的区块。对84个外围服务业集聚区块进行区位商计算，根据主要产业功能和空间相对位置进行整合，将84个集聚区块整合为71个产业集聚区。外围服务业集聚区服务业企业数量为85291家，总就业人员数量为965629人，每个产业集聚区平均企业数量为1201家，就业人员数量为13600人，平均面积为1.05平方公里（见图4－13）。

服务业集聚区总计为102个，就业人员数量总计为6536508人，占全市服务业就业人数的77.52%，总面积为296.94平方公里。其中，中心大团的31个集聚区的面积占服务业集聚区总面积的74.83%。城市中心区域产业集聚区经济活动的强度要高于外围，中心大团每平方公里的就业人员数量为24087人，外围集聚区的就业人员数量的平均值为15213人。

（2）制造业集聚区块的整合

制造业集聚区的划分，依然是采用区位商的方法对212个制造业集聚区块进行产业功能的分析，根据区块的空间邻近性进行整合，剔除就业人员数量少于500人的区块，将212个制造业区块整合为130个制造业集聚区。制造业集聚区总计就业人员数量为1280703人，企业数量为18523家，总面积达到281.57平方公里（见图4－14）。

总体来看，北京市服务业集聚区的企业数量和就业人数远高于制造业集聚区，对于企业的集聚能力也较强。102个服务业集聚区企业数量和就业人数分别是130个制造业集聚区的21倍和5倍；服务业集聚区企业数量和就业人数占服务业的72.66%和77.52%，而制造业则分别为44%和47%（见表4－1）。进一步来看，虽然服务业中心大团面积很大，导致服务业集聚区平均面积大于制造业集聚区，但是服务业集聚区的经济活动的密度很高。服务业集聚区整体平均就业密度是制造业的4倍以上，城市中心区域的服务业集聚区平均就业密度是制造业集聚区的近5倍。

服务业集聚区以中心城区为主，而制造业集聚区则分散在外围区域，形成明显的中心－外围的结构特征。就服务业集聚区自身而言，不同区域的服务业集聚区之间差异也很明显。城市中心区域31个集聚区不仅在企业数量

表 4 – 1　北京市集聚区发展状况

产业类型	企业数量（家）	就业人数（人）	平均企业规模（人）	平均面积（km²）	平均企业密度（家/km²）	平均就业密度（人/km²）	较大规模企业（≥5000人）数量（家）
服务业	523498	8432005	23.57				169
服务业集聚区	380397	6536508	17.18	4.10	1524.81	19649.85	155
中心大团服务业集聚区	295106	5570879	31.56	7.14	1296.41	24086.84	142
外围服务业集聚区	85291	965629	11.67	1.05	1753.20	15212.85	13
制造业	42064	2765139	102.71				58
制造业集聚区	18523	1308386	85.34	2.17	72.62	4883.87	27

和就业人数上远多于外围 71 个集聚区，其分别占服务业的 56.37% 和 66.07%，而且其平均就业密度是外围集聚区的近 1.6 倍，平均企业规模也是外围集聚区的近 3 倍。即使是外围服务业集聚区也主要位于各区县的城区，而制造业集聚区则较为分散。此外，外围服务业集聚区多是为制造业进行配套服务的，仅上地、电子城等少数集聚区有制造业和服务业融合发展的趋势。

制造业在平均企业规模方面要大于服务业，但制造业集聚区的平均企业规模要低于制造业整体水平。而对于服务业来说，虽然服务业集聚区的平均企业规模低于服务业整体水平，但是城市中心区域服务业集聚区的平均企业规模还是明显高于服务业整体水平的。这个结果表明，大型制造业企业更倾向于独立分布，而不是与其他企业集聚，但中小型制造业企业则更倾向于与其他企业联合布局，而大型服务业企业则倾向于分布在集聚区内，但是服务业集聚区必须有足够大的规模。从较大规模企业在空间的分布状况上也能得到印证，服务业超过 5000 人的企业为 169 家，其中 155 家位于服务业集聚区内，而且 142 家位于中心大团集聚区；而就业人员数量大于 5000 人的制造业企业为 58 家，仅 27 家位于集聚区内，不足总数的 1/2。

二　产业集聚区的主要功能

依据企业和就业密度空间分布状况，采用核密度函数等方法确定了北京市产业集聚区的范围。各个集聚区不仅在空间范围、企业和从业人员规模等方面各不相同，而且在集聚区的主要产业功能及行业多样化程度等方面也有较大差异。一些企业可以从地方化经济中得到更多利益，更倾向于与相同行业类型的企业集聚；而另一些企业则从城市化经济中获得更多的收益，更倾向于与其他不同行业的企业形成关联分布，因此形成的产业集聚区在专业化程度上有一定差异。一些专业化程度较高的产业集聚区有明显的主要产业和功能，但是一些集聚区多样化程度则较高，产业功能相对复杂，没有占绝对主导优势的产业类型。

因此，将进一步对产业集聚区的功能进行分析，首先采用相对专业化指数和相对多样化指数对产业集聚区的专业化程度和多样化程度进行分析，然后对不同类型的产业集聚区的产业功能进行分析，最后对不同类型产业集聚区功能的空间组织进行研究。

1. 产业集聚区的专业化与多样化分析

（1）专业化和多样化的测度

为了对产业集聚区的专业化和多样化进行分析，我们需要选择一个合适的测度指标。专业化指数通常使用就业人数最多的行业所占的比重，即：

$$ZI_i = \max_j S_{ij}$$

为了比较不同集聚区的专业化程度，我们需要测度相对专业化指数，即：

$$RZI_i = \max_j (S_{ij}/S_j)$$

多样化程度的测度多使用多样化指数，即赫希曼－赫芬达尔指数（Hirshman-Herfindahl Index，HHI）的倒数，赫希曼－赫芬达尔指数（HHI）表示所有行业就业份额平方和的加总，因此多样化指数公式为：

$$DI_i = 1 / \sum S_{ij}{}^2$$

同样我们需要测度相对多样化指数，即：

$$RDI_i = 1 / \sum |S_{ij} - S_j|$$

以上公式中，S_{ij}是i产业集聚区j产业所占就业的份额，S_j是北京市j产业所占的份额。

通常一个产业集聚区的相对专业化指数和相对多样化指数是呈负相关关系的，但并不是完全一致的。因此，我们分别计算了相对专业化指数和相对多样化指数，以期能够对产业集聚区的专业化程度和多样化程度进行校核。

（2）服务业集聚区的专业化与多样化分析

总体来看，专业化程度较高的服务业集聚区主要分布在城市外围，多数中心大团的集聚区相对专业化指数较低（见图4－15、表4－2）。

表4－2　北京市服务业集聚区专业化和多样化分析

	集聚区编号	排序	相对专业化指数	相对多样化指数	员工人数（人）		集聚区编号	排序	相对专业化指数	相对多样化指数	员工人数（人）
中心大团服务业集聚区	0	91	3.776	1.773	62581	中心大团服务业集聚区	14	6	0.964	3.416	205897
	1	1	0.805	1.965	131539		15	39	1.708	1.190	38342
	2	13	1.185	1.723	59076		16	58	2.229	2.200	16524
	3	44	1.877	1.672	108893		17	51	2.015	2.294	479800
	4	5	0.956	1.932	82377		18	35	1.603	1.912	32305
	5	14	1.200	2.290	213259		19	2	0.887	2.365	107148
	6	31	1.503	2.414	314387		20	30	1.494	1.704	159441
	7	42	1.797	1.386	401952		21	95	4.258	1.387	87284
	8	56	2.107	1.474	97355		22	28	1.473	1.798	189184
	9	34	1.543	1.860	146257		23	10	1.119	2.462	167064
	10	7	1.003	3.246	390610		24	22	1.364	3.258	104330
	11	3	0.940	2.853	241223		25	36	1.633	1.701	98429
	12	20	1.332	1.719	267830		26	45	1.906	1.748	292363
	13	37	1.639	1.870	46064		27	27	1.463	1.985	340371

续表

集聚区编号	排序	相对专业化指数	相对多样化指数	员工人数（人）		集聚区编号	排序	相对专业化指数	相对多样化指数	员工人数（人）
	28	4	0.954	1.622	417436		61	89	3.748	1.196	6113
	29	33	1.527	2.686	202276		62	85	3.237	1.455	1653
	30	15	1.258	1.970	69282		63	71	2.582	1.985	1416
	31	49	1.971	1.619	2217		64	79	2.888	1.818	1182
	32	41	1.744	1.532	6277		65	24	1.449	1.977	1587
	33	64	2.307	1.702	3445		66	11	1.131	2.098	52887
	34	66	2.447	1.774	1281		67	54	2.085	1.874	7106
	35	86	3.334	1.586	1005		68	29	1.474	1.749	39907
	36	68	2.511	1.511	2866		69	57	2.167	1.655	1595
	37	59	2.240	1.575	1869		70	101	10.174	1.678	4261
	38	75	2.792	1.762	4119		71	8	1.039	1.822	44154
	39	77	2.817	1.731	1709		72	26	1.457	1.792	2331
	40	50	1.996	1.599	894		73	84	3.097	1.471	13320
	41	76	2.792	1.576	1435		74	23	1.413	1.873	30107
	42	47	1.933	1.861	1733		75	69	2.517	1.635	1908
外围服务业集聚区	43	62	2.245	1.597	16829	外围服务业集聚区	76	61	2.243	1.456	870
	44	80	2.890	1.294	2826		77	17	1.300	2.905	163594
	45	18	1.304	1.841	27891		78	48	1.964	1.760	3202
	46	12	1.178	2.376	3858		79	98	5.460	1.073	1734
	47	88	3.369	1.488	6871		80	72	2.615	1.380	4328
	48	63	2.266	1.583	4808		81	97	5.192	0.856	5821
	49	94	4.096	1.065	2206		82	16	1.258	1.868	15352
	50	70	2.534	1.351	13759		83	83	3.041	1.157	15954
	51	82	3.027	1.537	2692		84	52	2.028	0.990	181101
	52	74	2.778	1.302	2209		85	40	1.736	1.896	5183
	53	67	2.489	1.183	7413		86	73	2.718	1.754	2208
	54	32	1.505	1.404	70148		87	53	2.040	1.634	4174
	55	81	2.994	1.584	2533		88	102	30.126	1.002	1015
	56	38	1.697	1.255	8982		89	65	2.386	1.674	1446
	57	87	3.336	1.487	3684		90	19	1.306	1.793	11171
	58	100	7.196	1.403	2498		91	9	1.074	2.313	20183
	59	60	2.241	1.619	1286		92	46	1.917	1.615	3660
	60	92	3.796	1.456	1543		93	99	6.042	1.041	1741

	集聚区编号	排序	相对专业化指数	相对多样化指数	员工人数（人）		集聚区编号	排序	相对专业化指数	相对多样化指数	员工人数（人）
外围服务业集聚区	94	90	3.766	1.213	15313	外围服务业集聚区	98	96	4.428	1.592	4714
	95	78	2.825	1.616	14713		99	25	1.453	1.927	4826
	96	43	1.815	1.678	10963		100	93	3.830	1.435	20652
	97	55	2.101	1.820	27721		101	21	1.344	1.355	3577

在城市外围的集聚区中，位于各区县中心区的服务业聚集区多数专业化程度较低，即在所有服务业集聚区相对专业化指数的第 50 个百分位（2.25）以下，其中大兴、通州、石景山（对应集聚区编号分别为 45、66、71）的专业化程度都很低，仅昌平和密云（对应集聚区编号分别为 95、100）的专业化程度相对较高。这表明，多数郊区区县中心区域并没有与北京城市中心区进行有效分工，依然保持小而全的产业格局，一定程度上说明北京各区县一体化程度不高。

对于城市中心区域而言，专业化程度整体较低，相对专业化指数的均值为 1.597，但中心大团内各集聚区之间也有一定差异，说明城市中心各集聚区之间在一定程度上是有分工的。虽然北京整体上随着距离城市中心的距离增大，专业化程度有上升的趋势，但是在中心城区内部专业化程度与距离城市中心的距离没有明显相关性。中心城区整体上东部和南部区域专业化程度相对较高，而且在传统的职能中心 CBD 和中关村区域（集聚区编号为 17 和 26）的专业化程度都相对较高，在中心大团 31 个集聚区中排第 5 位和第 6 位，但是金融街（集聚区编号为 28）的专业化程度很低，相对专业化指数排第 28 位，这可能与行业分类有关。中心集聚区专业化程度较高的两个区域是北四环区域和长春桥区域（集聚区编号分别为 21 和 0）。

同时，我们对服务业集聚区的多样化程度也进行了测度，与相对专业化指数进行 Spearman 相关性检验，结果表明两者呈明显的负相关关系，相关系数为 −0.692，在 0.01 的水平下显著，总体上是符合预期的。然而也有一定差异，虽然不存在相对专业化指数和相对多样化指数都较高的区域，但是存在两者都相对较低的集聚区。相对专业化指数和相对多样化指数都低表明该集聚区的就业不是集中在某一个行业，而是在少数多个行业，一般来说这些行业的相关性很高。金融街区域和朝阳门区域都属于这种类型，这两个区域都有较多的金融行业集聚，金融行业在行业大类中分为四个行业（银行、保险、证券、其他金融），而信息服务业主要是计算机服务和软件两个行业，而会计、法律、咨询等商务服务业在行业大类中是一个行业，这可能是导致金融街等金融行业集聚区相对专业化指数和相对多样化指数都不高的原因。

毫无疑问，服务业集聚区的多样化或专业化程度与集聚区的就业规模有明显的相关性。通常来说，集聚区从业人员规模越大，行业类型就越多，多样化程度就越高，反之则专业化程度就越高。我们也对就业规模与相对多样化指数和相对专业化指数进行了相关性分析，结果表明集聚区的就业规模与集聚区的多样化程度相关性很高。就业规模与相对多样化指数的相关性系数为 0.449，在 0.01 的水平下是显著相关的；与相对专业化指数的相关性系数为 −0.207，在 0.05 的水平下显著相关。进一步与集聚区面积进行了相关性分析，结果表明相对多样化指数和相对专业化指数都与集聚区面积在 0.01 的水平下显著相关（相关性系数分别为 0.544 和 −0.257）。这表明集聚区面积对于服务业专业化程度的约束更大，北京存在面积相对较小，但就业规模较大的服务业集聚区。从整体来看，服务业集聚区规模与多样化的相关性高于专业化。

（3）制造业集聚区的专业化与多样化分析

从空间分布的角度来看，尽管邻近城市中心区域的制造业集聚区的专业化程度相对较低，但是从整体来看制造业集聚区专业化程度与距离城市中心区的距离没有明显的相关关系，而且各区县也没有位于核心区域的专业化程度较低的制造业集聚区，表明北京制造业郊区化过程打破了区域之间的隔阂，使得制造业可以在市域范围内分工（见图 4 – 16）。

用相对多样化指数对制造业集聚区的相对专业化指数进行校核，同样采用 Spearman 相关的方法，结果表明两个指数在 0.01 的水平下呈现显著负相关关系，相关系数为 -0.255。因此，总体来说制造业的专业化程度与多样化程度也有明显的负相关关系。但是制造业存在少数相对多样化指数和相对专业化指数都很高的集聚区，如紫竹院街道编号为 69 的制造业集聚区和大兴区庞各庄镇编号为 2 的制造业集聚区，它们的相对多样化和相对专业化指数都很高（见表 4-3）。这类集聚区产业的特点是就业人数最多的行业与其他就业人数相对较多的行业之间基本不相关。

表 4-3　北京市制造业集聚区专业化和多样化分析

集聚区编号	排序	相对专业化指数	相对多样化指数	企业数量（家）	就业人数（人）	集聚区编号	排序	相对专业化指数	相对多样化指数	企业数量（家）	就业人数（人）
0	107	2.915	1.298	70	2205	24	66	5.049	1.020	1189	21340
1	16	18.104	0.909	48	2155	25	77	4.540	0.918	203	4630
2	18	16.809	1.412	108	1926	26	112	2.513	1.319	418	12227
3	34	7.380	1.114	41	1308	27	15	19.027	1.152	61	1036
4	63	5.317	1.661	61	2131	28	52	6.202	0.848	42	10072
5	102	3.268	1.269	80	1684	29	93	3.668	1.121	123	57534
6	7	23.541	1.011	65	4379	30	25	12.201	0.864	39	9629
7	20	15.155	1.004	55	793	31	2	33.551	0.977	52	7301
8	81	4.145	1.126	151	4836	32	97	3.417	1.003	162	12045
9	10	22.483	0.937	67	1239	33	106	3.137	1.451	33	3351
10	43	6.795	1.190	97	2718	34	99	3.357	1.214	553	15496
11	80	4.209	1.035	287	6262	35	65	5.134	1.297	194	6790
12	58	5.684	1.179	120	2031	36	38	7.193	0.881	60	12892
13	40	7.069	0.995	64	1824	37	95	3.502	1.740	62	1495
14	57	5.700	1.067	101	2225	38	39	7.088	1.108	69	3533
15	32	8.456	1.049	46	727	39	86	3.931	1.162	682	26780
16	71	4.656	0.940	245	12746	40	56	5.956	1.236	74	2416
17	110	2.634	0.858	135	7329	41	104	3.178	1.210	45	986
18	105	3.158	1.129	60	1961	42	5	23.594	0.987	33	586
19	49	6.419	0.984	89	5938	43	88	3.859	1.402	914	51570
20	21	14.649	0.873	127	16386	44	85	3.941	1.145	49	987
21	109	2.650	1.020	416	8259	45	70	4.664	1.097	147	12986
22	4	24.041	0.991	39	1247	46	83	4.093	0.962	74	1313
23	115	2.187	1.140	65	1626	47	116	2.108	1.469	266	24067

续表

集聚区编号	排序	相对专业化指数	相对多样化指数	企业数量（家）	就业人数（人）	集聚区编号	排序	相对专业化指数	相对多样化指数	企业数量（家）	就业人数（人）
48	30	9.669	0.842	70	4898	81	17	17.469	1.143	62	4114
49	74	4.599	0.978	41	3304	82	60	5.565	1.002	49	3460
50	64	5.139	1.008	187	4329	83	68	4.862	1.086	90	2799
51	123	1.691	2.080	161	3980	84	94	3.572	1.095	276	5581
52	54	6.021	1.128	34	6557	85	129	1.269	1.323	115	6789
53	130	1.056	1.356	179	12966	86	23	13.189	1.203	30	980
54		38.740	0.840	61	8160	87	82	4.143	1.457	31	2553
55	59	5.631	0.968	98	7053	88	124	1.672	1.681	93	3723
56	119	1.925	0.880	51	10829	89	69	4.835	0.995	171	27645
57	79	4.479	1.198	153	5020	90	72	4.655	1.293	67	2244
58	96	3.470	1.109	27	2627	91	113	2.433	1.047	59	789
59	19	16.276	0.862	163	28639	92	76	4.570	1.099	66	13999
60	48	6.469	1.042	219	23173	93	3	28.222	0.911	36	3197
61	75	4.594	1.285	30	4059	94	122	1.779	2.001	321	49748
62	27	12.049	1.044	253	44201	95	22	14.229	0.860	44	3020
63	121	1.887	1.206	278	15347	96	46	6.512	1.117	38	1197
64	84	3.986	0.990	127	20323	97	117	1.971	1.074	98	7347
65	61	5.557	0.949	110	12135	98	51	6.274	1.042	49	3163
66	111	2.577	1.552	113	6106	99	28	10.729	1.086	23	716
67	127	1.327	1.588	252	24770	100	33	8.370	1.287	79	4284
68	42	6.891	1.002	62	2989	101	14	19.640	1.127	72	10052
69	8	23.540	1.522	46	2055	102	12	20.640	1.008	37	4210
70	36	7.276	1.144	33	667	103	44	6.567	1.626	94	4449
71	98	3.361	1.028	267	16309	104	29	10.709	0.975	66	3154
72	114	2.261	1.441	652	48699	105	90	3.734	1.686	163	4337
73	128	1.311	1.331	69	5332	106	101	3.281	1.015	75	2973
74	118	1.950	1.094	69	5243	107	67	5.013	1.109	51	2039
75	37	7.218	1.068	51	3361	108	55	5.966	0.927	65	3294
76	6	23.581	0.845	32	1324	109	13	20.093	0.830	87	13722
77	87	3.894	1.156	41	1169	110	35	7.353	1.353	87	2015
78	92	3.710	0.993	65	3319	111	47	6.492	1.526	89	2704
79	78	4.485	0.895	335	64338	112	9	23.424	0.811	80	7673
80	73	4.639	1.207	40	1698	113	89	3.797	1.677	294	32670

续表

集聚区编号	排序	相对专业化指数	相对多样化指数	企业数量（家）	就业人数（人）	集聚区编号	排序	相对专业化指数	相对多样化指数	企业数量（家）	就业人数（人）
114	50	6.370	1.153	47	2852	122	26	12.091	1.178	51	1438
115	103	3.192	0.940	52	3367	123	11	20.716	0.774	266	35812
116	24	12.209	0.870	51	3451	124	125	1.638	1.427	440	32260
117	53	6.087	0.874	164	15441	125	100	3.331	1.538	113	12153
118	62	5.510	1.199	55	5792	126	126	1.489	1.327	263	16855
119	91	3.722	1.130	41	2933	127	31	9.521	0.827	105	22879
120	108	2.857	1.232	269	17636	128	45	6.516	1.078	207	33571
121	41	7.031	1.130	68	4352	129	120	1.898	1.321	724	56978

以编号 69 的集聚区为例，从业人员数量最多的行业是文教体育用品制造业（行业代码为 24），仅一个企业，但是规模较大；从业人员数量较多的行业是医药（行业代码为 27），通信设备、计算机及其他电子设备制造业（行业代码为 40），仪器仪表及办公用品制造业（行业代码为 41）以及印刷和记录媒介复制业（行业代码为 23）等，而其他行业就业人数和区位商都很低（见表 4－4）。该集聚区的专业化只是受到一个规模较大企业的影响，而且这个企业与其他企业之间基本没有关联，因此实际上专业化程度并不高，总体上这个集聚区明显是一个多样化的区域。

表 4－4 编号为 69 的制造业集聚区就业分布状况

行业代码	就业区位商	企业数量（家）	从业人员数量（人）
14	1.555	2	88
15	0.109	1	5
18	0.184	3	30
20	0	1	0
23	1.429	4	105
24	28.438	1	580
26	0.354	1	35
27	4.025	2	300
29	1.791	1	32

续表

行业代码	就业区位商	企业数量（家）	从业人员数量（人）
30	0.192	1	5
31	0.487	3	34
34	0.660	1	50
35	0.215	2	21
36	0.556	7	65
37	0.038	1	12
39	0.691	3	70
40	1.281	7	432
41	3.712	5	191

注：行业代码参照《国民经济行业分类》（GB/T 4754—2002）。

这类型的集聚区可能是在一个多元化的集聚区中，引进一个规模较大的与原来行业不相关的企业，而且这个企业所属行业在整个区域的发展程度都较低，但这个大型企业还没有形成与之配套的产业体系，因此这类产业集聚区是一个不稳定的状态，其形成也通常不是自发的市场化的过程。

同样，我们也计算了集聚区就业规模和面积与相对专业化指数和相对多样化指数之间的相关关系（见表4-5），结果表明制造业集聚区的就业规模与专业化程度及多样化程度没有显著的相关关系，而集聚区面积与专业化程度呈明显的负相关关系。这个结果表明对于制造业来说，就业规模大的集聚区也可能专业化程度较高，但是如果集聚区面积较小时则会集中发展少数行业，土地对于制造业同样有很强的约束力。

但是我们进一步计算集聚区企业数量与相对专业化指数的相关性，它们的 Pearson 相关性系数为 -0.255（见表4-5），在 0.01 的水平下显著相关。但无论是集聚区面积、就业规模还是企业数量都与相对多样化指数没有显著相关性。这个结果表明集聚区企业数量较多时相对专业化指数就会降低，但是相对多样化指数不一定会提高，说明企业仍然会集中在少数几个相关的行业上，即使集聚区面积较大也不一定会发展其他行业，尤其是随意发展一些不相关的行业，这一定程度上表明地方化经济对于制造业影响较为明显。

表4-5　制造业集聚区相关性分析

	集聚区面积		集聚区就业规模		集聚区企业数量	
	Pearson 相关性系数	显著性	Pearson 相关性系数	显著性	Pearson 相关性系数	显著性
相对专业化指数	-0.229	0.009	-0.156	0.077	-0.255	0.003
相对多样化指数	0.14	0.113	0.095	0.284	0.167	0.057

　　总体来说，服务业的专业化程度明显低于制造业，而多样化程度略高于制造业。服务业的相对专业化指数均值为2.606，相对多样化指数均值为1.739，制造业的这两个值分别为7.775和1.145。从空间分布来看，城市中心区域服务业集聚区多样化程度明显高于外围，但是城市中心区域和外围的制造业集聚区则没有明显的差异。从集聚区的分工来看，在多数郊区区县的中心仍然存在中心性较强，且多样化特征明显的服务业集聚区，但是制造业明显的郊区化过程使得其在整个市域范围内分工，多数制造业集聚区的专业化程度较高。从相关性角度来看，服务业集聚区的多样化程度与集聚区的就业规模以及土地面积有明显的正相关关系；制造业集聚区专业化程度与集聚区就业规模并没有明显的相关性，而是与集聚区面积以及企业数量有明显的负相关关系，但是制造业集聚区的多样化程度并不随着集聚区从业人员数量的增加或者土地面积的扩大而提高。此外，制造业集聚区还存在特殊的专业化程度与多样化程度都较高的情况，这类集聚区实际上具有明显的多样化的产业特征，可能是由外力干预而形成的一种不稳定状态的集聚区。

2. 产业集聚区功能分析

　　上一部分测度并分析了产业集聚区的多样化程度与专业化程度，以下将依据产业集聚区的专业化程度和多样化程度，对产业集聚区进行分类。以上分析表明产业集聚区的相对专业化指数和相对多样化指数虽然相关性很高，但是依然存在一定差异，两个指标交叉能够形成四种不同类型。当集聚区的专业化程度和多样化程度都较高时一般来说该集聚区是一个多样化的集聚区；当集聚区专业化程度高但多样化程度低时，则是明显的专业化的集聚区；当专业化程度低且多样化程度也低时，可能是从业人员集中在少数相关行业，属于同一个大的产业类型；当专业化程度低但多样化程度高时，集聚区就具有明显的多样化特征。将相对专业化指数和相对多样化指数的中位数作为分界值，对服务业集聚区和制造业集聚区分为四种不同的类型，然后结合集聚区的区位商，对集聚区的功能进行划分。

（1）服务业集聚区功能划分

首先，依据服务业集聚区的相对专业化指数和相对多样化指数对集聚区进行类型划分，结果表明，两个指标都高的集聚区有 10 个，主要分布在外围区域，仅有 2 个集聚区位于城市中心区；两者都低的集聚区有 11 个，也主要分布在外围区域，仅有 2 个位于城市中心区；专业化程度高而多样化程度低的集聚区有 40 个，依然只有 2 个位于城市中心区，有 38 个位于外围区域；专业化程度低而多样化程度高的集聚区有 41 个，其中有 23 个位于城市中心区的集聚区（见图 4 - 17）。

然后，参考辛格曼（Singelmann，1978：24）对服务业的类型的划分，并结合北京市统计分类，将 31 个服务业行业（2 位码）综合为生产性服务业、流通服务业、文化创意产业以及个人服务业 4 个不同的产业类型。生产性服务业主要包括金融业、计算机服务业、软件业、商务服务业、专业技术服务业等 13 个行业大类；流通服务业主要包括运输业、仓储业、批发业、零售业等 11 个行业大类；文化创意产业主要包括新闻出版业，广播、电视、电影和音像业，文化艺术业 3 个行业大类；个人服务业主要包括邮政服务业、餐饮业、住宿业和居民服务业 4 个行业大类。具体分类如表 4 - 6 所示。

表 4 - 6　服务业行业类型划分

服务业类型	服务业行业代码
生产性服务业	61；62；68；69；70；71；72；73；74；75；76；77；78
流通服务业	51；52；53；54；55；56；57；58；60；63；65
文化创意产业	88；89；90
个人服务业	59；66；67；82

最后，将集聚区的专业化－多样化类型与服务业4个大类产业结合，服务业集聚区可以分为三种类型：专业化程度高，有一个主要功能类型的集聚区，即强单一功能集聚区（Ⅰ）；专业化程度较低，但是这些行业的相关性很强，多属于同一个大的产业类型，即弱单一功能集聚区（Ⅱ），如金融街区域；还有一些集聚区的行业属于多个大的产业类型，是跨产业大类的功能复合，即复合功能集聚区（Ⅲ）。第Ⅰ类和第Ⅱ类集聚区都属于产业功能相对单一化的，主要是专业化程度高但多样化程度低以及专业化程度和多样化程度都较低的两个类型的集聚区，第Ⅲ类属于功能复合的集聚区，主要由专业化程度低但多样化程度高、专业化程度和多样化程度都较高的集聚区组成，当然也包括少量专业化程度和多样化程度都较低的集聚区。

分析结果表明，强单一功能集聚区有40个，弱单一功能集聚区有24个，复合功能集聚区有38个，三种功能类型集聚区的空间分布具体如图4－18所示。复合功能和弱单一功能的服务业集聚区主要分布在城市中心区域和各区县的中心区，仅昌平、房山、密云三个区县的中心区是强单一功能的服务业集聚区，其他外围服务业集聚区只有少数规模较小的集聚区呈现多样化趋势。

从服务业集聚区功能类型的空间分布来看，有如下两个值得注意的方面。

第一，在城市中心区服务业发展的核心区域都呈现弱单一功能的特征，中关村区域、CBD区域、金融街区域以及三元桥附近区域都没有完全多样化的趋势。这表明尽管服务业的发展能够从多元化的城市化经济中获得很大的益处，但主要的服务业集聚区不是完全多样化的发展，而是以一个类型的服务业为主要的发展方向，吸引多种其他类型的服务业，形成一个多元化的发展环境。当然在城市中心区域也明显有一些集聚区是非常多样化的发展，这些区域并非北京服务业发展的核心区域，因此服务业类型与三个核心的发展区有较大差异。集聚区产业类型上的差异可能导致集聚区专业化或多样化程度的差异。

第二，怀柔和门头沟中心区域都有两个明显的具有一定规模的多元化集聚区，平谷也有这种趋势，一个是弱单一功能集聚区，另一个是复合功能集聚区。这在一定程度上说明这三个区县正在形成双中心的结构特征。怀柔除区政府所在地外，在杨宋镇也形成了以广播、电视、电影和音像业等文化创意产业为主的服务业集聚区；门头沟也在永定镇依托中国航天科工集团第四研究院等大型企业形成了一个综合性的服务业集聚区；平谷则在城区北部的兴谷街道形成了以商贸为主的服务业集聚区。

北京城市中心是服务业的主要发展区域，为了对服务业集聚区的发展有深入的了解，进一步对中心大团各服务业集聚区进行研究（见图4－19）。中心大团的31个集聚区只有2个规模相对较小的集聚区呈现强单一功能的特征，分别是万寿寺－永定路附近以中国航天科工集团等为主形成研发和专业技术服务业集聚区（集聚区编号为8）和北四环附近以软件业和计算机服务业为主的服务业集聚区（集聚区编号为21）。其余29个城市中心区域的服务业集聚区中有17个弱单一功能集聚区和12个复合功能集聚区。其中以流通服务业为主的集聚区主要集中在南部和东部，南部主要以公路和铁路为依托，适合商贸及运输业的发展，三元桥附近区域集聚区（集聚区编号为20）主要是依托机场，发展航空物流业、仓储业等，西直门附近区域（集聚区编号为2）是依托火车北站以及中国远洋等形成较小规模的运输服务业集聚区。如上所述，中关村、CBD和金融街均是以生产性服务业为主要功能的区域，同时还有亚运村区域，该集聚区是以证券业、房地产业以及专业技术服务业为主的。

值得注意的是，与文化创意产业相关的集聚区多是多样化程度很高的区域，即使以文化创意产业为主的魏公村附近的服务业集聚区（集聚区编号为20）也是呈现明显的多样化特征。城市中心区域内的文化创意产业以新闻出版业为主（行业代码为88），仅少数区域如西长安街区域（集聚区编号为1）和北京电影学院附近区域（集聚区编号为11）有一定程度的影视传媒行业（行业代码为89）集聚，而且文化创意产业与生产性服务业结合发展时，多数是新闻出版业与科技研发或专业技术服务业等相关行业的结合。

对比中关村区域和CBD区域会发现，中关村附近区域明显受到了以软件业和计算机服务业为主的产业的影响，而国贸周边集聚区则受到该区域主要产业的影响较小。王府井区域（集聚区编号为6）是以餐饮业、住宿业等为主；建国门到朝阳门区域（集聚区编号为 12）是以金融行业为主，并融合一些新闻出版业，个人服务业主要是受到邮政总公司的影响；紧邻 CBD 东侧区域（集聚区编号为 29）集聚了大量的运输服务业；四惠则是以运输行业与文化创意产业为主。

外围的服务业集聚区中，也有一些值得关注的现象。第一，在 798 附近区域（集聚区编号为 77）文化创意产业表现得并不明显，该区域是以软件业和计算机服务业以及科技研发等生产性服务业和运输业、仓储业为主。第二，在通州形成了许多以文化创意产业为主的小型集聚区，如编号为 48、51 等服务业集聚。因此，与文化创意产业在城市中心区主要与其他行业融合发展形成非常多样化的集聚区相比，在城市外围更可能形成小型的以文化艺术业为主的专业化较强的集聚区。服务业集聚区功能类型划分如表 4－7 所示。

表 4－7　服务业集聚区功能划分

集聚区功能类型	主要产业类型	集聚区编号
强单一功能集聚区（Ⅰ）	生产性服务业	8；52；53；55；57；58；60；70；73；76；79；80；83；87；89；93；98；100
	流通服务业	37；38；43；44；49；50；61；62；75；81；88；95
	文化创意产业	35；41；47；48；51；59；69
	个人服务业	36；94
弱单一功能集聚区（Ⅱ）	生产性服务业	0；4；7；13；15；17；23；26；28；84；92
	流通服务业	2；3；9；22；25；27；29；32；54；56；85
	文化创意产业	20；40
复合功能集聚区（Ⅲ）	生产性服务业/流通服务业	1；30；31；39；42；45；46；63；67；77；78；82；91；97；99
	生产性服务业/文化创意产业	11；14；16；24；33；64；65；68；86
	生产性服务业/个人服务业	12；96
	流通服务业/文化创意产业	10；18；72
	流通服务业/个人服务业	6；19；66；71
	生产性服务业/流通服务业/文化创意产业	34；74；101
	生产性服务业/流通服务业/个人服务业	90

从不同功能类型的服务业集聚区数量分布来看，以生产性服务业为主的集聚区中，强单一功能集聚区数量多于弱单一功能集聚区，且与生产性服务业相关的复合功能集聚区数量也较多。这种情况说明，生产性服务业中各类产业相互融合发展的情况较少，生产性服务业更倾向于在某一领域内的专业化发展，或者与其他产业大类结合发展。文化创意产业也有相似的特征，结合文化创意产业在空间中的分布状况，表明该类产业在北京城市中心区与其他产业融合发展，在外围地区则可以形成小型的专业化程度较高的集聚区。流通服务业则没有类似的特征，实际上在北京各类流通服务业之间经常结合布局，比如运输业与批发业、零售业以及仓储业等经常集聚在同一区域。

从复合功能集聚区的角度来看，生产性服务业与流通服务业以及文化创意产业联合布局的集聚区较多，但流通服务业和文化创意产业之间联合布局的集聚区数量则很少。这种情况很大程度上说明生产性服务业能够很好地与其他各类服务业结合，从而作为不同类型服务业之间信息和资金等转换的桥梁，具有十分重要的作用。

（2）制造业集聚区功能划分

同样，依据制造业集聚区的相对专业化指数和相对多样化指数对集聚区进行类型划分，结果表明，这两个指标都高的集聚区有 27 个，两者都低的集聚区有 33 个，专业化程度高而多样化程度低的集聚区有 38 个，专业化程度低而多样化程度高的集聚区有 32 个，具体分布如图 4-20 所示。将制造业分为原材料工业、装备机械工业、加工制造业以及高科技产业四种类型，具体分类如表 4-8 所示。

表 4-8 制造业行业类型划分

制造业类型	制造业行业代码
原材料工业	13;19;25;26;28;29;31;32;33;43
装备机械工业	35;36;37;39
加工制造业	14;15;17;18;20;21;22;23;24;30;34;42
高科技产业	27;40;41

分析结果表明，强单一功能集聚区有 38 个，弱单一功能集聚区有 38 个，复合功能集聚区有 54 个。制造业集聚区不同产业类型复合发展的区域所占比重明显高于服务业，这可能与制造业产业链较长，在一个制造业集聚区中，往往形成一个完整的上下游产业集群有关。

从三种功能类型集聚区的空间分布来看，复合功能的制造业集聚区多分布在东部和北部，而南部和西部的制造业集聚区多是功能相对单一的区域，仅亦庄开发区产业呈现明显的多样化特征。而城市中心区域和外围区域集聚区之间的功能类型不存在明显的相关性，城市中心区依然存在强单一功能的集聚区，如阜成门附近区域（集聚区编号为 60）以印刷和记录媒介复制业等产业为主，而白石桥附近区域（集聚区编号为 65）以汽车维修为主，而且从宣武门到丽泽桥面积很大的制造业集聚区也是弱单一功能集聚区。因此，制造业集聚区在产业多样化程度的差异主要是南北两个方向的差异。具体如图 4-21 所示。

强单一功能集聚区中以加工制造业和原材料工业为主，装备机械工业和高科技产业都较少。实际上，以强单一功能为主的制造业区仅有 3 个是以高科技产业为主的，其他都是以医药制造业为主的，其中仅大兴生物医药基地（集聚区编号为 20）有一些大型生物制药企业，其他 2 个分别是房山区良乡工业区和大兴区瀛海镇，它们都是以中成药和化学药为主的。

弱单一功能集聚区仍然是以加工制造业为主的，这种类型集聚区数量明显多于强单一功能集聚区，说明加工制造业更倾向于在同一产业大类内多元化发展，而不是仅集中在某一个单一行业；但是原材料工业弱单一功能集聚区的数量则少于强单一功能集聚区，表明原材料工业更倾向于集中在某一个细分的行业内，在同一个集聚区内一种类型的原材料工业发展会抑制另一种原材料工业的发展，原材料工业各行业之间联合发展的可能性较小。

但是从复合功能集聚区来看，原材料工业与其他产业大类联合发展的可能性则很大。原材料工业与加工制造业和装备机械工业结合发展的集聚区数量很多，尤其是与加工制造业结合发展的集聚区，其数量达到 17 个，是复合功能各类型集聚区中数量最多的。原材料工业作为产业链上游的产业，更倾向于与下游产业融合发展的现状说明，在制造业发展过程中，产业纵向联系更为重要。当然也有可能这些原材料工业与加工制造业完全没有关系，相互独立发展，仅是空间相邻，但至少这些产业之间不会互相排斥。

复合功能集聚区的数量较多的是原材料工业与加工制造业、原材料工业与装备机械工业、装备机械工业与加工制造业以及这三个产业之间的联合发展。这三个产业之间具有明显的上下游关系，进一步增加了制造业纵向联系重要的可能性。

复合功能型的制造业集聚区中有 10 个涉及高科技产业的园区，其数量明显多于单一功能集聚区，一定程度上说明高科技产业更倾向于在多元化的集聚区中发展。

虽然复合功能集聚区中有三种产业联合集聚的区域，但是集聚区数量都相对较少，最多的原材料工业、装备机械工业以及加工制造业联合发展的集聚区数量也仅有 5 个，说明制造业集聚区一般会集中在相关的产业类型上。进一步来说，5 个集聚区中只有 1 个集聚区（集聚区编号为 113）有 4.22 平方公里，其他 4 个集聚区面积都在 1 平方公里以内，说明制造业集聚区并不会因为土地面积较大就多元化发展，与上一部分中集聚区相对多样化指数和土地面积之间不相关的结论是一致的。制造业集聚区功能类型划分如表 4 - 9 所示。

表 4 - 9　制造业集聚区功能类型划分

集聚区功能类型	主要产业类型	集聚区编号
强单一功能集聚区（Ⅰ）	原材料工业	19;30;54;59;76;93;112;123
	装备机械工业	13;28;36;52;55;65
	加工制造业	1;2;3;4;6;7;9;10;14;22;31;35;38;40;42;48;50;60;62;109
	高科技产业	12;15;20
弱单一功能集聚区（Ⅱ）	原材料工业	0;24;32;49;57;64
	装备机械工业	47;61;87
	加工制造业	5;8;11;16;17;21;23;26;27;34;41;46;51;53;58;63;69;81;95;96;98;100;108;122
	高科技产业	79;89;92

集聚区功能类型	主要产业类型	集聚区编号
复合功能集聚区（Ⅲ）	原材料工业/加工制造业	18；25；39；43；70；73；80；83；84；86；88；104；106；110；118；121；124
	原材料工业/装备机械工业	44；45；56；94；101；103；105；115；116；117；129
	原材料工业/装备机械工业/高科技产业	127
	装备机械工业/高科技产业	29；66
	装备机械工业/加工制造业	33；37；71；77；82；91；107；114；120；125；126
	加工制造业/高科技制造业	17；119
	原材料工业/装备机械工业/加工制造业	68；75；90；111；113
	原材料工业/加工制造业/高科技产业	128
	装备机械工业/加工制造业/高科技产业	67；74；85；72

从功能多样化和专业化产业集聚区的空间分布来看，服务业和制造业存在较大差异，服务业是中心和外围的差异，而制造业是南北的差异。服务业产业多样化特征较为明显的集聚区多分布在北京城市的中心区域，而外围的服务业集聚区除区县中心的集聚区外，产业功能专业化程度都较高；但是在制造业集聚区中，产业多样化特征较为明显的集聚区主要分布在北京的北部和东部地区，而专业化程度较高的集聚区多分布在城市的南部和西部地区。

从产业功能的复合角度来看，服务业和制造业既有相同点也有不同点。相同点是服务业和制造业都存在一些产业倾向于在同一领域发展或跨产业类型发展，而不倾向于在同一产业大类的不同领域联合发展，即不倾向于横向整合发展。在服务业中此类特征明显的产业是生产性服务业和文化创意产业，在制造业中则是原材料工业。不同点是制造业的各产业大类之间纵向整合的倾向很强，原材料工业、装备机械工业以及加工制造业相互都有较强的联合布局的趋势；但是对于服务业而言，生产性服务业与流通服务业和文化创意产业之间联合布局的情况较多，而流通服务业与文化创意产业之间联合布局的情况很少，表明生产性服务业是各服务业大类之间沟通的接口。

3. 产业集聚区功能的空间组织

北京服务业以中心城区为主，外围地区服务业集聚区规模较小，多是依托制造业集聚区发展，以仓储业、运输业等产业为主。即使各区县中心的集聚区也是一个包括金融、商贸、物流等综合性的配套服务中心，并没有形成以某一类型的产业为主的产业中心，即西方大都市周边的城市或科技型郊区。因此，北京并没有出现明显的服务业郊区化的趋势。

但是，也有一些迹象表明服务业郊区化可能正发生。一方面，在通州东南部出现了许多以文化创意产业为主要功能的小型集聚区，尽管它们主要是与制造业集聚区联合布局，在朝阳区北部的崔各庄以及怀柔的杨宋镇都有一定程度的文化创意产业集聚。随着文化创意产业整体的发展，可能会形成以文化创意产业为先导的服务业郊区化过程。另一方面，在平谷中心区集聚了17 家证券业企业，这是其他区县中心所不具备的特征。尽管其他区县中心也有很多金融机构，但是它们是以银行业和保险业为主的，证券业企业很少。如平谷证券从业人员依然较少，没有形成明显的金融产业中心。

在北京的城市中心区域，三个传统的生产性服务业集聚区，即金融街、CBD 和中关村都呈现一定程度的专业化特征，其中中关村对周边区域产业结构的影响较大，金融街则有沿长安街向东西两侧扩展的趋势，CBD 对于周边区域产业结构的影响很小。除此之外，在三元桥附近也形成了以航空运输业为主的产业集聚区，同时集聚了大量商务服务业以及信息服务业；在亚运村附近也形成了具有一定规模的证券业和房地产业的集聚区；在万寿寺等长安街西部区域以中国航天科工集团、电子科技研究院等大型央企为主，形成以研发和专业技术服务业为主的服务业集聚区；沿长安街往东，在四惠附近形成文化创意产业集聚区。中心城区的南部区域则是以商贸、物流等流通服务业为主。总体来看，北京服务业沿长安街向东西两侧延伸发展，但是在南北方向上产业向中心发展的趋势更加明显。

北京制造业以外围地区为主，城市中心区域的制造业以印刷和记录媒介复制业、汽车维修、工艺品等为主。制造业南北差异较为明显，北部制造业集聚区产业类型较为多样化，南部制造业集聚区则更为专业化。从城市中心向南延伸，产业类型从装备机械工业以及原材料工业逐渐发展成为纺织服装、鞋、帽制造业，塑料制品业，金属制品业以及家具制造业等轻工业，但是以电子信息等高科技为主的亦庄开发区是个例外；而向北延伸产业结构则是从通信设备、计算机及其他电子设备制造业，仪器仪表及办公用品制造业等高科技制造业，逐渐转变为以食品制造业，饮料制造业，纺织服装、鞋、帽制造业等产业为主，但是怀柔、密云及昌平等的汽车等交通装备制造业比例明显增加。在城市西南方向则是以装备制造业以及石油、化工等原材料工业为主的。

北京中心区域虽然形成了多个专业化较强的服务业中心，但是城市中心对于服务业依然具有强大的吸引力。中关村向东、向南延伸发展，但是在北部、西部两个城市中心相反的方向延伸很少，仅依靠外部力量在北部的上地区域以人为建立集聚区的模式向北跳跃式发展。南部地区依靠北京西站等交通设施发展商贸物流业很难向外延伸发展。虽然服务业有沿长安街向东西两侧延伸发展的趋势，但北京西部地区无论是服务业还是制造业的发展都主要依靠大型央企，是相对独立的，与其他区域基本没有联系，也不是自发的过程。即使长安街向东延伸发展也不能排除定福庄传媒产业基地以及通州建立新的城市政务中心的影响。因此，北京城市中心对于服务业依然具有强大的吸引力，服务业郊区化的趋势很弱。

正是城市中心服务业不能向城市外围的其他区县扩张，使得外围区县只能依靠制造业带动当地经济发展，制造业的发展在北京外围区县依然受到地方政府的鼓励和推动。北京郊区有发达的制造业，而且工业体系较为完整，能够为北京中心区提供丰富且充足的工业产品，使得北京基本上可以自给自足，进而限制了北京与天津及河北各城市之间的区域联动。

4. 各类集聚区功能总体特征

第一，服务业集聚区和制造业集聚区多样化和专业化程度的空间分布特征和影响因素有较大差异。就空间分布特征来看，位于中心城区和各区县城区的服务业集聚区多样化程度较高，外围其他服务业集聚区专业化程度较高；而制造业集聚区的多样化和专业化程度则不存在明显的空间分布规律。就影响因素来看，服务业集聚区多样化程度和专业化程度与集聚区就业规模和面积相关性较大；而制造业集聚区专业化程度则是与集聚区企业数量和面积相关性较大，但是制造业集聚区多样化程度则与集聚区面积、企业数量以及就业规模都没有显著的相关性，这说明即使土地面积扩大、企业数量增加，制造业集聚区仍然会集中在少数几个相关的行业上，而不倾向于向其他不相关行业发展。总体来说，服务业集聚区的专业化程度明显低于制造业集聚区，但多样化程度仅略高于制造业集聚区。

第二，按照集聚区多样化程度和专业化程度将集聚区划分为强单一功能集聚区、弱单一功能集聚区和复合功能集聚区三种类型。位于中心城区的服务业集聚区更倾向于成为复合功能集聚区，而外围集聚区则更倾向于成为单一功能集聚区；而制造业则有南北差异，北部集聚区更倾向于成为复合功能集聚区，南部则更倾向于成为单一功能集聚区。从复合功能集聚区的产业类型来看，制造业集聚区以上下游产业的关联分布为主，如原材料工业和装备机械产业或加工制造业，而服务业集聚区则是以生产性服务业作为各服务业之间联系的纽带，生产性服务业可以与流通性服务业、文化创意产业等关联分布，而流通性服务业和文化创意产业之间很少有关联分布。

三 产业集聚区时空演化特征

产业集聚区的时空演化和发展不仅能够展示城市产业空间发展的过程，而且在一定程度上反映了整个城市空间的扩张和转型。同时已有研究表明，新兴的高技术产业倾向于在多样化的产业环境中发展，而成熟的传统产业更倾向于专业化，而且随着时间的推移，以新兴的高技术产业为主的城市更加多样化，而以传统产业为主的城市更加专业化，对于产业集聚区时空演化的分析也有助于检验这些理论的适用性。

但是不同历史阶段城市所有企业的个体数据很难获得，因此精细地刻画城市产业空间的发展与转变十分困难。幸运的是，企业个体数据通常包括成立时间这一属性信息，我们可以借助企业成立时间这一信息来展示产业时间的演化。尽管这一数据只能以存活下来的企业来反映演化趋势，而没有反映某个历史时期全部产业时空的状况，但是笔者认为存活下来的企业才真正反映了一个确定的历史特征，而那些很快消失的企业最多只是发展过程的潮流而不是趋势。

1. 服务业集聚区的时间演化特征

（1）构建集聚区演化的测度变量

根据集聚区中企业成立时间，我们采用发展时间和发展成熟度两个指标来分析产业集聚区的时间演化过程。发展时间是用该集聚区中成立时间最早企业的成立年份来测度，即：

$$集聚区成立时间 = 2010 - min（企业成立年份）$$

集聚区中最早成立企业的年份表示了该集聚区发展时间，该指标越高表示发展时间越长，反之表示集聚区发展时间越短，产业集聚区的发展时间一定程度上反映了城市不同区域开发的时序。

集聚区发展成熟度用集聚区内各企业成立年份加总的倒数来测度，即：

$$集聚区发展成熟度 = 1/\sum（企业成立年份）$$

因此，集聚区发展成熟度与各企业成立时间总和呈负相关关系，集聚区企业成立年份加总值越高表示集聚区发展成熟度越低，表明该集聚区仍在发展过程中，反之表示集聚区发展成熟度较高。

对于一个集聚区来说，发展时间长并不代表它的成熟度高。例如，对于城市来说，一般是以旧城为中心的，该区域发展时间较长，但是存在两种情况，城市中心区可能依然具有很强的活力，企业不断更新，中心区发展成熟度较低；而如果城市中心由于交通拥堵或者新城区的出现而衰败，企业更新很慢，发展成熟度就较高。

（2）服务业集聚区的发展时序

就服务业集聚区发展时间而言，中心城区各集聚区发展时间较长，其次是外围区县主城区，最后是外围其他服务集聚区。由于北京主城区是传统的服务业集聚区，服务业发展很早，各区县主城区服务业也多在 20 世纪 50 年代左右就出现了，而外围非区县中心的服务业集聚区则多是在 20 世纪八九十年代以后出现的（见图 4 - 22）。

进一步来说，北京由中心区向外蔓延式扩张的趋势较为明显，而且各区县有与中心城区融合的倾向。大兴区、石景山区主城区以及上地区域与主城区之间形成了一些发展时间较短的集聚区，而且这些集聚区的规模相对于其他位于与主城区反方向的集聚区而言较大。这表明北京在中心城区向外围扩张的同时，紧邻主城区的郊区也在逐步与主城区融合。

但是也有例外，通州外围规模较大的集聚区并没有位于通州主城区和北京中心城区之间，而在通州主城区周边也形成了多个小规模的服务业集聚区，这些都是其他区县所没有的现象。这表明通州区发展相对独立，可能已经形成相对完整的服务体系。

（3）服务业集聚区发展成熟度分析

就集聚区发展成熟度的空间分布来看，北京服务业集聚区发展成熟度较高的主要位于城市外围，中心大团各集聚区发展成熟度普遍较低。外围集聚区中，发展成熟度最低的是望京 - 酒仙桥电子城集聚区，其次是丰台中心区和上地两个集聚区，外围区县中通州、石景山、门头沟主城区的服务业集聚区发展成熟度低于大兴、顺义等其他区县中心区的服务业集聚区（见图 4 - 23）。

对比北京城市中心大团各集聚区，北京东部和北部集聚区发展成熟度较低，而南部和西部集聚区发展成熟度较高。中关村区域的两个集聚区以及 CBD 集聚区是发展成熟度最低的，其次是白石桥集聚区以及王府井、三元桥集聚区，而南部和西部的主要集聚区如金融街、宣武门、前门等的发展成熟度都相对较高。但是也有例外，南部的木樨园 - 大红门集聚区的发展成熟度较低。

虽然总体上以生产性服务业和文化创意产业为主的集聚区发展成熟度低于流通服务业集聚区，但是集聚区发展成熟度与行业之间的相关性较弱。以生产性服务业为主的集聚区中，虽然中关村和 CBD 的发展成熟度最低，但是以金融服务业为主的金融街和建国门 - 朝阳门集聚区的发展成熟度都相对较高，而以流通性服务业为主的三元桥集聚区和木樨园 - 大红门集聚区发展成熟度较低。

集聚区的发展成熟度与集聚区各企业成立时间加总呈负相关关系，近年来成立的企业越多，企业更新越快，发展成熟度越低。对于集聚区来说，发展成熟度较低意味着集聚区具有较强的活力。因此，总体来说北京中心城区朝阳和海淀区经济活力强，西城区、丰台、石景山等经济活力较弱。值得注意的是，南部的木樨园－大红门地区经济活力还是较强的，但是企业更新速度较快也同时说明区域发展较不稳定。

将服务业集聚区的发展时间和发展成熟度结合来看，北京中心城区的服务业集聚区虽然发展时间较长，但是发展成熟度较低，表明北京中心城区并没有向西方大都市的中心区一样出现衰落的迹象，依然是经济发展最有活力的区域。

2. 中心大团服务业集聚区的时空演化特征

（1）中心大团服务业集聚区发展时序和发展成熟度

就发展时间而言，中心大团也有由城市中心向外围发展的趋势，中心区发展时间长，外围则较短。虽然城市中心整体发展时间较长，如王府井、宣武门－前门，但是金融街发展时间并不长，而三元桥、亚运村、双井－劲松－潘家园等外围区域发展时间也较短。中关村是唯一位于城市外围而发展时间较长的区域，如图4－24（a）所示。

从空间演化的过程来看，北京西部区域与主城区之间的发展是一个融合的过程，由外围的就业集聚中心向北京中心城区延伸；而东部区域的发展主要是一个扩张的过程，由中心城区向外围扩散。

就发展成熟度而言，中关村、CBD－东直门、三元桥三个区域发展成熟度相对较低，其次是金融街－白石桥和亚运村区域，而南部的木樨园－大红门、崇文门－前门以及中心区的德胜门－鼓楼三个片区发展成熟度相对较高。因此，整体而言中心城区北部经济活力强于南部，而王府井、前门等城市中心区域发展活力弱于中关村和国贸等区域，如图4－24（b）所示。

北京中心城区中，发展时间较长的只有中关村依然保持很高的活力，而宣武门、王府井以及长安街西的万寿寺等区域整体发展活力不高。发展时间较短的区域中，东部由中心区外延的区域发展活力相对较高，而在中关村与中心城区之间的牡丹园－德胜门区域发展时间短但活力也不高。

（2）中心大团服务业集聚区空间演化

对于服务业集聚区来说，存在中心－外围的空间结构关系，中心区一般就业密度较高，随着集聚区向外围的扩张，就业密度开始降低。服务业集聚区空间结构演化以城市中心大团为主，对各产业集聚区的功能进一步细化，分析不同功能在空间上的相互关系以及集聚区的中心－外围关系与时间变化是不是一致的。

从就业密度来看，北京城市中心大团有金融街、CBD－东直门、中关村、三元桥四个主要的就业集聚中心（见图4－25）。这四个区域的就业人员十分密集，集聚中心的核心区域就业密度都超过10万人/km²（即每个单元格超过2.5万人）。

就业密度的降低和集聚中心的范围扩大，一定程度上反映了就业集聚中心的空间结构变化。中关村区域主要是在四环附近集聚后沿中关村大街向南延伸和沿知春路向东延伸；金融街扩展至西单后，沿长安街和二环向四个方向扩展，但是向东和向北趋势更为明显；CBD－东直门区域主要是向西和向北扩展，向东扩展趋势较弱；三元桥区域相对较为独立，向外围扩展的趋势并不明显。除南部木樨园－大红门和潘家园两个集聚区外，中心大团区域的就业密度基本超过1万人/km²（见图4－26）。

与中心大团发展时序比较来看，中关村明显地随时间发展而形成了一个中心－外围的空间结构，三元桥区域相对独立在一定程度上也符合时间演化过程；而金融街、CBD－东直门则都是一个逆向发展的过程，在发展时间短的区域形成集聚中心，而在发展时间较长的区域反而是就业密度相对较低的外围区域。

值得注意的是，中关村倾向于向城市中心发展，而不是向城市外围发展，CBD－东直门更倾向于向西发展而不是向东扩展。这与离郊区近的主城区与中心城区的融合是一致的，表明北京城市中心有很强的向心引力，这样的趋势将使北京中心城区面临更大的压力。

（3）主要就业集聚中心分析

为了分析就业中心核心与外围功能的差异，我们结合已有的产业集聚区范围划定四个主要就业集聚中心的空间范围，如图4-27所示。以每平方公里就业密度大于10万人的区域为就业集聚中心的核心区，外围是周边就业密度大于2.5万人/km²且在同一集聚区的区域。

表4-10列出了四个主要就业集聚中心的就业份额前五位的行业所占比重和在全市的区位商。从表中可知，四个就业集聚中心的产业功能分异明显，CBD-东直门区域以商务服务业和批发业为主，运输业、餐饮业和银行业所占比重较小；金融街区域以银行业、电信以及批发业为主；中关村以商务和计算机等技术服务业为主，有少量批发业；三元桥就业人数较多的是以批发业、零售业和商务服务业为主，但是该集聚区区位商较高的是运输业和仓储类的行业（管道运输业、装卸搬运和其他运输服务业、仓储业、航空运输业的区位商分别为7.35、3.72、3.37、3.10），此外证券业的区位商也达到2.53，从业人员数量超过3400人，因此该区域在全市中的分工以运输业和仓储业为主，但区域自身以商务服务业、计算机服务业、批发业、零售业、证券业等为主，与CBD-东直门区域功能相似。

表4-10　四个主要就业中心的主要行业类型

	行业代码	比重（%）	区位商		行业代码	比重（%）	区位商
CBD-东直门	74	21.28	1.61	金融街	68	35.66	15.68
	63	16.13	0.95		60	28.25	11.44
	51	10.84	8.16		63	21.15	1.25
	67	6.43	1.41		54	4.68	27.30
	68	6.11	2.69		70	2.45	2.61
中关村	74	20.46	1.55	三元桥	65	23.35	3.21
	76	15.33	4.46		74	20.10	1.52
	77	15.16	1.36		63	14.72	0.87
	61	10.45	2.05		61	7.47	1.46
	63	9.44	0.56		88	4.60	1.15

从核心区与外围区的比较来看，各就业中心的核心区与本区域的主要功能基本一致，核心区产业功能专业化程度依然很高，没有因产业扩散和外溢而使主要功能外移的趋势。CBD - 东直门核心区以商务服务业、批发业、银行业、餐饮业为主，外围区以铁路运输业、批发业、商务服务业等为主。其中，银行业、餐饮业的就业人数在核心区的比重明显较大，虽然商务服务业的核心区与外围区所占比重基本相等（核心区占商务服务业就业的49.52%），但考虑到两者面积差异明显，商务服务业依然是核心区的主要功能（见表4 - 11、表4 - 12）。因此，CBD - 东直门核心区以商务服务业、金融业、餐饮业为主，外围区以批发业、运输业为主。

表4 - 11　四个主要就业中心核心区与外围区对比分析

	行业代码	比重（%）	区位商		行业代码	比重（%）	区位商
CBD - 东直门核心区	74	26.62	65.97	CBD - 东直门外围区	51	17.95	13.52
	63	23.23	1.37		74	17.78	1.34
	68	10.31	4.53		63	11.48	0.68
	67	10.21	2.25		88	7.32	1.83
金融街核心区	60	57.60	23.31	金融街外围区	68	46.75	20.56
	68	23.74	10.44		63	40.01	2.36
	54	9.70	56.64		74	1.68	0.13
	70	4.58	4.89		72	1.34	0.21
中关村核心区	76	39.19	11.40	中关村外围区	74	27.54	2.08
	77	14.11	1.27		77	15.63	1.40
	63	13.35	0.79		61	11.38	2.23
	61	8.38	1.64		65	7.76	1.07
三元桥核心区	65	37.57	5.17	三元桥外围区	63	21.68	1.28
	74	20.31	1.54		74	19.95	1.51
	61	7.96	1.56		65	13.57	1.87
	57	6.83	6.52		88	7.76	1.94

金融街核心区的电信行业和银行业所占比重极高，电信行业主要是移动、联通、铁通等龙头企业的总部机构在核心区，因此核心区以银行业、保

险业、电信行业为主；外围区的银行业和批发业占很大比重（见表4-11）。电信行业、保险业和证券业的就业以在核心区为主（见表4-12）。因此，金融街核心区以电信行业和银行业、保险业、证券业等金融行业为主，外围区以银行业、批发业和商务服务业为主。

表4-12　四个主要就业中心核心区就业份额高于周边区的行业

	行业代码	比重(%)		行业代码	比重(%)
CBD-东直门	70	69.52	三元桥	58	97.64
	68	66.77		78	91.67
	67	62.89		71	74.92
	52	61.92		57	71.46
	71	61.59		83	67.29
	57	59.71		65	65.55
	63	57.02		75	61.73
	65	52.03	金融街	60	98.27
中关村	70	89.93		70	90.21
	76	79.31		69	61.69

中关村核心区以专业技术服务业和技术推广业为主，批发业、计算机服务业、软件业等也占一定比重；外围区以商务服务业、技术推广业、计算机服务业、零售业等为主（见表4-11）。核心区在保险业和专业技术服务业所占比重很大（见表4-12）。因此该区域的核心区以IT服务业及硬件销售业为主，也有少量金融行业出现，外围区发展一些商务服务业、零售业等行业。

三元桥核心区以零售业、商务服务业、计算机服务业、运输业为主，外围区以批发业、零售业、商务服务业为主（见表4-11）。运输业、仓储业、勘察业、金融业、零售业以及研发等行业在核心区都占很大比重（见表4-12）。因此，三元桥核心区除运输业外，形成了包括商务服务业、零售业、金融业、计算机服务业等的多功能综合性中心，而外围区则以商务服务业、批发业、新闻出版业等为主。

金融街和中关村区域核心仍以金融业和IT服务业为主，外围区发展了一些商务服务业、批发业、零售业等行业，专业化较强；CBD-东直门区域核心区除商务服务业、金融业等主要行业外，也发展了餐饮业等辅助性行业；而三元桥区域核心区功能有一定程度的多元化趋势，除运输业、仓储业外还有商务服务业、计算机服务业、金融业、批发业、零售业等多个行业，表明运输业、仓储业并不能完全占据区域的核心，随着区域的不断发展，核心区逐步发展了许多生产性服务业。

总体来看，北京城市中心区域形成了金融街、CBD－东直门、中关村、三元桥四个主要的就业集聚中心，都有明显向城市中心发展的趋势。金融街、CBD－东直门、中关村、三元桥作为北京就业密度较高的四个区域，就业密度最大值均超过每平方公里 10 万人。四个就业集聚区分别以金融业、商务服务业、科技服务业以及航空运输业为主导产业，在城市中的职能分工较为明确，其中金融街产业的专业化程度较高，三元桥多样化程度较高，其核心区产业功能的多元化程度较高，除运输业、仓储业外，还有商务服务业、计算机服务业、金融业、批发业、零售业等多个行业。这四个区域都具有明显的向城市中心发展的趋势，表明城市中心对于高端服务业有很强的向心吸引力。

3. 制造业集聚区的时间演化特征

（1）制造业集聚区的发展时序

就制造业集聚区的发展时间来看，中心城区发展时间较长，其次是外围区一些重点区县中心，再次是北部顺义各乡镇，发展最晚也是制造业集聚区最密集的是以大兴为主的南部地区。中心城区和各区县主城区在 20 世纪 60 年代以前就已经有制造业企业出现，从 60 年代到 70 年代开始在门头沟、房山、平谷等地方陆续发展制造业，从 70 年代到 80 年代主要是北部的顺义地区，90 年代以后在南部的大兴开始出现大量的制造业企业。近期以大兴为主的南部制造业发展带集聚区十分密集，主要分布在大兴主城区和亦庄开发区之间。而顺义、通州等制造业基本按乡镇分布，每个乡镇都有一个集聚区。制造业没有出现与服务业相同的向城市中心区延伸或融合的现象（见图 4－28）。

（2）制造业集聚区发展成熟度分析

集聚区的发展成熟度与发展时序刚好相反，中心城区及各区县主城区的制造业集聚区发展成熟度较低，而其他外围集聚区发展成熟度则较高。制造业集聚区发展成熟度南北差异也较大，北部地区发展成熟度较高，而南部地区较低，而且发展成熟度与集聚区的面积有较强的负相关关系，面积越大则发展成熟度越低。南北的差异和集聚区面积差异也存在一定的相关性，北部制造业集聚区主要是分布在各乡镇的小规模集聚区，而南部尤其是大兴和丰台则存在一些规模较大的制造业集聚区，而以乡镇工业为主的小型集聚区发展成熟度也较高（见图4－29）。

总体来看，服务业集聚区和制造业集聚区的时空演化趋势有较大差异。服务业集聚区是由中心向外围发展，中心城区各服务业集聚区虽然发展时间较长但依然具有活力，没有如西方大都市出现的衰落的迹象；而制造业集聚区则是由北向南发展，集聚区活力程度与规模相关性较大，丰台、大兴等面积较大的集聚区活力也较高，而顺义等以乡镇为基础的小型制造业集聚区都较为稳定。整体上，北京东部主要是由中心区向外蔓延发展，而西部则主要是外围功能区与中心区融合的过程。

第五章　典型行业空间集聚特征分析

对于产业空间研究来说，我们不仅希望通过圈层结构、集聚区等的分析了解整个城市的产业空间格局和特征，而且也希望针对一些特定的行业进行研究，探究其在空间中的集聚特征。本章将挑选一些典型的制造业和服务业，不仅对比不同行业间集聚特征的差异，而且分别以北京和杭州为例，对比同一行业在不同城市中集聚特征的差异。

一　典型行业选择

本章研究选取 8 个具有代表性的产业进行对比分析，行业分类以《国民经济行业分类》（GB/T 4754—2002）的大类为主要依据，共涉及 17 个大类和 7 个中类（见表 5 –1）。

表 5 –1　八大产业类型划分及特征

	产业名称	行业名称	产业类型
服务业	商务服务业	企业管理服务;法律服务;咨询与调查	生产性服务业
	金融服务业	银行业;证券业;保险业;其他金融活动	生产性服务业
	信息服务业	计算机服务业;软件业;电信和其他信息传输服务业	高技术服务业
	零售业	零售业	生活性服务业
制造业	高科技制造业	通信设备、计算机及其他电子设备制造业;仪器仪表及办公用品制造业	高技术制造业
	交通装备制造业	汽车制造业;铁路运输设备制造业;船舶及浮动装置制造业;航空航天制造业	资金和技术密集型制造业
	纺织服装业	纺织服装、鞋、帽制造业	劳动密集型制造业
	重化工工业	石油加工、炼焦和核燃料加工业;化学原料和化学制品制造业;化学纤维制造业;非金属矿物制品业;黑色金属冶炼和压延加工业;有色金属冶炼和压延加工业	资金密集型制造业

8个产业类型既有商务服务业、金融服务业等生产性服务业,也有零售业等传统生活性服务业;既有信息服务业等高技术服务业,也有高科技制造业等高技术制造业;既有重化工工业等资金密集型制造业,也有纺织服装业等传统劳动密集型制造业。对不同产业类型集聚特征的对比分析能够很好地反映不同产业类型空间分布的差异。

北京作为全国最重要的经济中心之一,其企业总量远大于一个地方性经济中心的杭州,因此对于多数行业来说,北京的企业数量都明显多于杭州。但是信息服务业是个例外,在企业总体规模较小的情况下,杭州的信息服务业企业数量略多于北京,一定程度上表明杭州的信息服务业在全国都占有重要地位(见表5-2)。

表5-2　北京和杭州各行业企业数量

单位:个

产业名称	服务业				制造业			
	商务服务业	金融服务业	信息服务业	零售业	高科技制造业	交通装备制造业	纺织服装业	重化工工业
北京企业数量	59399	7059	13038	44571	3987	13122	5697	6612
杭州企业数量	15976	1553	15984	23689	2186	2892	2976	1638

二　北京市各行业集聚特征分析

尽管DO指数能够更加精确地对空间集聚进行测度,但是不能很好地揭示行业在空间中的整体分布状况。因此研究首先将依然使用核密度空间平滑展示各行业空间集聚的整体格局,其次采用DO指数更加准确地测度各行业在空间中集聚的程度和空间范围,最后对不同规模企业的集聚特征进行分析。

1. 各行业空间分布特征

总体来说服务业企业集聚的区域相对较小,地理集中程度较高。企业密度最高的行业是商务服务业，最高可达到 600 个/km^2，其次是零售业，最大值超过 500 个/km^2，信息服务业每平方公里企业的最大值也达到 150 个，金融服务业最低，为 50 个/km^2（见图 5-1）。但企业密度并不表示集聚程度，因为各行业的企业数量差异很大，集聚程度更多地取决于各行业的空间结构。

从产业空间分布来看，虽然金融服务业和零售业在外围郊区出现一些小型的集聚区，但是总体来说服务业仍然主要集中在中心城区。金融服务业和零售业不仅在中心城区大量分布，而且在外围区县的城区也有一定程度的集聚，与第四章对集聚区的分析结果是一致的。两个产业也存在一定差异，金融服务业在中心城区主要集中在金融街和 CBD，而零售业在中心城区的分布范围较大，分散程度较高。商务服务业和信息服务业主要集中在中心城区，城市外围区县的集聚程度很低。信息服务业在中心城区的集聚范围也主要是在中关村附近区域，在上地和 CBD 附近形成小型集聚区，而商务服务业的分布尽管以在 CBD 为主，但是中关村、金融街、三元桥等区域都有一定程度的集聚。

制造业空间格局相对分散，地理集中度较低。在制造业中，纺织服装业企业密度较高，最大值为 86 个/km^2，其次是高科技制造业，最大值为 80 个/km^2，交通装备制造业和重化工工业则相对较低，最大值分别为 15 个/km^2 和 5 个/km^2（见图 5-2）。

从产业空间分布来看，高科技制造业的地理集中度较高，尽管都是以中关村为主要集聚区，但是高科技制造业在东部的集聚区主要是电子城而不是 CBD，另外在昌平、大兴及亦庄也有一定程度的集聚。纺织服装业在大红门区域最为集中，该区域位于四环和五环之间，与产业圈层结构分析的结果是吻合的。交通装备制造业在除延庆外的所有外围区县都有一定程度的集聚，因此在北京制造业集聚区中很难出现区位商很高的以汽车制造业为主的集聚区，尽管汽车制造业实际上已经成为北京最大的制造业门类。进一步来看，密云和怀柔形成了北京最大的交通装备制造业集聚区，其次才是顺义，而且在平谷的集聚程度也相对较高，这些北部地区是北京重要的生态涵养区，是否适合大量的交通装备制造业的集聚是值得商榷的。重化工工业不仅在房山、通州等外围区域集聚，而且在朝阳等中心城区也有分布，尽管其集聚程度较低，而且在昌平、顺义、大兴等都有分布。重化工工业在北京呈现较为分散的空间结构是不合理的状况。

通过对比不同行业的空间分布状况，结果表明，服务业与制造业在城市空间中形成的中心－外围的结构特征依然十分明显。尽管金融服务业和零售业在外围区县出现小型的集聚区，但是从总体来看北京不同类型的服务业是以中心城区为主要集聚区域的。而制造业则主要分布在外围区域，其中高科技制造业和交通装备制造业呈现较为明显的多中心的空间结构，而重化工工业则一定程度上表现为无中心，纺织服装业则在大红门附近形成了一个主要的产业集聚区。中心－外围的空间结构也印证了北京的制造业已经出现明显的去中心化现象。

2. 不同产业集聚特征对比分析

采用 DO 指数首先对北京服务业和制造业的总体集聚状况进行比较，结果表明，这两大类产业的空间格局存在较大差异，同时各行业的空间结构也揭示了服务业和制造业内部各行业之间有明显差别，以下对两大类产业内部不同类型的行业的集聚特征进行比较分析（见图 5－3）。

（1）服务业集聚特征分析

虽然服务业各行业在 9 公里左右的距离上集聚程度达到最大值，但是各个行业在集聚程度、集聚范围等方面差异较大。从集聚程度来看，服务业中集聚程度最高的是信息服务业，其次是商务服务业，然后是零售业，集聚程度最低的是金融服务业。从集聚的范围来看，金融服务业的集聚范围最小，虽然其在大于 47 公里的距离上集聚程度都超过服务业第 95 个百分位这一指标，但是在如此大的距离上很难说产业是空间集聚的（见图 5－4、表 5－3）。在较大范围上，集聚程度较高和较小的集聚范围两个特征结合表明该行业在空间上呈现多个产业集聚中心，各中心之间距离较大，与多中心的空间格局特征相符。其次是零售业，该行业的集聚范围为 5～10 公里，与金融服务业不同的是，其在较小的范围内是不集聚的，因为零售业企业盈利都需要有一定的门槛距离，企业间距离过小会引起竞争，降低企业的收入水平；但与金融服务业相似的是，零售业在较大的距离上也表现出高于服务业平均水平的集聚程度，该行业同样表现出多中心的格局特征。信息服务业和商务服务业集聚的空间范围较大，但并没有在较大的距离上出现高于服务业的平均集聚水平，因此这两个行业在空间上形成一个大型的集聚区，没有出现多个副中心的情况，与企业在空间上的密度分布所表现出来的强中心空间结构特征是一致的。

表 5 - 3 服务业集聚特征比较

	信息服务业	商务服务业	零售业	金融服务业
超过第95个百分位集聚水平的范围（公里）	0 ~ 15	0 ~ 14	5 ~ 10	0 ~ 3
			65 ~ 74	≥47
最佳集聚距离（公里）	9	9	9	8.5
最大集聚程度	0.053	0.048	0.042	0.034

从各行业的空间集聚随距离的变化趋势来看，商务服务业和信息服务业的变化趋势基本相同，空间集聚程度都在 0 ~ 9 公里的距离上快速提高，其到达最大之后均在 15 ~ 25 公里的距离上快速下降，仅是信息服务业空间集聚程度更高，其集聚程度在到达峰值后下降得也更快（见图 5 - 5、图 5 - 6）。

两个行业的差别是商务服务业的空间集聚程度在达到最大值之前，出现小幅波动，行业在 0 ~ 5 公里范围内集聚程度快速增加，而在 5 ~ 8 公里的距离上快速下降，在企业密度分布图中商务服务业在中心城区也出现多个规模较小的集聚区；而信息服务业在快速下降的过程中又在较小的范围内出现波动，特别是在 12 公里的距离上出现集聚程度的小幅增加，表明信息服务业在 CBD 附近的小型集聚区对产业空间结构产生影响。

金融服务业在空间上的变化趋势相对较为平缓，在 0 ~ 3 公里范围内的集聚程度虽然高于服务业的平均水平，但是幅度并不大，而在 3 ~ 45 公里的范围上，该行业的集聚程度明显低于服务业的平均水平（见图 5 - 7）。金融服务业与其他三个行业最大的差异是，该行业在集聚程度最大的距离上，其集聚程度并没有高于服务业的平均水平，表明从经济联系形成的集聚角度来说，当一个行业的集聚程度达到最大时，并不一定表明该行业在这个距离上是集聚的。这与北京有金融街和 CBD 两个金融行业集聚区有关，这两个集聚区的距离就在 8 公里左右，因此在这个距离上该行业的集聚程度达到最大值。但是在图 5-7 中并没有出现明显的双峰模式，这表明两个主要的金融集聚区趋向于融合。第四章对集聚区的分析也表明，金融街和 CBD 附近的金融业在较小范围内集聚，但是都有向城市中心扩张的倾向，因此这两个主要金融集聚区有融合的趋势。

零售业整体上在城市空间中是随机分布的，空间集聚的特征很弱。在 11~24 公里的距离上其集聚程度位于服务业集聚程度的第 5 个百分位和第 95 个百分位之间，呈现随机分布的状况（见图 5-8）。在其他的距离上零售业的集聚程度也与服务业整体集聚水平差别较小，因此零售业整体上没有表现出明显的集聚趋势，与之前研究中发现的该行业没有明显偏好的区位相对应。另外，零售业的集聚程度在达到最大值后，并没有像其他行业一样出现快速的下降，而是在 10~12 公里的范围内保持相对稳定的状态，而且其集聚程度与最大值相差较小，这表明零售业存在多个规模差别较小的集聚区，即使最大的集聚区也与其他集聚区相差不大。

（2）制造业集聚特征分析

总体来说，制造业各产业的集聚程度较低，但集聚的范围较大。除高科技制造业外，其他制造行业与制造业的整体集聚水平相差不大，较为平缓的集聚趋势表明这些行业在空间上没有突出的集聚中心或区域，产业空间整体上呈现蔓延式的发展趋势。

就集聚程度而言，高科技制造业的集聚程度明显高于其他产业，其最大集聚程度（0.038）接近服务业的整体集聚水平（0.044），其次是交通装备制造业，其集聚程度的最大值为 0.022，纺织服装业与重化工工业的最大集聚水平相同，都为 0.018。同时，随着集聚程度的降低，最佳集聚距离则总体在增加，表明企业间的距离总体上也在增加。就集聚范围而言，纺织服装业集聚范围相对较小，高科技制造业和交通装备制造业都在 20 公里左右的距离内集聚程度高于制造业平均水平，重化工工业在超过 34 公里的距离上集聚程度才略高于制造业平均水平，但多数企业间距离过大，表明该行业在城市空间上的分布较为分散（见图 5－9、表 5－4）。

表 5－4　制造业集聚特征比较

	高科技制造业	交通装备制造业	纺织服装业	重化工工业
超过第 95 个百分位集聚水平的范围（公里）	0～21	0～23	0～12 ≥63	≥34
最佳集聚距离（公里）	11	17	13.5	30
最大集聚程度	0.038	0.022	0.018	0.018

高科技制造业的集聚程度随着距离的增加，在 10 公里左右的范围内快速增加到最大值，然后又快速下降到制造业平均水平，与变化相对平缓的其他三个制造业以及制造业整体变化趋势有明显差异，表现出与服务业类似的集聚特征（见图 5－10）。高科技制造业与信息服务业具有相似的集聚特征，虽然其集聚程度的最大值与信息服务业有一定差距，但是最佳集聚距离十分接近，而且从企业密度分布来看，两个行业的主要分布区域相同。因此，这两个行业的产业空间和发展趋势相似，可以共生发展。

交通装备制造业的集聚趋势与制造业的整体趋势几乎是一致的，意味着该行业整体上在制造业空间上没有明显的区位偏好，企业可以在所有制造业的空间上随机分布，没有受到政策法规的限制和约束。仅是在 10～20 公里的范围内的集聚程度较为明显地高于制造业的平均水平，表明该行业的各企业不会在较小的范围内形成明显的集聚区，大多数企业间需要保持一定的距离但也不会相距太远（见图 5－11）。

纺织服装业的集聚程度在较小距离上快速提高，然后在经历较大范围内持续的降低后，集聚程度又略有增加，最终在 0～12 公里和超过 63 公里两个范围上集聚程度超过制造业的整体水平（见图 5－12）。这一趋势表明纺织服装业存在一个大型的集聚区，而距离这个大型集聚区较远的距离上还有一些小型集聚区。这与企业在城市空间上的密度分布结果是一致的。

重化工工业是集聚程度变化最为平缓的行业，因此其蔓延的趋势也是最明显的。该行业在30公里的距离上集聚程度才达到最大值，而且在0～30公里范围上集聚程度显著低于制造业的平均水平，表明该行业多数企业间的距离都相对较大（见图5－13）。虽然在40～70公里范围上集聚程度明显高于制造业平均水平，但如此大的距离很难说企业是集聚的，因此重化工工业在制造业的产业空间上是相对分散的。

制造业中集聚程度最高的是高科技制造业，虽然在21公里的距离上都是集聚的，但最佳集聚的距离是10公里左右；其次是纺织服装业，该行业在较小范围内集聚，但是在空间上形成一个大型集聚区和多个小型集聚区；交通装备制造业和重化工工业集聚程度都较低，整体上在城市空间中呈现分散的空间特征。

总体来说，服务业集聚程度明显高于制造业，其中，技术密集型的产业空间集聚程度最高，其次是金融服务业、商务服务业等现代服务业，零售业等传统服务业呈现随机分布的特征，而多数制造业在城市空间中是分散布局的。信息服务业和高科技制造业两个技术密集型的产业在城市空间中的集聚程度最高，而且集聚的空间范围也较为一致，一定程度上表明融合化发展更为合理。金融服务业、商务服务业尽管整体上集中在中心城区，但是在中心城区有蔓延的趋势，表明中心城区的整体氛围对于这类企业吸引力很大，但是企业不一定会在金融街或CBD等主要集聚区。随机分布的零售业企业也证明了该行业在城市空间中没有出现明显的产业集聚区。而对于制造业来说，除通信设备、计算机及其他电子设备制造业等高科技制造业外，整体集聚程度都很低。

3. 不同企业规模对产业集聚的影响

以上研究表明了产业整体的集聚特征和趋势，但是企业规模对产业集聚特征有重要影响，如陆毅等（2010：84）的研究表明在全国尺度上，企业规模与产业集聚之间有明显的正相关关系，但在城市微观尺度上对两者关系的实证研究较少，而且以上的研究中某些明显不同的产业却表现出极为相似的集聚特征，如纺织服装业和重化工工业，这也需要进行进一步考察，以深入了解产业之间的差异化特征。

按照国家统计局 2011 年发布的《统计上大中小微型企业划分办法》，选取企业的从业人员数量为依据，将各产业的企业规模划分为大型、中型和小微型三个类型，具体如表 5 - 5 所示。

表 5 - 5　八个行业企业规模划分

单位：人

	商务服务业	金融服务业	信息服务业	零售业	高科技制造业	交通装备制造业	纺织服装业	重化工工业
大型企业	≥300	≥300	≥300	≥300	≥1000	≥1000	≥1000	≥1000
中型企业	100～300	100～300	100～300	50～300	300～1000	300～1000	300～1000	300～1000
小微型企业	≤100	≤100	≤100	≤50	≤300	≤300	≤300	≤300

（1）服务业不同规模企业集聚特征比较分析

在商务服务业中，中型企业的集聚度最高，大型企业次之，小微型企业的集聚程度最低，商务服务业整体的集聚趋势与小微型企业相似，其主导了该行业的集聚趋势。这是由于小微型商务服务业的数量接近 4 万家，而中型企业和大型企业的数量仅分别为 480 家和 230 家（见图 5 - 14）。这种集聚状况表明大中型商务服务业之间联系相对较强，而小微型企业之间以及与大中型企业之间的联系相对较弱，大中型企业对小微型企业的带动作用有限，而小微型企业自身也不会形成明显的集聚态势。

金融服务业中，企业的集聚程度和集聚范围都随着企业规模的增大而增加。大型企业的集聚态势十分明显，中型企业也较为明显，而小微型企业集聚程度最低，但这一类型企业依然主导了整个行业的集聚态势（见图 5 - 15）。在金融服务业中，大型企业的集聚程度要明显高于另外两个类型的企业，而且并没有在较大的距离上出现高于服务业整体集聚水平的状况，而中型企业以及小微型企业依然存在这种现象，表明大型金融服务业有明显的区位偏好，在城市空间中只在较小的范围内分布，在城市外围区域分布的金融服务业中以中小规模为主。

信息服务业不同规模企业的集聚趋势与金融服务业类似，企业规模越大，集聚程度和范围也越大，而且大型企业的集聚程度同样也明显高于其他两个类型的企业。但与商务服务业及金融服务业不同的是，信息服务业的空间集聚由大型企业主导，表明在信息服务业中，大型企业对于中小型企业的带动作用较为明显；该行业的中型企业和小微型企业在 55～70 公里的距离上集聚程度高于服务业的平均水平，表明在城市外围区域出现了以中小型企业为主的小型集聚区（见图 5－16）。

在零售业中，大型企业的集聚程度明显高于中型企业和小微型企业，但集聚范围并没有明显差异，而中型企业和小微型企业的集聚程度基本相同，行业整体的集聚趋势由小微型企业主导（见图 5－17）。行业整体上在外围出现的小型集聚区也是以小微型企业为主，而大型企业在一定的范围内是集聚的，超过这个范围很快就呈现分散布局的模式，没有像小微型企业一样出现随机分布的状况。

总体来说，服务业的空间集聚趋势主要受到小微型企业的影响，但是大中型企业的空间集聚程度较高，并没有在城市外围出现以大型企业主导的产业集聚区。金融服务业和信息服务业大型企业的集聚程度明显高于中小型规模企业，商务服务业和零售业不同规模企业之间的差异相对并不突出。

（2）制造业不同规模企业集聚特征分析

在高科技制造业中，中型企业的集聚程度最高，其次是小微型企业，大型企业的集聚程度最低（见图 5－18）。中型企业和小微型企业的集聚程度高于大型企业，小微型企业依然主导了行业空间集聚的趋势。大型企业较低的集聚程度和明显大于整体水平的最佳集聚距离表明，该行业的大型企业间的距离较大，该行业可能出现多个围绕一个大型企业而形成的产业集聚区。

交通装备制造业虽然整体上呈现分散布局的趋势,但是大型交通装备制造业在城市空间中表现出空间集聚的特征 (见图 5 - 19)。进一步来说,大型交通装备制造业呈现多个集聚中心的特征,因此交通装备制造业在空间中将形成多个以大型企业为核心的产业集聚区。这与金融服务业的多中心有明显差别,金融行业的多中心是在城市中心区由大型金融机构集聚形成一个主要的中心,而在外围区县形成多个由中小型金融企业组成的集聚中心。

纺织服装业中,集聚程度最高的是小微型企业,其次是中型企业,大型企业集聚程度最低,小微型企业主导了企业的整体集聚趋势 (见图 5 - 20)。纺织服装业中,大型和小型企业在较小的范围内是集聚的,而在较大的距离上大中型企业是集聚的,这样的空间特征表明纺织服装业在城市空间中形成以大中型企业为核心的多个集聚区,但是这些集聚区的空间范围都较小。值得注意的是,大型纺织服装业企业在不同距离上基本相同的分布状况表明,大型企业在北京的城市空间中是均匀分布的。

对于重化工工业来说,大型企业在较小范围内是集聚的,但中小型企业则在较大距离上分散布局 (见图 5 - 21)。这表明北京的大型重化工工业企业相对较为集中,如房山区集中了燕山石化等大型石化企业,但是中小型重化工工业企业在北京城市空间中仍然较为分散,未来需要进一步优化调整。

从整体来看,服务业是大中型企业的集聚程度更高,而制造业则是中小型企业更倾向于在城市空间上集聚,不同规模企业的空间集聚呈现四种典型的集聚模式。对于服务业来说,北京大中型服务业企业在城市空间中的集聚区程度高于中小型企业;而对于制造业来说,交通装备制造业和重化工工业等重资产、规模化生产的制造业大型企业在较小空间上集聚程度较高,而高科技制造业和纺织服装业等轻资产、柔性化生产的制造业则是以中小型企业集聚为主。尽管多个行业都在城市空间上形成了多个产业集聚中心,但是集聚模式是有差异的,这些产业在城市空间上形成了四种典型的集聚模式:第一,金融服务业在城市中心区形成了以大型企业为主的集聚区,外围的中心主要由中小型企业组成，零售业也是以大型企业集聚为主，但没有形成以中小型企业为主的集聚区；第二，交通装备制造业集聚区则是以大型企业为核心，配套大量的中小型企业，形成卫星式的集聚模式，在空间上呈散布状态；第三，纺织服装业的大型企业在城市空间中基本是均匀分布的，集聚是以中小型企业为主，更倾向于马歇尔式的产业集聚区；第四，重化工工业一定程度上呈现与金融服务业有类似空间集聚的特征，大型企业集聚程度较高，而中小型企业则较为分散。

三　杭州各行业集聚特征及与北京的
比较分析

与北京相比，杭州的服务业与制造业在空间中集聚的整体态势基本一致，服务业也略高于所有企业的整体集聚程度，而制造业则远低于所有企业的整体集聚水平，这表明北京和杭州都是以服务业企业为主的。尽管两个城市的差异是十分明显的，如杭州的整体集聚程度要高于北京，服务业的核密度值超过 0.08，即使是制造业也接近 0.06，而北京服务业的核密度值仅略高于 0.04；杭州各企业间的距离要远小于北京，很少有企业间的距离超过40 公里，而北京这个极限值要超过杭州 2 倍（见图 5－22），但是这主要是两个城市建成区范围差异造成的，北京建成区面积超过 1400 平方公里，是杭州的近 3 倍。由于建成区面积越大的城市，企业间的平均距离就会越大，DO 指数的极值自然会越低，但是这并不表明集聚程度会越高，因为如果以所有企业分布状况为阈值的话，两个城市的服务业与所有企业峰值的差值以及制造业与所有企业峰值的差值相差不大。

1. 各行业空间集聚特征比较分析

与北京各行业集聚分析相同，以下也将按服务业和制造业两个大类，分别对八个典型行业在杭州城市空间中企业集聚特征进行分析，并与北京各行业集聚特征进行比较。

（1）杭州服务业集聚特征分异及与比较分析

从四个不同类型服务业的集聚状况来看，信息服务业和金融服务业的集聚程度较高，集聚趋势较为明显，而商务服务业和零售业的集聚程度相对较低，集聚趋势也不明显（见图5-23、表5-6）。从整体的集聚特征来看，信息服务业和零售业在两个城市中的空间分布特征基本相似，前者表现出很高的集聚程度，而后者则呈现随机或分散分布的状况；但是金融服务业和商务服务业在两个城市中的集聚特征则呈现明显差异，金融服务业在杭州表现出较为显著的集聚特征，但是在北京，金融服务业只在很小的范围内有集聚特征，在较大的范围内则呈现分散分布的特征，而商务服务业则刚好相反，北京商务服务业的集聚特征十分显著，仅略低于信息服务业，但是杭州商务服务业则在很大程度上表现出随机分布的特征。

表5-6　杭州服务业集聚特征比较

	金融服务业	信息服务业	商务服务业	零售业
超过第95个百分位集聚水平的范围（公里）	0~4.3	0~3.3 10.5~14.0	0~2.0	≥11.0
最佳集聚距离（公里）	3.5	0.0	4.0	5.0
最大集聚程度	0.088	0.092	0.083	0.078

从空间集聚特征随距离的变化趋势来看，杭州金融服务业和信息服务业的集聚程度随着距离增加而呈现的变化趋势差异明显。金融服务业的集聚程度随着距离先增大后减小，只有一个集聚程度的极大值点；而信息服务业的集聚程度总体上随着距离增加不断降低，但是在9~14公里范围内有一个上升的趋势，因此出现两个极大值点。集聚趋势的差异揭示了两个产业间重要的差异化特征。第一，金融服务业有一个极大值点表明在杭州是一个单中心集聚，而有两个极大值点则表明信息服务业是双中心甚至多中心的模式。金融服务业和信息服务业的企业密度分布（见图5-24）进一步证实了分析结果，杭州金融服务业主要集中在延安路和庆春路附近，而信息服务业则在文三路附近和滨江高新技术开发区出现两个明显的产业集聚区，这两个区域的

距离为 12 公里左右。第二，信息服务业的集聚程度随着距离增加总体在降低，表明企业之间的距离越小越好；而金融服务业最佳的集聚距离为 3.5 公里，这表明虽然杭州的金融服务业集聚在一定的区域，但企业之间仍然保持一定的距离，企业之间存在竞争关系，每个企业都需要一定的市场范围。金融服务业和信息服务业的集聚程度和集聚范围也是不同的，金融服务业的最高集聚程度低于信息服务行业，但其集聚范围在 0~4.3 公里，大于信息服务业的 0~3.3 公里。

杭州金融服务业与信息服务业的变化趋势与北京刚好相反。随着距离的增加，北京金融服务业除在小于 3 公里的范围内呈现集聚特征外，在 60~80 公里范围内也表现出高于门槛值的集聚趋势，结合金融类企业空间分布状况，表明金融服务业在北京整体表现出多中心的特征，而杭州金融服务业明显是单中心的；对于信息服务业来说，北京主要集中在中关村及上地区域，单中心的特征明显，而杭州则是双中心格局。

杭州商务服务业和零售业的总体集聚趋势都不明显，但空间集聚的模式是不同的。商务服务业的集聚水平基本与服务业整体水平一致，企业的空间分布很大程度上表现为随机分布。通常认为高端商务服务业与金融服务业都是重要的生产性服务业，区位特征较为相似，但是杭州商务服务业仅在 0~2 公里范围内略微高于服务业整体集聚水平，表明杭州的资产管理、法律、会计等高端商务服务业发展较慢，专业化程度较低。零售业作为传统的生活性服务业，其在城市的服务业空间上整体是一个散布的模式，与行业特征相符。同时，这两个行业的集聚特征也说明从经济联系形成的集聚角度来说，当一个行业在空间上的集聚程度达到最大时，并不一定表明该行业在这个距离上是集聚的。例如，商务服务业在该距离上没有高于服务业的整体集聚程度，而零售业则明显低于服务业的集聚程度。

（2）杭州制造业集聚特征分异及与北京比较分析

与服务业相比，四个制造业的整体集聚程度明显较低，最高为 0.06，而四个服务业中集聚程度最低的零售业也接近 0.08，但是制造业的集聚范围相对较大。就制造业内部来看，高科技制造业集聚程度较高，集聚趋势十分明显，纺织服装业次之，重化工工业集聚程度最低（见图 5 - 25、表 5 - 7）。

表 5 - 7 杭州制造业集聚特征比较

	高科技制造业	纺织服装业	交通装备制造业	重化工工业
超过第95个百分位集聚水平的范围（公里）	0 ~ 6.9	1.5 ~ 6.8 8.0 ~ 10.4	14.4 ~ 21.5	≥14.6
最佳集聚距离（公里）	6.1	7.5	7.5	9.2
最大集聚程度	0.060	0.058	0.052	0.042

杭州多数制造业集聚态势与北京基本相同，高科技制造业在两个城市都是集聚程度最高的行业，重化工工业都呈现分散分布的状况，而纺织服装业也都是在一个较小的距离范围内（10 公里左右）呈现集聚趋势，只有交通装备制造业集聚状况在两个城市间存在差异。杭州交通装备制造业在一定程度上是分散分布的，而在北京该类行业空间集聚的程度仅低于高科技制造业。这可能与城市中行业发展的特征有关，在北京交通装备制造业较为发达，因此专业化程度高，集聚趋势也更为明显；而在杭州纺织服装业则更为发达，因此专业化程度和集聚趋势也更加显著。

总体来说，高科技制造业集聚程度最高，而重化工工业最低这一趋势在各主要城市中基本一致，但是交通装备制造业等资金和技术密集型制造业与纺织服装业等劳动密集型制造业的集聚态势在各城市中则有所差异。

具体来说，高科技制造业集聚程度最高，达到 0.060，而空间范围内集聚则相对较小；纺织服装业的集聚程度与高科技制造业相近，虽然在 1.5 ~ 10 公里的范围内集聚程度都超过制造业第 95 个百分位的集聚水平，但是只在 3 ~ 7 公里的范围内集聚趋势较为明显；交通装备制造业和重化工工业虽然在空间集聚的范围上较为相似，但是其集聚程度和集聚空间的尺度差异明显，交通装备制造业的集聚程度明显高于重化工工业，空间集聚的尺度也相对较小。

就随距离的变化趋势而言，杭州各制造业行业在空间中的集聚范围要小于北京，这与城市用地规模有关。但相同的是，纺织服装业无论是在北京还是在杭州都在两个距离区间上呈现集聚状态，这表明纺织服装业容易在城市空间中形成多个集聚区。

2. 不同规模企业集聚特征分析

以上研究表明了产业整体的集聚特征和趋势，但是企业规模对产业集聚特征有重要影响，如陆毅等（2010：84）的研究表明在全国尺度上，企业规模与产业集聚之间有明显的正相关关系，但在城市微观尺度上两者关系的实证研究较少，而且以上的研究中某些明显不同的产业却表现出极为相似的集聚特征，如纺织服装业和交通装备制造业，这也需要进行进一步考察，以深入了解产业之间的差异化特征。本次工商登记数据中没有提供企业从业人员数，因此以注册资本代替，该指标很大程度上能够表示企业的规模，当然企业从业人员数更为合理和准确。

以企业的注册资本为依据，对各产业的企业规模进行划分。对各产业的企业规模进行排序，然后分别取第 90 个百分位和第 50 个百分位的企业规模作为大型企业和小型企业的门槛值（见表 5 - 8）。

表 5 - 8　杭州八个产业类型企业规模划分门槛值

单位：万元

	商务服务业	金融服务业	信息服务业	零售业	高科技制造业	交通装备制造业	纺织服装业	重化工工业
第 50 个百分位企业规模	50	50	50	10	50	50	50	50
第 90 个百分位企业规模	1000	1000	250	100	600	559	236.5	706

（1）杭州不同规模服务业集聚状况及与北京比较分析

在四个服务业中，金融服务业和商务服务业小型企业的集聚程度高于大型企业，而零售业则是大型企业的集聚程度高于小型企业，信息服务业这两类企业的集聚状况差异不大（见图 5 - 26）。但无论是商务服务业的小型企业还是零售业的大型企业集聚水平都没有超过杭州服务业第 95 个百分位的集聚水平，因此仍然没有明显的集聚趋势。值得注意的是，信息服务业的小型企业和大型企业的集聚趋势与产业整体趋势差别很大，因为并没有单独分析中型企业的集聚状况，而信息服务业的中型企业数量达到 4777 家，对行业整体的集聚趋势有较大影响。这样的结果可能的原因是，中型企业本身集聚程度很高，或者中型企业与大型企业和小型企业的结合程度很高，抑或两种状况兼有。无论是哪种状况，都表明中型企业在信息服务业中十分重要。

从不同规模的服务业企业集聚特征来看，北京以大型企业集聚为主，而杭州则是以中小型企业集聚为主。杭州的金融服务业、信息服务业、商务服务业都是以中小型企业集聚为主的；而北京只有商务服务业是以中型企业集聚为主的，其他都是以大型企业集聚为主的，而且一些行业如金融服务业即使整体上呈现分散的分布特征，但大型金融服务业的集聚特征依然十分明显。共同点是在北京和杭州的零售业整体上都表现出随机或分散分布的特征，但是相对于中小型零售业来说，大型零售业在城市空间中更加集中，尤其是在北京，大型零售业在空间中呈现显著的集聚特征，即使在杭州，大型零售业的集聚程度也显著高于中小型企业。

（2）杭州不同规模制造业集聚状况及与北京比较分析

与服务业不同的是，制造业的空间集聚状况由小型企业主导的趋势十分明显，而大型制造业的集聚程度普遍低于小型企业（见图 5 - 27）。四个制造业大型企业的最大集聚程度都在 0.04 左右，而多数产业的小型企业最大集聚程度在 0.05 以上，集聚程度最低的重化工工业也达到 0.047，高科技制造业的小型企业的最大集聚程度更是接近 0.07。从分产业来看，高科技制造业和纺织服装业的小型企业的集聚趋势比较明显，高科技制造业和纺织服装业的小型企业的集聚程度和范围都大于产业整体的集聚状况，但大型企业均在超过 15 公里的距离上才明显高于制造业整体集聚水平，表明大型企业在空间上较为分散。交通装备制造业和重化工工业的小型企业的集聚程度尽管高于产业的整体水平，但是仍然低于制造业集聚的门槛值，值得注意的是，整体上交通装备制造业和重化工工业的分布在 20 公里左右的距离上集聚程度达到最大（见图 5-25），且高于门槛值，一定程度上表明这两个产业在城市远郊区域以大企业的集聚为主。

对于制造业来说，杭州依然是以中小型企业集聚为主，但是在北京各行业间则存在一定差异，高科技制造业和纺织服装业以中小型企业集聚为主，而交通装备制造业和重化工工业的大型企业更倾向于在空间集聚。因此，对于技术密集型的中小型高科技制造业更倾向于在空间中集聚，而大型高科技制造业集聚倾向则相对较低，劳动密集型的纺织服装业也有同样的趋势，而资本密集型的交通装备制造业和重化工工业在各城市中的空间分布有较大差异。

3. 杭州与北京产业集聚特征的比较

随着企业等个体信息的可获得性不断提高和地理信息技术的发展，采用微观数据对产业空间集聚的研究应该受到重视。相对于传统以行政边界为基础的面状数据的分析方法，微观尺度下以企业点状数据为基础的研究能够更加准确、细致地反映城市内部产业集聚的特征，尤其是对于金融服务业、信息服务业等在很小范围内集聚的产业来说更为重要。通过北京和杭州两个城市不同行业间集聚特征的分析，本书发现一些规律性特征，但是也存在一些差异，而这些差异在一定程度上反映了两个城市的不同特质，而不仅仅是行业本身的差异。

第一，毫无疑问，城市内部各行业集聚的空间范围会受建成区面积和城市经济规模等的影响，但是集聚程度可能更多地受城市各行业专业化程度等的影响。八个行业在北京的空间集聚范围明显大于杭州，即使在企业数量方面杭州略多于北京的信息服务业也是如此，尽管这样的结果可能受很多因素的影响，但是城市建成区面积应该是最重要的因素之一。对于集聚程度而言，通常情况下，城市建成区面积越大，企业间相对距离可能较远，则会导致各行业在城市中的集聚程度较低。但是这样的假设似乎并不成立，北京在多个行业的集聚程度都显著高于杭州，如商务服务业。因此，笔者认为行业在空间上的集聚程度很大程度上是行业在城市的专业化造成的。

第二，通过北京与杭州的对比，我们也发现行业集聚的规律性特征。整体上，城市中信息服务业、高科技制造业等技术密集型行业在空间中的集聚程度是较高的，能够表现出显著的集聚特征，劳动密集型的服务业和制造业在空间中很大程度上呈现随机分布的状况，重化工工业则多呈现分散分布的状况。而金融服务业、商务服务业等生产性服务业和交通装备制造业等先进制造业在空间中的分布特征则有较大的不确定性。尽管传统认为金融服务业和商务服务业在空间中的集聚程度较高，但是事实上这些行业在城市空间中可能呈现随机甚至分散分布的状况，这与城市中该行业的专业化程度以及集聚模式有关；而交通装备制造业等先进制造业也在很大程度上受到行业专业化程度的影响。

第三，同一行业不同规模的企业在北京和杭州所表现的集聚特征的差异十分明显，这很大程度上反映了在城市等级体系中位序以及城市特征的差异。整体上，北京各行业都以大型企业的集聚为主，而杭州则多以中小型企业集聚为主。北京作为中国的政治中心和重要的经济中心，在全国城市体系中位于最高层级，能够吸引大量的企业总部机构，尤其是央企和国企等，这些企业都是在发展到较大规模时进入北京以谋求更大的发展机会，而这些大型企业集聚所形成集聚区的租金成本也相对较高，很大程度上限制了中小企业进入，使得集聚区中以大中型企业为主，因此北京表现出以大型企业为主的集聚特征。而杭州尽管是长三角地区重要的区域性中心城市，但是在全国城市等级体系中位于第二甚至第三层级，该城市很难吸引众多大型企业落户，因此更多的是形成以中小型企业为主的马歇尔式产业集聚，不断通过城市中小型企业的发展以实现城市经济的增长。从企业变迁来看，在北京中小型企业相对分散，只有当它们发展成规模较大的企业时，才能进入一些主要的产业集聚区；而在杭州，企业处于发展初期时，为了生存通常位于一些以中小型企业为主的集聚区，共享一些公共资源和服务，当它们发展壮大后，有能力从更大范围内获取资源时，就会离开集群独立布局。

当然就不同规模企业的集聚状况来看，北京和杭州也有一些相似之处。

电子信息等高科技制造业以及纺织服装业等劳动密集型行业在北京和杭州都是以中小型企业为主的，而零售业则都是大型企业更倾向于在空间中集聚。这些可能是由行业自身特点所决定的，如零售业尽管属于生活性服务业，但给周边居民提供便利的服务，因此整体上在空间中是随机或分散分布的，但是大型零售企业则往往布局在一些主要的商圈中，共同提高商圈的吸引力，满足消费者多样化的需求。

第六章　不同所有制企业空间演化

经济转型是我国经济发展过程中的一个重要话题。微观企业个体数据中包含的企业所有制性质这一属性信息，使得我们能够在对微观企业进行时空演化分析的基础上，通过标定企业所有制性质，进一步深化对我国经济转型的理解。

研究仍以北京为例，北京作为我国的政治中心，同时也是北方地区的经济中心，其在我国城市经济转型过程中具有很好的典型性。在经济改革之前，北京经济发展几乎完全由公有制企业主导，时至今日仍然是我国大型国有企业的集聚地。2015年，106个世界500强中国企业中，有52家企业的总部都位于北京，而且这52家企业都是国有企业。改革开放之后，北京也大力推进经济改革，20世纪80年代首钢实行的承包责任制，90年代有大批国有企业通过政企分离、外商合资参股等方式建立现代化的企业制度，21世纪以来还有大量的港澳台资企业、外企企业以及混合所有制企业涌入北京，极大地改变了城市的经济所有制结构。

企业性质中包含超过20种类型的企业，但是本研究重点关注公有制、非公有制经济的演化过程和特征，因此将这20多种企业性质分为四大类：国有企业、集体所有制企业、混合所有制企业以及外资和私有制企业。具体如表6-1所示。这四类企业中，受政府影响最大的是国有企业和集体所有制企业，其次是混合所有制企业，外资和私有制企业受政府的控制是各类型企业中最弱的。

研究将使用统计分析和空间分析的方法，首先分析四类所有制企业的数量和从业人员随时间的变化趋势，其次通过不同时期各所有制企业到城市中心距离的变化，探讨不同制度对所有制企业在城市空间区位的影响。

表6-1　四大类所有制企业

国有企业 （SOEs）	集体所有制企业 （COEs）	混合所有制企业 （MOEs）	外资和私有制企业（PFOEs）
- 国有企业	- 集体企业	- 股份制公司	- 个人独资企业
- 国有联营企业	- 国有与集体联营企业	- 有限责任公司	- 港澳台商独资企业
- 国有独资公司	- 集体联营企业	- 中外合资经营企业 - 中外合作经营企业	- 外商独资企业
		- 港澳台商投资股份有限公司	- 私营合伙公司
		- 三来一补企业	- 私营股份有限公司
			- 有限责任公司（台港澳法人独资）
			- 有限责任公司（外国自然人独资）
			- 有限责任公司（外国法人独资）
			- 有限责任公司（台港澳合资）
			- 有限责任公司（外商合资）
			- 有限责任公司（台港澳与外国投资者合资）

一　不同所有制经济的整体趋势

虽然自20世纪90年代中期以来，北京混合所有制以及外资和私有制两大类企业在企业数量上已大幅超过国有企业，但是2003年以后出现了"国进民退"的趋势。1990~2003年，混合所有制企业等非公有制经济快速发展，而与之相应的是，国有企业和集体所有制企业的数量和从业人员数量自1993年开始就稳步下降（见图6-1、图6-2）。但是自2003年左右开始，注册的混合所有制企业以及外资和私有制企业的企业数量和从业人员数量总体开始快速减少，而这个时间点刚好国资委成立。此外，集体所有制企业的变化趋势与混合所有制企业、外资和私有制企业等有较大差异，因此很难说其具有私有制经济的特点。

根据各类型企业的变化特点，我们将北京所有制企业转型分为五个阶段：第一，1978 年之前，由国有经济主导的发展阶段；第二，1979～1990年，混合所有制企业快速发展，但是国有企业依然保持其在经济中的重要性；第三，1991～1993 年，四类所有制企业都快速发展；第四，1994～2003 年，国有企业和集体所有制企业的经济地位总体上在下降，非公有制经济的企业数量和从业人员数量都快速增加；第五，2004 年以后，混合所有制企业、外资和私有制企业快速减少。

二 各类所有制企业在城市中的分布状况

不同所有制经济在城市空间中的分布区域和整体格局都有较大差异。如图 6-3 所示，大多数国有企业为主城区，在二环内的区域行成了两个主要的国有企业集聚区，还有一些较大的集聚区也主要集中在四环内，但是集体所有制企业很大程度上是分散分布的状态。混合所有制企业、外资和私有制企业在空间中的分布较为接近，都主要集中在中关村和 CBD 两个区域。

尽管借助核密度函数等方法，我们对四类所有制企业在空间中的分布状况有了直观的了解，但是仍需要进行更加精确的定量分析，以深化对不同所有制企业空间分布状况的认识。为此，以下将借助到城市中心（天安门广场）距离这一变量加以分析。北京是一个典型的单中心空间结构，整个城市其实是围绕着二环内的政治中心布局的，因此到城市中心的距离很大程度上反映了企业受政府影响的程度。

从总体来看，国有企业距离城市中心最近，其次是集体所有制企业和混合所有制企业，距离城市中心最远的是外资和私有制企业。大多数国有企业集中在距离城市中心 5 公里以内的区域上，如拥有大量国有企业总部的金融街就位于这一区域内。一些人可能认为集体所有制企业应该划分到国有企业这一类中，但是集体所有制企业到城市中心的距离要大于国有企业，而且从其在空间中分散分布的状况来看，这类企业受中央政府的影响并不大。大多数混合所有制企业与外资和私有制企业集聚的范围相同，在距离城市中心

7.5 公里左右的三环路的外围（见图 6 - 4）。这一区域包括了许多以外资企业为主的集聚区，如 CBD 和三元桥区域。整体上，这样的分布状况符合我们对各类所有制企业分布的预期。

但是，国有企业距离城市中心较近也有可能是因为国有企业比外资和私有制企业等较早出现，因此在距离城市中心较近的区域分布。而随着城市的扩张，后来出现的国有企业只能在距离城市中心较远的区域布局，因此到城市中心的距离主要受国有企业成立时间的影响，而与受政府影响的大小无关。为了避免这一问题，我们分析了不同时期各所有制企业到城市中心的距离，如果到城市中心的距离没有变化，那么意味着这样的空间格局主要是城市空间不断扩张造成的，否则距离远近还是在很大程度上能够反映政府资源对企业的重要性的。

所有制的转变是一个政府力量减弱而市场力量不断增强的过程。如果市场化不断推进，那么国有企业到城市中心的距离就应该增加；而如果政府力量增强的话，国有企业到城市中心的距离就会减少。因此，如果国有企业到城市中心的距离增大，表示市场力量在增强；如果其距离减小，则表明所有制转型推进很慢或者停滞；如果距离保持不变，则国有企业的分布主要是历史原因造成的。

本书通过对国有企业在不同时期到城市中心距离的比较发现，即使是国有企业的空间位置也不是固定不变的，因此历史原因对于国有企业的分布来说都不是决定性的。对于国有企业来说，改革开放后的前三个阶段（1979～2004 年）到城市中心的距离持续增加。改革开放之前，大多数国有企业紧邻城市中心，位于到城市中心 4 公里以内的区域上。1979～1990 年，注册的国有企业开始向城市外围转移，到城市中心的距离增加。1994～2003 年，国有企业进一步向城市外围扩展，事实上这一时期，注册的国有企业到城市中心的距离达到最大值。但是 2003 年之后，注册的国有企业到城市中心的距离又减小了，而且达到了改革开放后的最小值（见图 6 - 5）。因此，可以将 2003 年看作转折点。在这之前，市场化的力量不断增强，而之后经济改革进程似乎停滞了。

但是，并不是所有的企业都显著地受到政府和市场力量的作用。集体所有制企业可能受到历史因素的影响更大。因为在不同时期，集体所有制企业到城市中心的距离变化很小。大多数集体所有制企业分散分布在城市区域，尤其是那些 1978 年之前和 2003 年之后注册的企业（见图 6 - 6）。这一结果表明集体所有制企业对于地方政府具有很强的依赖性。因为集体所有制企业通常属于最低层级的地方政府，如村或者镇（街道）等，因此在城市空间中是相对分散的。集体所有制的性质给企业带来了一些优势，如免费的用地等，但是同时也降低了企业的流动性。

尽管混合所有制企业与外资和私有制企业也存在一定差异，但是总体来说在不同时期的变化较为相似。自改革开放以后，各时期注册的两大类企业到城市中心的距离越来越远，而且在空间中的集聚程度也很高。但是 2003 年之后，企业向外围扩张的速度显著下降。2003 年后注册的混合所有制企业到城市中心的距离与 1994 ~ 2003 年注册企业的距离十分相近（见图 6 - 7）。而外资和私有制企业在 2003 年之后也与混合所有制企业有相似的变化趋势。两类企业的主要差异是：2003 年之后，外资和私有制企业在距离城市中心 17 公里左右形成了一个外围次中心（见图 6 - 8）。加之，外资和私有制企业在城市内部的主中心的集聚程度逐渐降低，表明 2003 年之后很多外资和私有制企业向城市外围迁移。从总体来看，政府对外资和私有制企业的影响相对较小。

当然，1993 年之前，外资企业在距离城市中心的使馆区大量集聚，因此外资企业相对于混合所有制企业来说更靠近城市中心。事实上，在 20 世纪 90 年代中期之前，混合所有制企业的空间格局与集体所有制企业更为相似。

整体上，北京四大类所有制企业的空间分布状况反映了我国经济转型的大体趋势，可以看出 2003 年是经济转型的一个转折点。同时，各类型企业在城市空间中的演化过程也表明政府力量在城市产业空间的形成过程中发挥了重要的作用。

第七章 企业区位选择的影响因素和机制

　　微观企业个体数据最大的优势是有精确的空间位置信息，有利于更加细致地研究空间分布特征和格局等，但是问题在于这些信息通常缺少属性信息，而且也难以与现有的统计数据配套，因此给个体企业区位选择的影响因素和机制等方面的研究造成较大的障碍。幸运的是，相对于微博、手机信令等数据来说，从工商或统计部门收集到的企业个体信息一般拥有较为完善和丰富的属性数据，并且这些数据不仅几乎囊括了一个地区全部企业，而且也更加可靠。加之，产业集聚区的划定也使我们能够构建出相关的区域性配套数据，支撑对微观企业个体区位选择的研究。

　　本章将在产业集聚区划分等基础上，通过对区域性支撑数据的构建和交通等相关数据的收集，进而对微观个体企业区位选择的影响因素进行分析，并对商务服务业和交通装备制造业两个典型行业区位选择进行对比分析，探讨服务业和制造业在大城市空间区位选择的特征及其差异。

一　企业区位选择的主要影响因素

　　根据已有的研究，本章重点分析八个主要因素对企业区位选择的影响，具体如下。

　　（1）地方化经济和城市化经济

　　地方化经济通过同一行业企业间的外部性，即专属技术的劳动力市场、专业的技术投入和溢出、基础设施等的共享以及特定行业上下游企业间垂直分工，使得特定行业的企业在一定空间范围的集聚能够产生更大的经济效益。城市化经济则主要是通过不同行业间的技术互补和信息外溢，提升企业的创新能力，从而使得企业具有更强的市场竞争力，产生更大的经济效益。已有的文献已经从地方化经济和城市化经济角度对产业发展进行研究，但是研究主要集中在对制造业的分析上，而对服务业的分析较少。范剑勇和石灵云（2008：36）的研究表明，地方化经济对于劳动密集型、资本密集型以及高新技术产业都有很强的正向效应。贺灿飞（2011：1）利用微观企业数据的研究表明，我国制造业的集聚主要体现在地方化经济而非城市化经济。陈良文等（2006：18）的研究则表明，地方化经济不利于制造业的发展，城市化经济主要与制造业的就业呈正相关关系。武晓霞和梁琦（2014：14）对长三角16个城市服务业的研究发现，地方化经济对于服务业的升级有正向的影响，而城市化经济的影响则是负向的。从目前实证的研究来看，很难确定专业化经济和地方化经济对于我国产业发展的影响是正向的还是负向的。但是毫无疑问，地方化经济和城市化经济对于制造业和服务业的发展都有重要的影响，因此成为企业进行空间区位选择时考虑的一个重要因素。

（2）劳动力市场

劳动力作为生产函数的最基本要素，对于企业的区位选择有着十分重要的影响。新经济地理学认为，集聚在一起的企业可以分享一个庞大的劳动力市场，从而降低雇用劳动力时产生的搜寻成本。实证研究中，沈坤荣和田源（2002：26）、张俊妮和陈玉宇（2006：1091）、王俊松（2011：19）、陈秀山和邵晖（2007：14）等分别对外商投资、制造业、服务业的研究表明，劳动力市场对于企业的区位选择有明显的影响。劳动力市场可以进一步分为由所有劳动力组成的整体劳动力市场和有特定行业的专业化劳动力市场两个类型。多数研究对劳动力市场的整体水平进行分析，没有考虑特定行业的专业化劳动力市场的影响。本研究将对这两类劳动力市场进行区分，特定行业的专业化劳动力市场一定程度上表示了地方化经济的影响。

（3）交通条件

从韦伯的工业区位论开始，交通条件就成为企业区位选择的重要因素。韦伯从运输成本最低的角度对工业的空间区位进行分析，此后胡佛等人对运输费用进行了进一步的深化，因此从区位理论的角度看，交通条件对于产业的空间区位有重要影响，但是实证研究的结果则存在一定的不确定性。黄娉婷和张晓平（2014：83）以火车站数量作为交通条件的测度指标，对京津冀汽车制造业的分析表明，交通条件没有显著影响。王铮等（2006：567）对我国高科技产业的研究表明，交通条件是一个辅助性的影响因素。但是多数研究表明制造业区位与交通可达性有很强的正相关性，如赵浚竹等（2014：850）认为交通条件对于我国汽车制造业有明显的影响，陈松林等（2012：807）对福建的分析结果也表明制造业的布局与交通可达性具有很强的正相关性。对服务业的研究中，林善浪和张惠萍（2011：106）对上海信息服务业的研究发现，交通可达性对于软件服务业的空间分布影响很大；霍燚（2011：77）的研究也认为北京地铁的建设对于现代服务企业的区位有显著影响。

（4）用地条件

产业集聚区土地面积越大，可以容纳的企业数量就越多，因此直观来看产业集聚区的面积对于企业的区位有一定的影响。Ellison 和 Glaeser（1994：21）对于美国制造业的研究结果表明，土地面积与制造业企业的数量有正相关性。赵浚竹等（2014）的研究也证明了在全国尺度上城市的面积与制造业企业的数量有显著正相关性。因此，将土地面积作为区位选择的一个控制变量。

（5）政策条件

随着我国城市实施"退二进三""腾笼换鸟"等政策以及城市周边经济开发区的建设，在政府政策推动下我国城市产业空间开始转变。政策条件成为我国城市内部产业区位选择研究中重点考察的因素之一。通常的研究中，将各类开发区作为产业区位选择的政策变量进行分析，如 Wu（1999：535）、Wei 等（2008：639）、Huang 和 Wei（2014：78）分别对广州、杭州、武汉的研究表明，各类开发区对跨国公司，尤其是制造业的区位选择也有重要影响。张诚和赵奇伟（2008：38）在对我国外商服务业企业的空间分布研究中发现，政府干预是企业空间选择的一个重要影响因素。同时，Feng 等（2009：779）将北京"退二进三"的政策作为北京制造业郊区化的重要影响因素。吕卫国和陈雯（2009：142）对南京制造业的研究发现"退二进三"政策和开发区的建设都对制造业的空间分布有显著影响。

（6）企业性质

企业性质对于企业区位的研究主要是区分国有企业和非国有企业在城市空间分布的差异。通常认为国有企业可以通过划拨等方式获得土地，因此受到市场因素的影响较小，而私有企业或外资企业等非国有企业则受到市场因素的作用更为明显，最终在城市空间布局上呈现一定的差异。邱灵（2013：74）对于北京生产性服务业的研究表明，外资企业对于交通可达性以及邻近主要客户等考虑较多，而内资企业更关注办公面积及配套设施等。刘涛和曹广忠（2010：716）对北京制造业的研究表明，国有企业和集体所有制企业偏向于在远郊区分布，而私有企业和外资企业则在近郊区分布。

（7）到城市中心的距离

北京城市中心对于服务业吸引力很大，对于制造业影响较小，该因素主要针对服务业。实证分析章节的研究已经表明北京的制造业郊区化程度较高，而服务业仍然集中在主城区中，郊区化程度很低。于伟等（2012：1098）的研究也表明零售业近郊区发展很快，但是中心城区并未延续20世纪90年代的空洞化和边缘化趋势。张景秋和陈叶龙（2011：1299）等的研究则发现，办公产业的企业密度和就业密度在北京城市空间中具有由内到外递减的规律。石榴花（2012：53）对北京星级酒店的研究表明，酒店星级越高，在城市中心的集聚程度越高。因此，将到城市中心的距离对企业分布的影响作为服务业企业分布的一个重要因素考察。

（8）上下游产业联系

企业上下游的垂直分工在制造业中较为明显，服务业之间很少有明显的上下游联系。新经济地理学中，克鲁格曼对于产业空间集聚的模型化正是基于企业间的上下游联系，主要用于制造业空间集聚的解释，而且初期以新经济地理为基础的实证研究也都以制造业为研究对象（Ellison and Glaeser，1997：889；杨宝良，2003：53；金煜等，2006：79），主要证明制造业企业间由于上下游联系而形成的地理空间集聚，后来陈建军等（2009：83）对服务业实证研究则主要是基于知识外溢，而且其研究也承认相对于制造业，服务业集聚受到循环累积等的影响很小。进一步来说，从第四章的分析结果来看，制造业集聚区中产业结构有较为明显的上下游联系，而服务业集聚区则没有。

二　两个典型行业区位选择的因素分析

商务服务业和交通装备制造业是北京两个具有代表性的行业，分别是服务业和制造业中规模最大、最具影响力的两个行业。2010 年，北京市五大类生产性服务业的增加值达到 6705 亿元，约为地区生产总值（14113.6 亿元）的 1/2。其中，商务服务业的优势尤为明显，2010 年商务服务业从业人员为 77.81 万人，是生产性服务业中规模最大的，这也使得北京在全国城市中的商务服务职能十分突出（李佳洺等，2014：385）。北京市交通装备制造业 2010 年实现工业总产值 2495.6 亿元，占全市工业总产值（14513.6 亿元）的 17.2%；实现工业销售产值 2476.8 亿元，占全市工业销售产值（14357.4 亿元）的 17.3%，是北京市工业门类中占比最高的行业。对两个最具代表性行业的分析，能够较好地反映服务业和制造业在空间区位选择的差异，因此以下将运用条件逻辑选择模型对两个行业区位选择的影响因素进行分析。

1. 商务服务业影响因素分析

（1）行业及空间范围选择

本研究以商务服务业为例，对北京服务业区位选择的影响因素进行实证分析。2002 年的《国民经济行业分类》标准中商务服务业包含的行业差异较大，不仅有企业管理、法律、咨询等高端服务业，也有旅游、中介等普通服务业，这些服务业区位选择的差异也较大。因此，以商务服务业中的企业管理服务业（行业代码为 741）为例进行分析。由于中心大团是北京市服务业的主要集聚区域，服务业企业数量占全市的 56.37%，就企业管理服务业来说，中心大团企业有 13839 家，占所有企业管理服务业（20309 家）的 68.14%，表明该类企业主要在中心城区集中。因此，研究的空间范围是中心大团的 31 个服务业集聚区。

2010 年，北京中心大团区域新成立的企业管理服务业为 575 家，占所有企业管理服务业（13839 家）的 4.15%。中心大团 31 个服务业集聚区的企业数量和从业人员数量的平均值分别约为 18.55 家和 127.13 人，其中企业数量和从业人员数量最多的是国贸区块，分别为 89 家和 645 人，最少的是前门区块，仅新成立 1 家企业，从业人员数量仅 3 人（见表 7 - 1）。总体来看，北部新成立企业多于南部，东部新成立企业多于西部（见图 7 - 1）。

表 7 - 1　2010 年中心大团各集聚区新成立的企业管理服务业状况

集聚区编号	企业数量（家）	从业人员数量(人)	集聚区编号	企业数量（家）	从业人员数量(人)	集聚区编号	企业数量（家）	从业人员数量(人)
0	4	18	11	26	161	22	1	3
1	6	50	12	28	397	23	27	180
2	7	33	13	3	42	24	11	59
3	9	65	14	8	42	25	12	67
4	13	70	15	3	14	26	35	167
5	2	5	16	2	12	27	30	284
6	38	274	17	89	645	28	31	170
7	36	208	18	10	47	29	44	295
8	9	48	19	16	94	30	19	94
9	18	61	20	17	137			
10	17	176	21	4	23			

（2）变量选择与构建

本研究关注城市空间结构及集聚经济对于新成立的服务业企业空间布局的影响，进而找到集聚区形成的主要影响因素和产业空间形成的机制。因此，主要考虑如下四个方面的影响。

城市化经济：以第四章已经计算的集聚区多样化指数以及截至 2009 年 12 月 31 日的集聚区从业人员总量作为城市化经济的替代变量。通常认为高端商务服务业需要多样化的产业发展环境，但是从第四章的分析发现，主要的就业集聚区如 CBD 等多样化程度并不高，呈现弱单一化的趋势，因此对于该变量需要进一步考察。

地方化经济：以第四章已经计算的集聚区专业化指数以及截至 2009 年 12 月 31 日的集聚区企业管理服务业从业人员数量作为地方化经济的代替变量。一般而言，地方化经济对于传统成熟的产业具有较大影响力，但与第四章的分析结果有一定差异，因此与城市化经济一样，地方化经济的影响也不能确定。

企业性质：该变量主要试图确定城市中心对于国有企业是否具有很强的吸引力。国有企业与政府机构联系紧密，而且可能是历史原因国有企业已经在城市中心区获得了土地，而对于土地租金的影响较小，因此更可能在城市中心区分布。如果企业性质为国有企业，且企业在三环内分布，则变量为 1，否则为 0，预期影响为正。

到城市中心距离：从描述分析部分的结果来看，城市中心对服务业有较强的吸引力，为了进一步确定城市中心对服务业的影响，将城市中心的向心力作为一个重要的变量进行计量分析。为了进一步考察不同圈层对于服务业企业的影响，以环路为基础分别确定了每个集聚区的空间位置，同时一些集聚区可能横跨在两个圈层，因此结合新成立企业的位置进行确定。该变量以三环和四环之间的集聚区为对照组，设置两个哑变量。四环外对于企业空间分布的影响与四环内是相反的，因此当以三环和四环之间为对照组时，两个哑变量的预期影响均为负。

控制变量：集聚区面积、集聚区地铁站点数量以及政府政策引导（即在东三环规划 CBD 区域吸引商务服务业企业）对于企业的区位选择均有很大的影响，因此将这三个变量作为控制变量，这三个变量的预期影响均为正。同时，对集聚区地铁站点数量也进行一定的调整，当集聚区内新成立的企业距离该集聚区地铁站 2 公里以外时则认为该地铁站点无效。

各解释变量的定义及预期影响如表 7－2 所示。

表 7 - 2　解释变量定义及预期影响

	解释变量	定义	预期影响
城市化经济	多样化指数（lnRDI）	集聚区多样化指数的对数值	+ / -
	从业人员总量（lnLabor_T）	集聚区从业人员总数（人）的对数值	+ / -
地方化经济	专业化指数（lnRZI）	集聚区专业化指数的对数值	+ / -
	企业管理服务业从业人员数量（lnLabor_B）	集聚区企业管理服务业从业人员数量（人）的对数值	+ / -
企业性质	国有企业且在三环内（dummy_vis）	企业性质为国有企业且在三环内为 1，否则为 0	+
到城市中心距离	二环内（dummy1）	集聚区在二环内为 1，否则为 0	-
	二环至三环（dummy2）	集聚区在二环和三环之间为 1，否则为 0	-
	三环至四环（对照组）		-
控制变量	土地面积（lnLand）	集聚区面积（km²）的对数值	+
	地铁站点数量（Subway）	集聚区内的地铁站点数量（个）	+
	是否为国贸区块（dummy_CBD）	国贸集聚区为 1，否则为 0	+

（3）模型分析结果

模型 1 和模型 2 主要比较了对服务业集聚区地铁站点原值与调整后的值的结果，即将距离企业超过 2 公里的视为无效地铁站点而舍弃。结果表明，虽然原始值对于企业分布的影响较为明显，但是调整后的值使得该变量对于企业分布的影响更为显著。因此，地铁站点对区域企业管理服务业的分布有着重要的影响，但是地铁站点有一定的影响范围，超过一定距离后影响力就会明显降低。由于调整后的参数值更加显著，所以后面的 4 个模型也都采用调整后的值。

模型 2 的结果表明，尽管多样化指数对于企业管理服务业的空间分布没有显著影响，但是专业化指数呈现负向的影响，而且区域整体的从业人员总量有显著影响而企业管理服务业从业人员数量的影响则不显著。因此总体来说，城市化经济对于企业管理服务业空间分布有正向的影响，尤其是地区总体的从业人员规模。空间黏滞力对国有企业的影响也与预期相符，表明对于国有企业来说更倾向于在城市中心区分布。向心力对于服务业空间布局的影响也很显著，结果表明三环外的区域对于企业管理服务业是负向的影响，企业不倾向于在三环外分布，当然与二环内相比，企业更倾向于在二环和三环之间的区域分布（见表7-3）。从三个控制变量来看，地铁站点数量和CBD都对企业的空间分布有显著影响，但是集聚区面积则对企业分布的影响并不显著。

表7-3　条件 Logit 模型估计结果

变量	模型1	模型2	模型3	模型4	模型5	模型6
ln*RDI*	-0.139 (-0.494)	-0.141 (-0.511)	0.253 (1.208)		-0.141 (-0.511)	-0.204 (-0.802)
ln*Labor_T*	0.468 * (2.142)	0.443 * (2.048)	0.705 *** (5.543)		0.443 * (2.048)	0.371 ● (1.743)
ln*RZI*	-0.392 * (-2.049)	-0.391 * (-2.057)		-0.307 ● (-1.852)	-0.391 * (-2.057)	-0.127 (-0.724)
ln*Labor_B*	0.148 (1.373)	0.144 (1.342)		0.313 *** (5.106)	0.144 (1.342)	0.142 (1.367)
dummy_vis	0.250 ● (1.946)	0.250 ● (1.946)	0.250 ● (1.946)	0.250 ● (1.947)		0.552 *** (5.202)
*dummy*1	-0.460 * (-2.203)	-0.444 * (-2.370)	-0.369 * (-2.083)	-0.324 ● (-1.826)	-0.589 *** (-3.399)	
*dummy*2	-0.783 *** (-4.687)	-0.793 *** (-4.796)	-0.731 *** (-4.487)	-0.795 *** (-4.846)	-0.938 *** (-6.278)	
ln*Land*	-0.086 (-0.484)	-0.042 (-0.237)	-0.107 (-0.646)	0.216 ● (1.658)	-0.042 (-0.237)	0.061 (0.342)
Subway_1	0.082 * (2.18)					
Subway_2		0.082 ** (2.733)	0.080 ** (2.759)	0.083 ** (2.959)	0.0823 ** (2.732)	0.081 *** (3.886)
dummy_CBD	1.361 *** (4.952)	1.363 *** (5.369)	1.213 *** (5.157)	1.315 *** (5.293)	1.361 *** (5.364)	0.843 *** (4.624)

注：括号内数据为 z 检验值，在大样本统计量情况下（ $n > 30$ ），通常用 z 检验代替 t 检验；●、
*、**、*** 分别表示在10%、5%、1%、0.1%统计水平下显著。

　　模型3和模型4在保持其他变量不变的情况下，分别关注城市化经济和地方化经济对于企业管理服务业空间分布的影响。结果表明，当不考虑地方

化经济带来的外部性的情况下，集聚区服务业从业人员规模每增加 10%，企业选择该集聚区的平均概率弹性将增加 6.82%；当不考虑城市化经济带来的外部性情况下，集聚区专业化程度每增加 10%，企业选择该集聚区的平均概率弹性将降低 2.97%，但是从事企业管理服务业的人数则对企业产生显著影响，从业人员数量增加 10%，可以使得企业选择该集聚区的平均概率弹性增加 3.03%。

模型 5 和模型 6 分别放弃对空间黏滞力和向心力两个方面的影响，集聚区控制变量的符号与模型 2 相同，且显著性依然较高，但是对于城市化经济和地化经济的影响则有一定差异。空间黏滞力对于地方化经济和城市化经济影响较小，但是如果不控制向心力这个因素，集聚区的从业人员总体规模和专业化程度对于企业空间分布影响的显著性就会明显降低。这表明向心力这一因素对于服务业企业空间分布有十分重要的影响。

总体来说，尽管集聚区多样化程度提高对商务服务业的空间选择没有显著影响，但是专业化程度高则不利于商务服务业等行业的发展。从劳动力市场来看，集聚区总体就业规模较大能够吸引商务服务业企业，但专业化的劳动力市场则没有显著影响。这在一定程度上表明城市化经济更有利于商务服务业等的发展。向心力的重要性表明城市中心区对于服务业有很强的吸引力，而且国有企业也更加倾向于在城市中心区分布。此外，交通便利和政策等都对服务业的空间分布具有显著影响，但是集聚区面积则没有明显的影响。

2. 交通装备制造业影响因素分析

（1）行业及空间范围选择

研究以交通装备制造业作为北京制造业的典型行业，以界定的 130 个制造业集聚区为空间范围，对北京制造业空间分布及制造业集聚区的形成因素进行研究。

2010 年交通装备制造业企业有 1484 家，但这些企业中包含大量非生产性的企业如汽车维修等企业（1005 家），去除此类企业后，北京总计交通装备制造业企业为 479 家，其中汽车制造业企业为 379 家，占总数的 79.12%。

交通装备制造业企业在 104 个制造业集聚区中都有分布，每个集聚区企业数量和从业人数的平均值分别为 6.41 家和 1968.33 人。其中，企业数量最多的集聚区是位于顺义城区附近的北京顺义汽车城（集聚区编号为 94），企业数量为 31 家，但是从业人员数量最多的集聚区是位于丰台区长辛店的制造业集聚区，从业人员数量超过 1 万人，主要是因为该区域有二七车辆厂等大型国有交通装备制造业企业（见表 7 - 4、图 7 - 2）。

（2）变量选择与构建

本研究主要关注集聚因素及政策对于制造业集聚区的影响，因此将土地面积以及交通运输条件作为控制变量，主要的四个方面的具体变量如下。

城市化经济：以集聚区多样化指数和集聚区从业人员总量为代替变量，已有的研究表明多样化的城市化经济对于成熟的制造业没有太大影响，因此多样化指数对其没有影响，但是集聚区从业人员规模可能对企业有一定吸引力，所以该指标的预期影响为正。

表 7 - 4　2010 年制造业集聚区交通装备制造业分布状况

集聚区编号	企业数量（家）	从业人员数量（人）	集聚区编号	企业数量（家）	从业人员数量（人）	集聚区编号	企业数量（家）	从业人员数量（人）
0	3	57	23	2	393	41	3	33
2	1	56	24	6	190	42	2	10
4	3	128	25	2	30	43	20	2227
8	2	215	26	5	429	44	1	22
9	1	0	28	3	6896	45	1	976
10	2	367	29	4	333	46	1	10
11	3	168	31	4	858	47	14	1593
12	1	8	32	1	4527	48	1	0
13	1	26	33	1	315	50	4	95
14	1	0	34	9	776	51	2	638
17	5	83	35	4	193	52	3	1908
18	1	106	36	8	10131	53	2	2
19	1	0	37	2	39	54	3	691
20	2	7	38	7	181	56	1	38
21	4	74	39	15	1264	57	4	67
22	3	39	40	1	0	58	1	350

续表

集聚区编号	企业数量(家)	从业人员数量(人)	集聚区编号	企业数量(家)	从业人员数量(人)	集聚区编号	企业数量(家)	从业人员数量(人)
59	1	20	82	4	232	107	2	95
60	5	815	83	2	95	108	1	12
61	2	2035	84	4	270	109	4	473
62	4	202	85	1	392	110	4	63
63	5	406	87	1	500	113	10	3601
64	3	2120	88	3	676	115	9	1188
65	7	5538	89	2	105	116	3	79
66	6	258	90	1	125	117	20	9968
67	8	983	92	5	360	118	4	237
70	1	27	94	31	9448	119	2	13
71	2	11	95	1	15	120	16	1805
72	8	3649	97	4	178	121	12	775
73	2	300	98	4	288	122	3	52
74	5	1071	100	2	60	123	5	148
75	3	269	101	1	1850	124	22	5073
76	2	76	103	6	1037	126	6	2577
77	1	30	104	3	49	128	10	1416
79	4	275	105	9	407	129	19	8827
81	1	49	106	2	34			

　　地方化经济：以集聚区的专业化指数和集聚区汽车制造业的从业人员，即汽车整车和零部件加工的从业人员之和作为代替变量。已有的研究表明，成熟的制造业集聚主要是受到地方化经济的影响，而且对北京汽车制造业的描述性分析的结果也支持了这样的结论。因此，专业化指数和汽车制造业从业人员的预期影响为正。

　　上下游联系：第四章对制造业集聚区的描述性分析的结果表明，制造业集聚区各行业之间的上下游联系较为明显，因此在本节将对制造业各行业间的上下游联系进行计量分析，以检验描述性分析的结果。从北京市 2010 年的投入产出表来看，交通装备制造业与本行业以及有色金属冶炼和压延加工业联系十分密切，因此以有色金属冶炼和压延加工业的从业人员数量为上下游联系的代替变量，看集聚区该行业的从业人员是否对汽车制造业企业的空间分布产生影响，预期影响为正。

政策影响：以企业所在集聚区是否为开发区以及是否在五环外为两个哑变量对政策的影响进行计量分析。开发区对企业有明显的集聚效应，因此该变量的预期影响为正。从"九五"时期开始，为落实北京城市总体规划，优化工业产业结构和布局，北京市研究出台了《北京市推进污染扰民企业搬迁加快产业结构调整实施办法》（〔99〕京经规划字第200号），对污染搬迁企业实行返还土地出让金、免征土地增值税等优惠政策。这些政策的实施使得制造业企业在五环内布局的可能性较小，因此该变量的预期影响为负。

企业性质：企业性质的影响主要是20世纪80年代以前在北京中心城区大力发展工业制造业而形成的历史遗留问题，而且交通装备制造业作为先进制造业符合目前产业政策的条件，因此受到"退二进三"的影响较小，预期影响为正。

控制变量：集聚区土地面积和交通运输条件作为两个控制变量。集聚区土地面积越大，企业数量越多，因此预期影响为正；而制造业集聚区的交通运输条件以集聚区是否在京藏、京承、京开等8条对外运输的高速公路以及五环路周边5公里范围内为依据，通常认为对外高速公路对于制造业企业有明显的集聚效应，因此该变量的预期影响也为正。

各解释变量的定义及预期影响如表7-5所示。

表7-5　解释变量定义及预期影响

	解释变量	定义	预期影响
城市化经济	多样化指数（lnRDI）	集聚区多样化指数的对数值	+/-
	从业人员总量（lnLabor_T）	集聚区从业人员总数（人）的对数值	+
地方化经济	专业化指数（lnRZI）	集聚区专业化指数的对数值	+
	汽车制造业从业人员数量（lnLabor_V）	集聚区汽车制造业从业人员数量（人）的对数值	+
上下游联系	有色金属冶炼和压延加工业从业人员数量（lnLabor_M）	集聚区有色金属冶炼和压延加工业从业人员数量（人）的对数值	+
政策影响	是否为开发区（dummy_DZ）	是开发区为1，否为0	+
	是否为五环外（dummy_5R）	五环内为1，五环外为0	-

续表

	解释变量	定义	预期影响
企业性质	国有企业且在五环内（dummy_EN）	是国有企业且位于五环内为1，否则为0	+
控制变量	土地面积（lnLand）	集聚区面积（km²）的对数值	+
	交通运输条件（dummy_highway）	集聚区在高速公路沿线5公里范围内为1，否为0	+

（3）模型分析结果

在模型1中，集聚区的汽车制造业从业人员数量以及有色金属冶炼和压延加工业从业人员数量两个变量的显著性最高，其次是多样化指数和从业人员总量，而其他多数变量对于企业布局的影响不显著（见表7-6）。这表明交通装备制造业企业的布局主要是受到上下游产业链及专业化人才市场的吸引，这与预期十分相符，集聚区的交通装备制造业和有色金属冶炼和压延加工业两个行业从业人员每增加10%，可以使企业选择该集聚区的平均弹性系数分别增加2.78%和1.49%；而集聚区的多样化指数对于交通装备制造业企业也有较为显著的影响，可能是北京有多家大型交通装备制造业企业的总体装配工厂，使得交通装备制造业已经不再是以简单的零部件加工制造为主，而需要与其他相关行业协同发展。专业化程度没有显著影响可能是由于专业化程度很高的制造业集聚区并不一定专注于发展交通装备制造业产业。企业性质对于企业的空间分布有较为显著的影响，国有企业在五环内布局的概率较大。

表7-6 条件Logit模型估计结果

	模型1	模型2	模型3	模型4	模型5	模型6
lnRDI	1.219 *	1.066 **		1.393 **	1.460 **	1.219 ***
	(2.480)	(3.229)		(2.887)	(3.187)	(2.483)
lnLabor_T	0.316 *	0.848 ***		0.103	0.447 ***	0.316 *
	(2.069)	(8.119)		(0.697)	(3.559)	(2.070)
lnRZI	0.233		0.003	0.341 *	0.223	0.233 *
	(1.365)		(0.026)	(2.021)	(1.349)	(1.365)
lnLabor_V	0.284 ***		0.358 ***	0.368 ***	0.257 ***	0.284 ***
	(5.078)		(9.133)	(6.589)	(4.947)	(5.080)

续表

	模型1	模型2	模型3	模型4	模型5	模型6
ln*Labor_M*	0.152 ***	0.220 ***	0.130 ***		0.167 ***	0.152 ***
	(3.870)	(6.106)	(3.632)		(4.409)	(3.872)
dummy_DZ	0.219	0.100	0.533 **	0.128		0.220
	(1.019)	(0.493)	(2.934)	(0.565)		(1.022)
dummy_5R	−0.354	−0.049	−0.700 **	−0.626 **		−0.086
	(−1.440)	(−0.208)	(−3.059)	(−2.646)		(−0.396)
dummy_EN	0.931 **	0.933 **	0.933 **	0.931 **	0.733 **	
	(3.104)	(3.107)	(3.108)	(3.105)	(2.787)	
ln*Land*	0.092	0.450) **	0.136	0.304 *	0.250)	0.092
	(0.503)	(3.082)	(1.086)	(2.008)	(1.581)	(0.504)
dummy_ highway	0.185	0.284	0.565 **	0.003	0.008	0.185
	(0.812)	(1.349)	(2.756)	(0.013)	(0.042)	(0.811)

注：括号内数据为 z 检验值，在大样本统计量情况下（$n > 30$），通常用 z 检验代替 t 检验；•、*、**、*** 分别表示在 10%、5%、1%、0.1% 统计水平下显著。

在模型2中，专注于考察城市化经济对于交通装备制造业的影响，在不考虑交通装备专业人才市场的情况下，城市化经济对于交通装备制造业企业空间分布的影响更为显著，而且集聚区面积也呈现一定的显著性影响。交通装备制造业企业越多的制造业集聚区，其多样化指数越高，主要是因为北京有较为突出的总体设计和装配能力。以汽车制造业为例，北京市汽车整车生产企业集中分布在顺义（北京现代、北京汽车）、亦庄（北京奔驰）、昌平（福田汽车）、怀柔（福田戴姆勒）、房山（长安汽车）五大区域，而丰台区和房山区也是北京市客车生产企业发展的集中区域。此外，有色金属冶炼和压延加工业的从业人员数量依然对交通装备制造业企业的空间分布有着显著影响。

在模型3中，专注于考察地方化经济对于交通装备制造业的影响，在不考虑城市化经济影响的情况下，除专业化人才市场及上下游产业链依然有显著影响外，政策因素以及高速公路对企业空间选择开始表现出较为显著的影响。在政策因素中，开发区对于企业空间选择有着明显的正向影响，而五环内的区域表现出负向的影响，结果符合预期。高速公路对于企业的空间分布也有显著的正向影响。

在模型 4、模型 5 和模型 6 中，依次去除对上下游产业链影响、政策因素影响和企业性质影响的控制，多样化指数和专业化人才市场依然有较为显著的影响。当不控制上下游产业链因素的情况下，"退二进三"等产业政策有一定影响，但开发区则没有显著影响。

总体来说，对于交通装备制造业企业影响最大的因素是上下游产业链，同时交通装备制造业的产业链较长、涉及行业门类较多，而且北京具有很强的装备总体设计和装配能力，因此交通装备制造业发展较好的集聚区其产业的多样化指数也较高。当不控制城市化经济的影响时，开发区和"退二进三"等产业政策以及对外交通就表现出较为显著的影响。通常来说，快捷的交通通道对于制造业的发展有较为明显的影响，而北京 8 条主要的对外联系高速公路对于交通装备制造企业的分布影响并不明显，可能是北京以汽车为主的交通装备制造业主要为北京本地服务，而且有完善的零部件配套，因此对外部市场以及零部件供应依赖程度较低。

三　典型行业影响因素的差异及对产业空间形成的影响

1. 两个典型行业影响因素的对比分析

将影响两个典型行业，即服务业和制造业企业区位选择的因素进行对比分析，结果在一定程度上能够体现北京服务业和制造业在空间布局的异同。

首先，对北京服务业空间布局影响最大的因素包括城市中心区的向心力、交通的便利程度以及政策的引导，而对于制造业来说，影响最大的因素则是上下游产业链的联系以及专业化的人才市场规模，这表明了服务业和制造业企业在区位选择上的差异。服务业企业更关注区域整体的发展氛围和基础设施的配套，而制造业企业更注重与之相关的产业配套。从 2010 年北京市的投入产出表来看，商务服务业行业自身的投入产出联系是最强的，但是对企业管理服务业区位因素的实证分析表明，该行业的从业人员数量对于企业布局几乎不产生影响，而本行业及上下游产业的从业人数对于交通装备制造业企业的布局有十分显著的影响。因此，上下游产业配套不是决定服务业企业空间分布的主要因素。而城市中心区良好的服务业发展氛围、便利的地铁等公共交通以及政府对于服务业发展环境的营建都对服务业企业的布局有着重要的影响。

其次，尽管已有的研究表明城市化经济和地方化经济对服务业和制造业的发展有明显差异，但是北京先进制造业较为突出的总体设计和装配能力，使得北京的高端服务业和先进装备制造业有一定的相似之处。对于高端服务业来说，尽管多样化的产业环境对于高端服务业没有显著影响，但是专业化程度对于高端服务业具有明显的负向影响，进一步来看可知集聚区从业人员的总体规模对于企业有较为明显的正向影响，而专业化的人才市场规模则仅在不考虑人才市场总体规模时才有显著影响，因此城市化经济对于服务业的影响较为明显。而对于先进装备制造业来说，尽管专业化的人才市场对于企业的空间分布具有十分显著的影响，但是北京先进装备制造业有较强的总体设计和装配能力，而总体设计和装配等涉及多个不同类型行业，因此使得先进装备制造业发展较好的集聚区倾向于具有多样化的产业发展环境。

再次，虽然政府的政策对于服务业和制造业的空间布局都有一定影响，但是影响的程度有较大差异。虽然 Wu（1999：535）、Wei 等（2008：639）、Huang 和 Wei（2014：78）等的研究已经表明"退二进三"、经济开发区等对于城市内部制造业企业空间分布有较为明显的正向效应，而且郑国和周一星（2005：27）等认为北京经济技术开发区等的发展对于制造业的郊区化有重要影响。但是本研究表明与重点发展的制造业相比，重点发展的服务业受到政府产业空间政策的影响更为明显。这可能是因为重点发展的先进制造业技术含量高，对周边环境影响小，因此受到"退二进三"等政策的影响较小，而且各区县都有较强的发展意愿，在土地、税收等方面的优惠政策就可以吸引大型龙头企业进驻，并构建产业配套体系，使得产业在空间上较为分散，并不一定集中在大型产业园区中，因此这些重点发展的先进制造业受到产业空间政策的影响较小。但是对于重点发展的高端服务业来说，企业对于公共交通、多样化的商业氛围和劳动力市场等要求较高，这些条件并不是各区县政府可以提供的，因此受到城市产业空间政策的影响更为显著。尽管如此，总体来看，产业的空间政策对于城市产业空间布局有较大的影响。

最后，服务业和制造业均受到企业性质的影响，国有企业相对于其他企业来说更倾向于在距离城市中心较近的地方分布，这主要是由于国有企业在城市中心区已经获得了发展用地，受到土地租金的影响较小，而且当该行业符合城市产业发展的整体导向时，企业就不会向城市外围搬迁。因此，国有企业性质的影响主要源于历史遗留的影响。此外，对比进行区位选择时的影响因素，发现两类产业几乎不受集聚区面积这一因素的影响。这个结果一定程度上表明由于北京的产业升级向高端化发展，重点发展高端服务业和先进制造业，对于土地资源的投入降低，产业的发展对土地资源的依赖程度降低，已经逐渐摆脱了粗放的发展模式。

2. 对城市产业空间形成的影响

北京服务业主要集中在城市中心区而制造业则分布在城市外围区域，尽管已经形成了多个产业功能中心，但是没有改变单中心的空间格局。总体来看，北京产业格局的形成主要是受到多样化劳动力市场、交通枢纽等形成的向心力、政策因素导致的扩散力以及企业性质等产生的黏滞力三大力量的影响。

向心力：北京的城市中心区通过良好的品牌效应和商业氛围、完善的基础设施以及多样化的劳动力市场等对服务业尤其是高端现代服务业形成强大的向心引力。首先，北京的城市中心区拥有金融街、CBD、中关村等品牌效应明显的高档办公中心，吸引了大量的企业总部机构入驻，并带动了与这些部门联系紧密的咨询、法律、会计行业等生产性服务业的发展。尽管一些配套服务企业考虑到租金成本，并不一定会入驻这些高档办公区，但是它们同样会受到城市中心区商业氛围等的吸引，因此很少会分布在城市外围的郊区。其次，北京城市中心区密集的地铁线路大大提升了区域的交通可达性，能够有效降低服务企业与客户进行面对面沟通的时间成本和员工的通勤成本。一方面，服务业的特点决定了提供者需要与使用者进行大量面对面的沟通，因此方便快捷的公共交通对于服务业企业的区位选择就显得十分重要。另一方面，通勤成本也是企业进行区位选择时考虑的一个重要因素。近年来，北京交通拥堵状况日益严重，进一步提升了地铁对于企业区位选择的重要性。目前北京四个就业密度最高的区域（金融街、CBD、中关村、三元桥）无一例外都拥有多个地铁站点（地铁站点数量分别为 7 个、9 个、4 个、5 个）。最后，北京城市中心多样化劳动力市场能够有效地降低服务业企业劳动力的搜寻成本，促进信息和知识的传播与外溢。北京中心大团区域集中了 56.37% 的服务业企业和 66.07% 的服务业从业人员，三环内的城市核心区也是金融、商务、酒店、餐饮等多种现代服务业最为集中的区域，大量的多样化的劳动力能够降低企业对于劳动力的搜寻成本，加速新企业的发展。同时，不同行业在较小的范围内大量集聚，使得信息、技术等在不同的行业间快速交换，尤其是城市中心非正式的交流网络对于隐性知识的传播与外溢，能够有效提升区域的创新能力，催生新的商业模式和新的商业业态，提高企业的盈利能力和地区的经济活力。

扩散力：在市场机制和政府政策的双重作用下，城市中心区对制造业的推力和外围郊区对制造业的吸引力，促使制造业向城市外围区域扩散。同时，制造业的空间布局主要受到上下游产业链影响的特点，使得北京外围地区形成分散化的空间格局。一方面，随着城市中心区的土地价格上涨、用地空间不足等问题的产生，制造业企业在市场机制的作用下逐渐向城市外围区域扩散。从图 7-3 中可以看出，北京制造业土地价格随着到城市中心距离的增加而递减。与城市中心区紧缺的发展空间相比，城市郊区拥有大面积的廉价土地。在郊区交通等基础设施不断完善的情况下，制造业企业在考虑土地价格、发展空间以及郊区较低的劳动力成本等因素下，并在市场机制的作用下，制造业企业将逐步向城市的外围郊区搬迁。另一方面，随着北京中心城区功能的转变，政府通过空间规划以及配套的产业政策加速制造业企业向城市外围搬迁。20世纪80年代以前，北京的产业政策是要重点发展重化工工业，形成一个生产型城市，因此在城区和近郊区集中布置了大量的大中型国有制造业企业。80年代以后，北京提出要发展适合首都功能的产业结构，因此大幅缩减工业门类，并向高科技制造业发展，并伴随着工业产业空间的调整。80年代开始北京工业通过实施"退二进三、退三进四"逐步向城市外围扩展，并大幅缩减城市中心区的出让工业用地面积，迫使工业向外围搬迁。实际上，2000~2010年北京市在四环和五环之间出让的工业用地面积为12.49平方公里，而在二环内、二环和三环之间、三环和四环之间出让的工业用地面积分别仅为0.24平方公里、0.51平方公里、1.79平方公里，而且从90年代开始，北京市在郊区大兴、密云、通州等建立了一批工业开发区，并对搬迁的大型工业企业给予一定的补贴，这些都吸引了工业向外围的郊区搬迁。在城市中心区推力和外围郊区拉力的相互作用下，工业企业向城市外围搬迁。同时，与服务业对区域本身有较高要求不同，制造业企业的区位主要是受到上下游产业链的影响，而产业链可以通过大型龙头企业带动上下游配套企业进行构建。郊区的地方政府通过提供优惠的税收、廉价的土地等吸引从城市中心外迁的大型工业企业的进驻，从而在北京外围区域形成多个制造业集聚区，而不同行业间很少有横向的产业关联，因此不同制造业的集聚区并没有集中布局的动力，最终在北京外围区域形成较为分散的制造业产业空间格局。

黏滞力：大部分企业会在市场机制和政府政策的引导等的作用下，在城市空间中不断搬迁。但是有一些企业在城市空间中主要受到黏滞力的作用，其位置相对稳定，不容易受到土地价格或者空间规划的影响。从企业空间区位影响因素计量分析的结果来看，这种空间黏滞力在服务业和制造业企业中都存在，这些企业的共同特点是，企业性质都是国有或集体企业。对北京2010年成立的企业管理服务业企业进行的计量分析已经表明，国有企业更倾向于在三环内分布，但由于商务服务业是一个很市场化的行业，该行业受到国家直接管控较少，所以其受到黏滞力的影响不是十分显著。在北京的服务业中，出版业（行业代码为882）仍然受到较多的国家管制（期刊等出版物需要向国家申请刊号，刊号需要一个新闻行政认可的主管单位①提出申请，这些主管单位也主要是行政和事业单位，归口单位是国家新闻出版署、国家科委、国家侨办、解放军总政治部），空间黏滞力对其的影响也更为明显。对北京服务业集聚区产业结构的分析结果表明，新闻出版业（行业代码为88）更多地与研发服务业、专业技术服务业等联合布局，主要在西三环和北三环附近。在西三环有大量的国家部委及军队机构分布，而北三环则有大量的高校，这些区域大量的出版业企业往往是这些机构的附属企业。这些机构属于划拨用地，空间位置较为稳定，其搬迁不受城市政府的控制，因此使得出版业的空间区位受到黏滞力的影响很大。这个结果也解释了新闻出版业更倾向于在城市中心区布局，而且中心城区西部区域的更新很慢，发展成熟度很高。需要强调的是，新闻传媒企业的空间区位与出版业有较大差异，很多新闻传媒企业在 CBD 区域分布，与西方城市较为相似。北京的制造业企业也同样受到空间黏滞力的影响。从交通装备制造业企业空间区位的分析结果来看，国有或集体企业也更倾向于在五环内布局。对北京产业圈层空间结构的分析结果表明，四环和五环之间的区域是装备制造业和机械制造业企业集中分布的地区。这些行业正是 20 世纪 80 年代以前北京重点发展的行业，因此大中型国有企业在中心城区通过土地划拨等手段获得了大量的发展用地。虽然 80 年代以后，大量的制造业企业外迁，但是由于大部分装备制造业与航空航天、汽车、节能环保设备等先进制造业相关，其符合产业发展的方向。在企业经过技术升级改造后，其对于周边的影响较小，而且大型国有企业对于地方政府的税收贡献较大，能够带动地区制造业产业链的构建，因此北京近郊区的政府并不愿意强迫这些大中型国有制造业企业搬迁。因此，北京城市空间中的黏滞力是计划经济时期的历史遗留因素造成的，其最终来源应该归结为制度因素。

---

① 在我国新闻行政单位认可的主管单位如下：副厅以上的行政和事业单位（包括行政机关、学校、科研机构、事业单位、社会团体、协会、国有企业），或正县一级政府机构以上（包括政协、人大、法院、检察院）或相当于县一级的行政和事业单位（如地市的新闻出版局、宣传部、广播电视局、日报社、新闻办、地市级总工会、纪律委员会、政法委、编制委、民族自治地区的科委、侨乡地区的侨办）以及大的出版社或其他认可的主管单位（如我国十四个副省级城市的副厅级单位和某些相当于副厅级的民办大学和研究机构）。

第八章 城市创新空间潜力评价

微观企业数据与其他数据结合不仅能够使得研究更有深度，而且在实践中也能够发挥更大的作用。在对企业区位选择的研究中，我们已经将微观企业数据与交通站点、高速公路等数据进行结合，本章将以杭州为例，进一步与公共服务设施、生态环境、交通枢纽等多种类型的数据进行融合分析，对城市空间的创新潜力进行评估，提高微观企业数据在社会实践中的应用价值。

一 城市创新空间的分析框架

改革开放以来，我国依靠充足的劳动力等要素资源，实现了经济的快速增长，但是随着人口红利的结束以及资源环境压力日益增加等，通过简单模仿进行扩大生产规模的发展模式已经变得不可持续。党的十八大提出实施创新驱动发展战略，强调"科技创新是提高社会生产力和综合国力的战略支撑"，十八届五中全会进一步明确创新发展的理念，要求实现引领型发展。在这样的背景下，引领我国经济增长的城市化地区必须着力发展电子信息、生物医药、研发设计以及文化创意等创新能力较强的新兴产业，寻找和打造适合承载创新活动和新兴产业的创新空间成为未来城市空间优化的重点。

创新空间是创新活动和新兴产业的空间载体，承载了地区和城市发展的核心动力，而对于创新活动和新兴产业来说，创新空间就是适合这些活动和产业发展的区域。从经济地理的角度来看，这是一个典型的区位选择问题。

因此，创新空间潜力评估就是将这些影响创新活动和新兴产业分布的因素进行综合分析判断。

1. 创新的内涵、机制和影响因素

（1）经济学对创新的研究

经济学家首先提出了创新（Innovative）的概念，并对其内涵进行了阐述。创新对于经济增长的重要性，使得创新成为经济学研究的一个重要方向，逐步形成了创新系统理论等，重点在于对创新要素的分析和创新过程及机制的研究。但是任何创新活动都需要空间载体，而且仅就创新自身来说，地理空间也是其必须考虑的要素。因为隐性知识和信息（Tacit Knowledge and Information）等创新要素以及地域化特征创新文化、创新氛围等创新环境，都是对创新本身有重要影响的要素，同时在很大程度上受到地理空间的限制。空间和区位是经济地理研究的重要领域，经济地理学家也确实通过产业集群、空间邻近性等，将创新及创新空间纳入其研究范畴。除此之外，人居环境、建筑空间等在一定程度上能够影响高素质人才的居住地选择及创新行为等，这就进入了城市规划、建筑和景观设计等的研究领域。因此，以下将从经济学、经济地理学以及城市规划、建筑和景观设计学三个角度，对创新的影响因素及空间需求进行梳理，进而构建创新空间潜力评价的基本分析框架。

经济学从创新的概念和内涵出发，注重分析创新的核心要素和过程机制等。创新最早由美国著名经济学家熊彼特（2002：79）在 1912 年出版的《经济发展理论》一书中提出，并构建了一个相对完善的创新理论。熊彼特对创新（Innovation）与发明（Invention）进行了区分，强调创新是一种经济行为，是生产要素的"新组合"，而"根本不一定必然是任何一种的发明"。因此，科技研发、试验活动并不是一开始就与创新紧密相关的，尽管熊彼特（1999：89）在《资本主义、社会主义与民主》一书中阐述了大企业研发、试验的重要性，但其论述更多的是说明大企业在创新中的作用。事实上熊彼特本人更强调企业家及企业家精神对于创新的决定性作用。20世纪60～70年代，西方国家遭遇了严重的经济衰退，人们开始逐步认识到创新才是经济发展的根本动力（Mensch，1979：97）。特别是，20世纪末期，计算机和信息产业的快速发展以及高科技产业对美国等发达国家经济的推动作用，使得创新尤其是技术和知识创新的过程和机制成为经济学研究的热点。20世纪60年代，波兰尼（Polanyi，1961：458）将知识分为可编码的和不可编码的（Encoding/Decoding）。之后，阿罗（Arrow，1961：155）提出的"用中学"（Learning by Using）、"干中学"（Learning by Doing）等知识获取和创新的核心机制，主要是基于隐性知识（Tacit Knowledge）的溢出。Howells（2002：871）、Dahl和Pedersen（2004：1673）提出的知识和信息溢出（Knowledge and Information Spillover），尤其是不可编码知识和非正式交流（Informal Contacts）等对创新的重要作用得到了学界的普遍认可。创新过程和机制的主要分歧在于是专业化还是多样化的环境更有利于创新的产生。前者以MAR外部性理论为代表，认为同一行业中不同企业间的交流能够促进新的知识和技术的传播与扩散，从而促进创新和发展（Glaeser et al.，1991：13）；后者以雅各布斯（Jacobs，1969：112）为代表，认为创新更重要的是来源于行业外部，不同行业之间的知识和信息交换更有利于创新和经济增长。彭向和蒋传海（2011：913）认为从国内外研究的结果来看，专业化和多样化环境对于创新的影响并没有确定的结论。另外，新经济增长理论的代表人物卢卡斯等（吴培新，1995a：3；1995b：3）将技术的进步和创新归因于人力资本的积累，表明高素质人才对于创新的重要作用。总体来说，企业家、高素质人才等被认为是创新的核心要素，而知识和信息溢出在创新过程中起关键作用。

（2）经济地理学对创新的研究

经济地理学从创新地理空间出发，重点关注创新的影响因素和创新环境等。一方面，经济地理学通过产业集群与创新过程和机制衔接对创新的地理空间和影响因素进行研究。一些研究表明（Gertler，2003：75；Morgan，2004：3）产业集聚是通过知识与信息溢出对创新产生影响的，不可编码知识的传播及非正式信息的交换主要通过面对面的交流实现，因此知识密集型的创新活动具有很强的空间黏性。除了创新的空间集聚外，Feldman和Florida（1994：210）、Vedovello（1997：491）认为大学、科研机构、研发中心、商务服务等科技基础设施（Technological Infrastructure）也是影响企业创新能力的重要因素。另一方面，经济地理学也从文化和制度角度分析了创新环境。20世纪90年代以来，新区域主义引领的制度和文化转向，使得经济地理学开始关注独特的地方文化和制度环境对于创新的影响。Rogers和Larsen（1984：145）、王缉慈等（2001：80）认为硅谷强劲的创新能力与其鼓励冒险、宽容失败的创新氛围以及良好的"游戏规则"和法律制度是紧密相关的。欧洲区域创新环境研究小组（GREMI）提出创新环境的概念也是强调非正式的创新网络和社会关系对于区域创新能力的重要性。制度要素在我国更多地表现为一些区域特殊的优惠政策，如各类高科技产业园区会出台减免税收等措施，鼓励研发机构和高科技企业入驻（蒋雁、吴克烈，2009：65）。当然，魏心镇和王缉慈（1993：43）、吴京生（2008：83）等的研究表明，交通条件等传统区位因子对于创新活动及高科技产业的区位选择依然有重要影响，尤其是机场等高等级交通枢纽。

（3）城市规划等对创新的研究

城市规划、建筑和景观设计等从人的角度出发，阐述了人居环境、建筑空间等创新支撑条件的构建。学者们（俞孔坚，2001：84；曾鹏等，2009：11）认为良好的景观环境、田园化的空间布局以及自由开放的交流空间等能够吸引高素质人才，并激发人们的创新活力。其隐含的逻辑是，与传统产业工人跟随工厂的转移而流动不同，创新活动和新兴产业的区位选择一定程度上取决于高素质人才的空间分布，因为人才是企业获得知识和信息的关键。这与佛罗里达（Florida，2002：15）的创意阶层理论是较为一致的，创意阶层理论也认为技术、人才、宽容三要素（3T原则：

Technology、Talents、Tolerance）能有效吸引创意阶层定居，从而吸引创新型企业迁入和资本流入，提升地区创意生产力和区域经济增长。Blair 和 Premus（1987：72）认为拥有良好的自然环境和包容的社会环境的城市能够吸引高素质人才。

2. 创新与创新空间

三类学科文献梳理和总结分析表明，创新主要受到核心要素、科技基础设施、创新环境以及创新支撑条件四个方面的影响，这四个方面在城市空间上的映射就构成了创新空间的基本单元。换句话说，这些基本单元就是影响创新的各类因子的空间载体，具体包括产业集聚区、科研院所、产业园区、城市中心交通可达性、对外交通枢纽可达性、公共交通站点可达性、自然环境以及公共服务设施八大类。各类空间载体中，产业集聚区承载了众多的创新因子，如企业家等创新核心要素、商务服务和中介机构等科技基础设施以及文化、制度等创新环境。原因在于，已形成的产业集聚区必然已经集聚了大量的企业，因此企业家和高素质的从业人员也较为集中，而区域内已经形成的较为成熟的生产网络，使得商务服务等配套企业以及文化、制度等创新环境较企业分散的区域更完善。当然这些创新因子不仅仅落实在城市内部各空间单元，一些因子还影响着宏观尺度的国家创新体系以及更微观的孵化器等创新平台。总体来说，企业创新主要受到四个方面的影响，映射和落实到城市内部创新的八大类空间载体（见图 8-1）。

3. 创新空间潜力的分析框架

根据以上分析，我们构建了城市创新潜力的分析和评估框架。城市内部的创新空间潜力，即将四大类创新影响因素的空间载体进行综合分析、判断，从而评估城市内部不同区域承载创新活动和新兴产业发展的适宜程度（见表 8-1）。

表 8 – 1　创新空间潜力的分析和评估框架

	创新因素	空间载体
创新空间潜力	核心要素	产业集聚区
	科技基础设施	科研院所
	创新环境	产业园区
	创新支撑条件	自然环境
		城市中心交通可达性
		对外交通枢纽可达性
		公共交通站点可达性
		公共服务设施

二　指标体系构建与数据获取

近年来，杭州信息服务以及高科技产业等发展十分迅速。其中，电子商务等信息服务行业尤为突出，伴随着电子商务产业的发展，信息服务业从业人员数量也由 2010 年的 6.49 万人增长到 2014 年的 13.83 万人，与此同时，医药制造和通信装备两个高科技产业的工业总产值和从业人员数量在全部工业中的占比分别增加了 2.6% 和 3.8%。但是创新活动和新兴产业等的布局较为散乱，以电子商务产业为例，企业最多的西湖区也只占 40% 左右，拱墅区、江干区、滨江区也分别占 18%、15%、14%，空间集中度较低，各产业园区也有同质化的现象，产业空间亟待优化调整。

1. 指标体系构建

依据创新空间的分析框架，结合杭州城市发展的现实状况，构建了 4 个一级指标、8 个二级指标以及 15 个三级指标的评价体系（见表 8 – 2）。创新空间潜力评价即对 15 个三级指标进行叠加分析，计算公式如下：

$$Y_i = \sum a_1 x_{i1} + a_2 x_{i2} + \cdots + a_j x_{ij}，其中 \sum a_i = 1$$

Y_i 是城市内部第 i 个空间单元的创新潜力，x_{ij} 为第 i 个空间单元中第 j

个测度指标的得分，a_j 为第 j 个指标的权重。各指标权重采用层次分析法（AHP）通过专家打分确定。尽管也有一些客观的权重赋值方法如熵权法等，但是完全依据数据本身的差异来判断各因素在创新中的重要性并不合理。为了使不同类型的数据能够进行叠加，需要对区域各指标的测度值进行标准化处理。

表 8－2　杭州创新空间潜力指标及权重

目标	指标类	指标组	指标	权重
创新空间潜力（1）	核心要素（0.3536）	产业集聚区（0.3536）	信息服务业集聚状况	0.1010
			文化创意产业集聚状况	0.1010
			高科技制造业集聚状况	0.1010
			本科以上学历人口占比	0.0506
	科技基础设施（0.101）	科研院所（0.1010）	高校集聚状况	0.101
	创新环境（0.0878）	产业园区（0.0878）	是否为国家或省级园区	0.0878
	创新支撑条件（0.4576）	自然环境（0.1755）	到大型山体的距离	0.0585
			到大型湖泊的距离	0.0585
			到主要河流的距离	0.0585
		城市中心交通可达性（0.0529）	城市中心（武林广场）可达性	0.0529
		对外交通枢纽可达性（0.1411）	机场可达性	0.0941
			高铁站可达性	0.0470
		公共交通站点可达性（0.0529）	地铁站点可达性	0.0529
		公共服务设施（0.0352）	中小学分布状况	0.0176
			医院分布状况	0.0176

2. 数据获取

信息服务业、文化创意产业以及高科技制造业的空间集聚状况的基础数据来源于杭州市企业工商登记数据库，其中信息服务业包括电信和其他信息传输服务业、计算机服务业、软件业;文化创意产业包括新闻出版业,广播、电视、电影和音像业,文化艺术业,体育及娱乐业;高科技制造业包括医药制造业,通信设备、计算机及其他电子设备制造业,仪器仪表及办公用品制造业。

本科学历人口占比是依据杭州市人口普查数据为基础进行统计分析的结果;高校、科研院所数据等是笔者本人收集,以上数据均采用 API 接口等方法进行了空间化处理。

自然山体和大型湖泊的空间范围依据杭州市总体规划得到,河流分布等来源于遥感影像资料。其中自然环境考虑大型山体、大型湖泊以及主要河流等,不包括小型城市公园绿地,因为尽管小型城市公园绿地能够有效地提升工作效率和居住环境质量,但是其相对容易增加和改善,不宜作为中长期空间潜力的影响因素。

各类产业园区空间的范围,机场、高铁等交通枢纽和交通路网的走向以及医院、学校等公共服务设施的空间分布等来源于杭州城市总体规划图集。

三 单要素评价与综合集成

(一)单要素评价

1.核心要素评价

(1)产业集聚区

根据杭州市工商数据,2013 年杭州登记的信息服务业企业为 8617 家、高科技制造业为 2575 家、文化创意产业为 1076 家。产业集聚区采用核密度函数对企业在空间中的分布进行拟合,结果表明:信息服务业企业数量最多、空间集聚程度最高,其次是高科技制造业,文化创意产业企业数量相对较少,在空间上也相对比较分散。

从空间区位上来看，信息服务业在文三路、滨江区、江干区邻近主城区附近，西湖区转塘街道，拱墅区祥园路等区域较为集中；文化创意产业主要是从武林广场沿体育场路向东延伸到庆春路及附近区域，其次是西溪湿地附近区域；高科技制造业集聚程度最高的是沿上塘高架、莫干山路向北延伸以及沿天目山路向西延伸，在江干区邻近中心城区附近区域、滨江区、杭州经济技术开发区也较为集中（见图8-2）。

综合来看，文三路和武林广场附近区域是目前新兴产业集聚程度最高的区域，并沿着天目山路、体育场路、莫干山路等向周边扩展，滨江区也是新兴产业较为集中的区域，另外杭州经济技术开发区、西湖区的转塘地区等新兴产业发展基础也较好（见图8-3）。

（2）高素质人才分布

从高素质人才分布来看，西湖区本科以上学历人口最多（近45万人），占西湖区总人口的27.25%，在9个区中是最多的；其次是江干区和下城区，本科以上学历人口分别约为36万人和20万人，在总人口中的比重也接近20%；再次是滨江区和上城区；拱墅区、余杭区、萧山区、富阳区4个外围区高素质人才的比重较低（见表8-3）。

表8-3　杭州高素质人才空间分布状况

	西湖区	下城区	江干区	滨江区	上城区	拱墅区	余杭区	萧山区	富阳区
本科以上学历人口（人）	446868	200648	361426	106448	111452	128578	143394	105844	40492
本科以上学历人口占总人口比重(%)	27.25	19.07	18.09	16.68	16.17	11.65	6.13	3.50	2.82

资料来源：杭州第六次人口普查数据。

2.科技基础设施评价

杭州主要的大专院校及分校区数量总计66个，主要分布在文三路附近区域和下沙高教园区。浙江大学等国内重点高校对于新兴产业发展的影响和普通高校、大专学校有较大差异，因此需要对杭州的大专院校进行分类。本研究将杭州大专院校分为三个等级，浙江大学和中国美术学院两个院校作为对新兴产业发展影响最大的一类，其他普通本科院校作为具有中等影响力的一类，而专科学校对未来新兴产业的影响相对较小，并据此设定权重对影响区域进行分析。结果表明，中心城区依然是高校资源较为集中的地区，杭州经济技术开发区附近区域由于下沙高教园区的发展也形成了良好的高校资源，另外滨江区、西湖区的转塘和留下等也有较好的高校资源，虽然萧山区、余杭区也都有大专院校分布，但以专科学校为主，因此它们对于新兴产业的支撑能力较弱（见图 8-4）。

3. 创新环境评价

产业园区不仅有良好的政策支持，而且一般具有良好的产业配套服务和公共设施服务，对于新兴产业的发展，尤其是初创型企业来说是十分重要的。本书研究的园区除杭州经济技术开发区、杭州高新技术产业区等国家级园区外，还考虑了未来科技城、大江东产业聚集区等省市重点支持的产业集中发展区（见图 8-5）。

4. 创新支撑条件评价

（1）自然环境

杭州的自然条件十分优越，山水资源丰富，生态环境整体状况良好。主要水体包括钱塘江、京杭大运河等河流水系以及西湖、西溪湿地、丁山湖、南湖等大型湖泊、湿地，主要大型山体集中在市区的西部和南部地区，东部仅有超山等少数山体。水体和山体能够形成良好的生态环境，能够吸引高素质的人才，有利于创新型产业的发展，但是其影响也是在一定范围内的。本研究将大型水体的主要影响范围确定为距离水体 1 公里之内的区域，次要影响范围为距离水体 1~3 公里的区域；大型山体的主要影响范围为 2 公里之内的区域，次要影响范围为 2~3 公里的区域。从总体来看，市区的西部地区山水资源优势更为突出（见图 8-6）。

（2）城市中心交通、对外交通枢纽以及公共交通站点可达性评价

杭州是一个单中心城市，武林广场是城市传统的中心，对外交通枢纽主要考虑机场和高铁站点。城市中心交通和对外交通枢纽可达性是依据城市路网进行分析的，将城市路网分为高速公路、主干道以及次干道和支路等三类，通常行速分别为 80km/h、40km/h、20km/h，计算各区域到达武林广场、机场以及高铁站点的时间（见图 8-7 和图 8-9）。

公共交通站点由于数据可得性等仅考虑地铁站点。地铁站点影响范围分为 1 公里以内的主要影响区和 1~2 公里的次要影响区两类（见图 8-8）。

（3）公共服务设施评价

公共服务方面考虑中小学和医院在市区的空间分布状况，并且根据不同区域医院的占地规模对各区域医疗条件和资源进行区分。综合来看，以上城区和下城区为主的中心城区拥有充足的教育医疗资源（见图 8-10）。

（二）要素评价综合集成

按照各指标的权重进行计算，并对各数据进行叠加分析综合得出杭州创新产业发展的空间潜力评价结果。结果显示，杭州市区形成两条具有较大发展潜力的创新轴带：一条是钱塘江沿岸地区，另一条是从未来科技城向东延伸至大江东产业集聚区、两条创新轴带分别以滨江区及附近的钱江新城、转塘等区域和文三路及武林广场区域为核心。这两条创新轴带是杭州市区最具发展潜力的区域，具备良好的产业发展条件，但是主要优势有一定差异。滨江区及附近区域则拥有良好的创新环境和便捷的对外交通联系，而文三路及武林广场区域具有良好的产业发展基础和充足的创新资源。杭州经济技术开发区和未来科技城区域也有较大的发展潜力，但也存在一些不足，杭州经济技术开发区的新兴产业基础较弱，且政府对于该区域新兴产业发展的重视程度不足；而未来科技城则存在交通可达性较差、创新资源相对不足的问题。另外，余杭经济技术开发区、富阳东洲新区、萧山经济技术开发区、大运河沿线区域以及大江东产业集聚区沿江等区域在对外交通、发展环境等方面有一定优势，因此也具备发展创新型产业的潜力（见图 8-11）。

　　以微观企业数据为基础，结合交通设施、公共服务设施以及科技资源等的分布状况，对城市空间的发展潜力进行评估是微观个体数据未来重要的应用方向。在传统的规划实践中，往往将以行政区划为基础的统计数据作为规划依据，但是行政区划的空间范围明显大于规划中各地块的范围，因此在实践过程中统计数据难以对规划形成有效的支撑。而以微观企业数据为基础，对产业在空间中的集聚状况以及集聚区的划分等能够有效地弥补这一问题，并显著提高城市产业空间规划的科学性。

　　当然，对产业空间的评估依然存在一些问题，需要进一步完善和改进。第一，各个因素的权重。目前各因素的权重采用主观评价的方法进行赋值，未来对于创新各影响因素的进一步研究，可能会更加明确各类影响因素的重要性，使得各因素权重更加准确。第二，创新要素在空间上的影响范围。目前对于一些因素的空间影响范围研究较少，因此本研究设定的标准有待进一步确认。第三，创新要素的流动性。创新要素在空间上具有一定的流动性，因此对评价结果有一定影响。以高素质人才为例，从人口普查仅得到的是人们的居住地，尽管人们更倾向于就近就业，但是现代大都市职住分离现象也较为普遍。虽然本研究将高素质人才的影响范围扩展至整个区域，但仍与人们的实际活动范围有一定差距。

第九章 城市总体规划中产业空间评估

微观企业个体数据由于其精确的空间位置能够在空间相关政策分析和评估中发挥重要作用。这主要是由于空间发展政策等并非一定按照行政单元进行设计，如一些规划中的轴带等，但这些发展轴线往往又是空间政策的重点区域，对这些区域的深入认识和检测对于区域发展以及空间政策的调整等都十分必要。

2017 年 9 月，北京对外发布新一轮总体规划《北京城市总体规划 (2016 年—2035 年)》。规划为落实"四个中心"的城市战略定位，推动非首都核心功能疏解，促进京津冀协同发展，并充分考虑延续古都历史格局、治理"大城市病"的现实需要和面向未来的可持续发展，着眼打造以首都为核心的世界级城市群，完善城市体系，在北京市域范围内形成"一核一主一副、两轴多点一区"的城市空间结构，着力改变单中心集聚的发展模式，构建北京新的城市发展格局（见图 9-1）。

一核即首都功能核心区；一主即中心城区，包括东城区、西城区、朝阳区、海淀区、丰台区、石景山区；一副即北京城市副中心，范围为原通州新城规划建设区；两轴即中轴线及其延长线、长安街及其延长线；多点包括顺义、大兴、亦庄、昌平、房山新城，是承接中心城区适宜功能和人口疏解的重点地区，是推进京津冀协同发展的重要区域；一区即生态涵养区，包括门头沟区、平谷区、怀柔区、密云区、延庆区，以及昌平区和房山区的山区。

以下将围绕北京新一轮城市总体规划的空间发展战略，重点对北京两轴区域和规划的重点地区产业特征及演化进行分析，并基于研究结果提出相应的政策建议。事实上，不仅两轴地区没有与传统行政空间单元衔接，而且中心城区、北苑，甚至大兴主城区等主要建设的空间范围也都没有与行政单元完全对应。因此，基于微观企业个体数据对重点发展的轴带和区域的产业状况进行分析和评估将更具科学性。

一 两大轴线上产业发展和演化

1. 北京两大轴线在经济中的重要性

两大轴线空间范围包括按照长安街和中轴线以及延长线两侧 500 米范围内的产业集聚区，总面积为 257.56 平方公里，占北京市市域总面积的 1.57%，占建成区面积的 1/5 左右。2016 年，两条发展轴规模以上企业数量超过全市的 1/4，从业人员数量接近 1/3，营业收入超过 40%，资产总额更是达到 82%（见图 9 - 2）。

从总体来看，两条轴线上的经济活动在全市中的重要性有上升的趋势。2008 年和 2016 年两条轴线的企业数量、营业收入和资产总额在全市中的比重都有一定上升，尤其是营业收入和资产总额提升较为显著，分别增长了 6.74 个和 10.44 个百分点（见图 9 - 2）。从绝对数值来看，2016 年从业人员数量、营业收入和资产总额分别是 2008 年的 1.3 倍、2.8 倍和 3.5 倍。

长安街及其延长线是北京重要的经济发展轴，中轴线则更多的是串联历史文脉、传承传统文化的发展轴。长安街及其延长线在经济活动中的重要性明显大于中轴线及其延长线，经济活动的各类指标在全市中的比重都较高。2016 年长安街及其延长线的企业数量、从业人员数量占比分别接近全市的 1/5 和 1/4，营业收入占比超过 1/3，资产总额占全市的接近 80%，而中轴线及其延长线占比则较低，尤其是资产总额仅占全市的 2.5%。

从变化趋势来看，与 2008 年相比，2016 年长安街及其延长线除从业人员数量所占比重外，其他各指标都有较为显著的增长，营业收入和资产总额比重分别增长了 7.24 个和 11.94 个百分点；而中轴线及其延长线大多指标尽管绝对数量有所增长，但是在全市中的比重是下降的（见表 9 - 1、表 9 - 2）。

表 9 - 1　2008 年两条轴线规模以上企业发展总体情况

	企业数量(家)	从业人员数量(万人)	营业收入(亿元)	资产总额(亿元)
长安街及其延长线区域	7190	122.26	15442.16	313473.32
	17.52%	24.09%	26.46%	67.86%
中轴线及其延长线区域	3634	41.47	4752.36	18547.19
	8.85%	8.17%	8.14%	4.02%
总计	10824	163.73	20194.52	332020.51
	26.37%	32.26%	34.60%	71.88%

表 9 - 2　2016 年两条轴线规模以上企业发展总体情况

	企业数量(家)	从业人员数量(万人)	营业收入(亿元)	资产总额(亿元)
长安街及其延长线区域	6708	158.98	46477.17	1137348.97
	19.23%	23.44%	33.70%	79.80%
中轴线及其延长线区域	2804	49.12	10548.11	35858.61
	8.04%	7.24%	7.65%	2.52%
总计	9512	208.10	57025.28	1173207.58
	27.27%	30.68%	41.35%	82.32%

对比 2013 年两条轴线在所有企业中的情况来看，企业数量和从业人员数量两个指标相对于仅考虑规模以上企业的情况来说总体占比有所下降（见表 9 - 3）。总体占比的下降主要是长安街及其延长线区域指标下降造成的，而中轴线及其延长线区域反而有所增加。这表明长安街及其延长线区域主要是规模相对较大的企业，而中轴线及其延长线区域的企业规模则相对较小。

表 9 - 3　2013 年两条轴线全部企业发展总体情况

	企业数量(家)	从业人员数量(万人)	营业收入(亿元)	资产总额(亿元)
长安街及其延长线区域	96072	195.43	42709376.04	755045889.27
	16.26%	20.82%	31.35%	75.20%
中轴线及其延长线区域	56590	76.59	13190508.28	33471888.62
	9.58%	8.16%	9.68%	3.33%
总计	152662	272.02	55899884.32	788517777.9
	25.84%	28.98%	41.03%	78.53%

2. 两大轴线经济活动分布情况

（1）长安街及其延长线区域经济活动分布情况

企业和就业在长安街及其延长线多个地区都较为集中，但是营业收入和资产总额较高的企业集中分布在少数区域。企业分布和就业分布有较好的对应关系，天安门以西的金融街、西单，天安门以东的王府井、建国门、国贸、大望路等区域都是企业和就业较为集中的区域。从总体来看，长安街以东区域在 CBD 的带动下发展较快，在天安门以东 3~8 公里的范围内（大致是从建国门到四惠）形成连片的产业集聚区。

在天安门以西区域对经济活动的集聚能力相对较弱。除金融街、西单等紧邻天安门等区域外，在天安门以西 10 公里以外的五棵松到八宝山沿线区域也形成一些就业较为集中的区域；在长安街以西 20 公里左右的石景山青年创业园也有较多的企业集聚，目前集聚区以中小企业为主，就业规模相对较小。金融街以西是我国重要的军事管理中心，使得西单、金融街等经济活动高度集聚的区域难以带动长安街以西沿线区域的发展，仅在较远的区域上自发形成了一些小型的产业集聚区，这些产业集聚区受到城市核心区的辐射带动作用很小（见图 9-3）。从总体来看，以天安门为中心的城市核心区对经济活动的影响范围集中在以西 4 公里左右，到以东 9 公里左右的区域。

企业营业收入和资产总额较高的区域主要集中在金融街、建国门两个区域，在国贸和木樨地到公主坟区域也有一定分布，这些区域都是大型国有企业和金融机构总部较为集中的区域。

（2）中轴线及其延长线区域经济活动分布情况

从中轴线及其延长线来看，经济活动主要分布在中轴线北部区域，南部相对较少。企业分布和就业分布有较好的对应关系，企业和就业在北部主要分布在距离天安门 5~7 公里的和平里 - 安贞和德胜门 - 马甸桥两个平行的区域以及距离天安门 9 公里左右的奥运村 - 亚运村区域；南部主要分布在距离相对较近的天桥区域和大红门 - 方庄区域（到天安门的距离分别为 3 公里和 5 公里左右）。但总体来说，就业在空间上的集中程度要略高于企业的分布。

从营业收入和资产总额来看，北高南低的空间特征就更加明显。营业收入和资产总额较高的区域明显集中在中轴线北部区域，主要是安定门－和平里区域、马甸桥区域以及奥运村－亚运村区域。这表明营业收入高、资产较多的大型企业主要集中在北部二环和三环附近区域（见图9－4）。

总体来说，经济活动在北京两条轴线上的分布并不均衡，轴线的东西差异和南北差异都是比较明显的，经济活动主要集中在长安街东部区域和中轴线的北部区域。

（3）两条发展轴经济活动分布的演化趋势

从长安街及其延长线区域各年份经济活动的变化趋势来看，规模以上企业分布格局基本保持稳定，仅2016年长安街以西距离天安门20公里左右的区域上企业数量快速增加。但是2008年和2016年规模以上企业分布格局与2013年全部企业的分布格局就有较为显著的差异。2013年考虑中小企业和规模以上企业的情况下，在长安街以东3~8公里的范围上，企业空间集聚的程度明显较高。这表明，相对于规模以上企业来说，该区域内中小企业的分布更为集中（见图9－5）。

从就业分布来看，就业空间范围有向东扩展的趋势。与2008年相比，2016年规模以上企业在长安街西部区域集聚的空间范围基本没有变化，保持在天安门以西3公里左右的范围上，但是长安街东部区域，就业较为集中区域的东部边界由天安门以东6公里左右扩展至以东8公里左右的范围上，同时东部区域就业集中程度也有所提高。2013年考虑所有企业情况下，就业空间范围更是延伸至天安门以东10公里左右的范围上（见图9－6）。

就营业收入而言，长安街东部区域增长明显快于西部区域。2008年长安街西部区域规模以上企业营业收入整体显著高于东部，而2016年长安街东部一些区域营业收入已经大幅超过长安街西部区域。从2013年全部企业营业收入的状况来看，长安街东部区域更是显著超过西部区域（见图9－7）。

资产总额的分布特征也较为稳定，无论是规模以上企业不同年份资产总额的分布特征，还是规模以上企业与全部企业资产总额的分布特征差别都不大。长安街西部区域具有显著优势，资产总额主要集中在天安门以西3公里左右的区域。

　　总体来看，相对于规模以上企业来说，中小企业在长安街东部区域的集聚程度较高，而且近年来长安街东部区域发展也相对较快，对西部区域的相对优势进一步增强，但是就企业的资产总额来说，长安街西部区域依然保持十分明显的优势（见图9－8）。

　　中轴线上规模以上企业空间分布的重心明显北移。与2008年中轴线南部区域的企业相对分散地分布在距离天安门40公里左右的范围内的情况不同，2016年南部区域企业分布相对集中，主要分布在天安门以南5～10公里范围的空间上，而北部地区企业空间分布格局与2008年基本相同。2013年全部企业空间分布与仅考虑规模以上企业相比，中轴线北部区域强于南部区域的特征更加明显。在考虑中小企业的情况下，北部地区企业集中分布的空间范围更广，除5～20公里这一范围外，天安门以北14～16公里范围内也出现了企业较为集中的区域（见图9－9）。

　　就从业人员数量分布的变化来看，与2008年相比，2016年中轴线北部区域规模以上从业人员数量增长明显快于南部区域。2008年，中轴线南部一些区域从业人员超过4000人，北部地区多数区域从业人员数量不足4000人，而2016年南部地区从业人员数量大多在4000人以下，而北部许多区域从业人员数量超过6000人的水平。在考虑中小企业的情况下，中轴线北部区域的优势更加显著。北部区域从业人员数量集中的空间范围和集中程度都明显高于南部地区（见图9－10）。

　　从营业收入和资产总额的变化来看，尽管中轴线南部区域也有所增长，但是北部区域增长更为显著。就营业收入来说，2008年中轴线南部区域营业收入都在100亿元以下，2016年南部一些区域营业收入超过200亿元。但是北部区域增长更快，2016年营业收入最高的区域已经超过800亿元，而且多个区域超过400亿元，而2008年只有少数区域达到200亿元。就资产总额来说，中轴线北部区域增长也显著快于南部区域。进一步而言，2013年考虑中小企业的情况下，中轴线南北的差异显得更加突出（见图9－11、图9－12）。

　　对比2008年和2016年中轴线北部区域营业收入和资产总额，发现2016

年北部地区距离天安门越近的区域营业收入和资产总额增长越快。如 2008 年北部区域资产总额的空间分布一定程度上显示出距离城市中心越远，资产总额越多的格局，但是 2016 年资产总额在中轴线北部区域分布的特征转变为距离城市中心越近，资产总额越多。营业收入也有同样的趋势，距离城市中心越近，营业收入增长越快。在考虑中小企业的情况下，2013 年所有企业营业收入和资产总额的空间分布特征也表现出距离城市中心越远而递减的趋势。

就中轴线及其延长线的发展趋势来看，中轴线南部区域的发展一定程度上处于停滞的状态，而近年来北部区域则呈现快速发展的趋势，这使得中轴线及其延长线上经济活动的重心明显北移；加之，在考虑中小企业的情况下，中轴线及其延长线南北两侧的差异就更为明显。

从两个发展轴近年变化总体趋势来看，长安街发展轴东部区域和中轴线发展轴北部区域的发展优势进一步增强，而且相对于仅考虑规模以上的大型企业而言，考虑全部企业也使得这两个区域的优势更为明显，表明中小企业进一步强化了两条轴线发展的不平衡性。

相对于长安街发展轴东西两侧的差距而言，中轴线发展轴南北两侧发展差距的扩大是更为显著的。尽管中轴线发展轴南部区域规模以上企业的营业收入和资产总额也有所增长，但是增幅明显小于北部区域，这使得南北两侧的差异日趋明显，而且南部区域企业和就业主要集中范围有所缩小。这些都使得 2016 年中轴线规模以上企业的空间重心比 2008 年向北偏移了超过 0.5 公里，而以从业人员数量为权重则重心向北偏移了超过 1.3 公里。

近年来，两条轴线规模以上企业也在一定程度上呈现距离城市中心越近，发展越快的趋势，尤其是在中轴线发展轴北部区域这一现象更为明显。

3. 两条发展轴主要经济活动集中区域空间格局、职能分工及变化趋势

（1）长安街和中轴线两条发展轴经济活动集中区域空间格局及其变化

2016 年，北京规模以上企业在长安街及其延长线和中轴线及其延长线两条轴线上形成了东直门、国贸、西单、金融街以及石景山青年创业园等经济活动较为集中的区域。经济活动较为集中的区域主要分布在二环和三环之间的区域上,外围仅在石景山青年创业园区域、奥运村–亚运村区域以及西红门等少数区域形成规模较小的经济活动集聚区。企业和从业人员总体较为集中的区域是较为吻合的,但是也有一些差异,如金融街区域企业数量并不多,但是就业规模较大。从企业的营业收入和资产总额来看,单位面积上数值较高的区域则在空间中高度集中,两者都较高的区域主要是西单–金融街、东直门区域,国贸区域虽然营业收入较高但资产总额相对较低,而公主坟区域则是资产总额相对较高但营业收入较低(见图9–15)。

与2008年相比,一方面,规模以上企业经济活动的空间更加集中。长安街及其延长线上的门头沟城区、通州城区以及大红门区域经济活动的强度显著降低;同时,中轴线及其延长线的健德门、三元桥以及公主坟区域的营业收入也显著降低。这些原先经济活动较强区域的衰落,使得经济活动在空间中更加集中。另一方面,经济活动向北部集中的趋势较为明显。南部的广安门区域、大红门区域经济活动集中趋势不断弱化,而主要经济活动区域则向北扩张,如东直门区域逐渐由以朝阳门为中心转变为以东直门为中心,金融街也向北扩展,而北部的安定门、健德门等区域经济活动增强,北部只有三元桥、东单等少数区域经济活动强度略有下降,西单是极少数向南扩展的区域(见图9–13、图9–15)。

与2013年考虑中小企业的情况相比,尽管规模以上企业的经济活动在空间中更加集中,但是主要的集中区域基本相同。如2013年和2016年从业人员集聚的区域基本是一致的,只是2013年全部企业的集中区域比2016年仅考虑规模以上企业时的集聚区域向外围扩展了一些。这很大程度上表明北京经济活动较为集中的区域都是以大型企业为主的区域,如金融街、白石桥等就是典型的以大型企业为主体的集聚区。以中小企业为主体的集聚区很少,一些以中小企业为主的集聚区域主要在南部区域,如刘家窑、菜户营、劲松等,北部主要是立水桥附近区域,但在整体上发展较慢(见图9–14、图9–15)。

从总体来看,北京两条轴线形成了东直门、国贸、金融街、西单、大望路、安定门–安贞桥、德胜门–马甸桥、奥运村–亚运村、大红门–方庄、西红门、石景山青年创业园 11 个主要的产业集中的区域。尽管白石桥、学院桥等区域也是经济活动较为集中的区域，但是距离两条发展轴线相对较远。

（2）两条轴线上主要经济活动集中区的职能分工及其变化

从整体来看，商务服务业、房地产业、批发业、零售业等一直作为两条发展轴线上的主要行业，近年来软件业等信息服务业发展较快，也逐步成为两条发展轴的主要行业。与考虑中小企业的情况相比，规模以上的大型企业在居民服务业、教育、文化艺术业等方面发展较慢，科技推广和应用服务业等行业的地位也略有下降，但是保险业、资本市场服务业的地位则显著提升，表明与中小企业相比，两条轴线的大型企业更加集中于金融服务领域。从两条轴线主要产业的变化趋势来看，与 2008 年相比，2016 年软件业、保险业等行业以及专业技术服务业等地位有所提升，而专用设备制造业、通用设备制造业及通信设备、计算机及其他电子设备制造业则不再成为主要行业，但制造业中的汽车制造业仍然保持重要地位（见表 9-4）。

表 9-4　2008 年、2013 年和 2016 年两条发展轴从业人员数量占比前 20 位的行业

	企业数量（家）	从业人员数量（人）	企业总数占比（%）	从业人员总数占比（%）	行业类型
	3849	556250	9.38	10.96	商务服务业
	1177	332582	2.87	6.55	建筑业
	4837	302016	11.79	5.95	房地产业
	3183	272934	7.76	5.38	零售业
	5285	242306	12.88	4.78	批发业
	13	233579	0.03	4.60	铁路运输业
	2170	201014	5.29	3.96	餐饮业
	123	192429	0.30	3.79	城市公用交通
2008 年	1566	177162	3.82	3.49	软件业
	1232	168531	3.00	3.32	住宿业
	541	134296	1.32	2.65	通信设备、计算机及其他电子设备制造业
	1089	123170	2.65	2.43	专业技术服务业
	78	109086	0.19	2.15	银行业
	444	109026	1.08	2.15	交通设备制造业
	1148	89850	2.80	1.77	科技推广和应用服务业
	876	87225	2.13	1.72	计算机服务业

	企业数量 （家）	从业人员 数量（人）	企业总数 占比（%）	从业人员总数 占比（%）	行业类型
2008 年	646	82839	1.57	1.63	专用设备制造业
	645	75178	1.57	1.48	通用设备制造业
	873	70128	2.13	1.38	建筑安装业
	1332	59206	3.25	1.17	建筑装饰业
2013 年	120220	1248397	20.35	13.30	商务服务业
	94195	827677	15.94	8.82	批发业
	42497	707411	7.19	7.54	软件业
	95849	647712	16.22	6.90	零售业
	17649	559712	2.99	5.96	房地产业
	24567	437780	4.16	4.66	专业技术服务业
	7780	331964	1.32	3.54	道路运输业
	11502	324778	1.95	3.46	餐饮业
	40597	273266	6.87	2.91	科技推广和应用服务业
	2043	225370	0.35	2.40	房屋建筑业
	644	196669	0.11	2.10	货币金融服务业
	4748	178649	0.80	1.90	住宿业
	11514	166982	1.95	1.78	建筑装饰和其他建筑业
	2160	149975	0.37	1.60	土木工程建筑业
	723	145229	0.12	1.55	汽车制造业
	7949	66863	1.35	0.71	居民服务业
	5470	61434	0.93	0.65	教育
	14791	54574	2.50	0.58	文化艺术业
	6149	50388	1.04	0.54	机动车、电子产品和日常用品修理业
	5715	44425	0.97	0.47	租赁业
2016 年	4883	947038	14.00	13.96	商务服务业
	2422	537122	6.95	7.92	软件业
	4227	481363	12.12	7.10	房地产业
	4095	368548	11.74	5.43	批发业
	1921	362633	5.51	5.35	零售业
	480	287442	1.38	4.24	道路运输业
	1313	280277	3.76	4.13	专业技术服务业
	661	231209	1.90	3.41	房屋建筑业
	1322	229782	3.79	3.39	餐饮业
	513	208992	1.47	3.08	货币金融服务业
	399	201773	1.14	2.97	保险业
	585	150628	1.68	2.22	土木工程建筑业
	239	148058	0.69	2.18	汽车制造业
	325	131993	0.93	1.95	互联网和相关服务业
	1245	128928	3.57	1.90	科技推广和应用服务业

	企业数量（家）	从业人员数量(人)	企业总数占比(%)	从业人员总数占比(%)	行业类型
2016 年	956	125647	2.74	1.85	住宿业
	844	115872	2.42	1.71	建筑安装业
	1341	104143	3.85	1.54	建筑装饰和其他建筑业
	550	64842	1.58	0.96	资本市场服务业

就各经济活动的集中区域来看，整体上北部各主要区域是以科技研发、专业技术服务业、新闻出版业等职能为主，东部和中部区域则以金融业、总部经济、房地产业和商务服务业等为主，西部区域则以软件业等信息服务业和配套的科技金融业、商务服务业等为主，南部各区域则是以传统服务业及加工制造业等为主（见表 9－5）。

具体来看，奥运村－亚运村区域：石油开采勘探相关服务等专业技术服务职能较为突出，批发业和住宿业的专业化程度也相对较高。

德胜门－马甸桥区域：功能相对较为多元化，除依托中国科技展览中心形成的科技研发、专业技术及相关配套服务外，新闻出版业的专业化程度也很高，建筑装饰业及相关批发业、零售业、软件业等在全市也有一定地位。

安定门－安贞桥区域：研发服务及推广服务职能十分突出，建筑业、保险业等专业化程度也较高。

东直门区域：形成了较为多元化的金融服务集聚区，银行业、信托业、保险业、资本市场服务业及房地产业等发展相对较为均衡，除此之外，以大型电信企业为主的总部经济和餐饮业等的职能也十分突出。

国贸区域：金融服务业发展较快，但是与东直门较为多元化的金融服务业不同，国贸区域以保险业和资本市场服务业为核心，建筑装饰业、批发业、房地产业、商务服务业等也较为突出。

大望路区域：电影等传媒和文化创意产业的专业化程度很高，商务服务业及以资本市场服务业和信托业等为主的金融服务业职能也较为突出。

金融街区域：金融服务业职能十分突出，货币金融服务业、资本市场服务业、保险业等传统金融服务业职能较强，而信托业等新兴金融服务业发展

表 9-5　2016 年北京市两个发展轴主要经济活动集中区职能分析

集聚区名称	行业代码	企业数量(家)	从业人员数量(人)	专业化程度	集聚区名称	行业代码	企业数量(家)	从业人员数量(人)	专业化程度	集聚区名称	行业代码	企业数量(家)	从业人员数量(人)	专业化程度
奥运村－亚运村区域	11	1	15389	135.30	德胜门－马甸桥区域	49	6	250	0.30	安定门－安贞桥区域	47	6	2007	1.42
	50	12	711	1.16		50	12	3397	4.61		48	4	4160	4.52
	51	62	5513	2.53		51	49	8205	3.15		50	18	389	0.61
	61	9	972	1.31		52	14	3752	1.46		51	45	3656	1.62
	62	15	1084	0.80		62	9	434	0.27		52	8	1238	0.56
	65	11	755	0.24		65	32	4737	1.25		58	8	955	3.67
	67	9	124	0.32		70	28	4057	1.19		61	14	1253	1.63
	70	38	3910	1.38		72	40	7515	1.12		65	14	2234	0.68
	72	46	3588	0.64		73	5	1302	4.18		68	3	2699	2.19
	74	15	3637	2.20		74	15	5463	2.76		70	25	4955	1.68
	75	11	551	0.72		75	16	2554	2.80		72	44	7606	1.31
	81	2	719	1.82		85	4	1608	5.77		73	3	2178	8.10
东直门区域	51	106	8488	0.71	国贸区域	50	6	4293	1.91	大望路区域	74	12	1698	0.99
	52	27	10898	0.93		51	83	20118	2.53		75	12	1806	2.29
	62	44	29723	3.98		52	22	5216	0.67		48	3	2394	1.71
	63	5	8305	3.01		61	6	2680	0.99		50	10	348	0.36
	65	43	6955	0.40		62	25	2535	0.51		51	35	2653	0.78
	66	18	23394	3.45		65	31	3542	0.31		52	11	1788	0.53
	67	30	4879	2.32		66	33	3775	0.84		58	9	451	1.14
	68	21	16667	2.54		67	28	3540	2.53		62	14	5817	2.73
	69	33	4861	3.27		68	28	20043	4.60		65	19	2135	0.43
	70	108	36338	2.33		69	24	523	0.53		67	6	1907	3.17
	72	280	41307	1.34		70	86	24117	2.32		69	11	886	2.09
	74	15	15024	1.65		72	241	45747	2.24		70	54	4561	1.02

续表

集聚区名称	行业代码	企业数量(家)	从业人员数量(人)	专业化程度	集聚区名称	行业代码	企业数量(家)	从业人员数量(人)	专业化程度	集聚区名称	行业代码	企业数量(家)	从业人员数量(人)	专业化程度
金融街区域	51	23	4080	0.30	西单区域	51	9	315	0.15	大望路区域	72	139	30504	3.47
	52	14	26128	1.97		52	10	1770	0.84		75	14	2026	1.69
	62	21	1859	0.22		61	7	957	1.31		86	5	1155	6.00
	63	9	11483	3.70		62	10	3197	2.39	石景山青年创业园区域	8	1	14378	42.25
	66	38	90375	11.85		63	1	640	1.30		47	7	14938	3.37
	67	64	22166	9.37		66	7	17854	14.70		50	8	4010	2.01
	68	36	50202	6.82		68	6	1047	0.89		51	25	1021	0.14
	69	21	8188	4.90		69	5	400	1.50		52	11	6512	0.94
	70	49	11005	0.63		70	22	7850	2.81		54	2	7267	1.32
	72	63	6614	0.19		72	17	2410	0.44		64	12	2030	0.80
	74	13	7213	0.71		74	5	2027	1.24		65	60	10385	1.01
	47	3	2418	0.67	西红门区域	15	1	244	8.09		67	11	65	0.05
	49	8	565	0.31		29	2	51	2.97		69	12	2438	2.78
	50	11	623	0.38		30	2	110	1.99		70	41	2872	0.31
	51	35	3007	0.52		34	3	229	3.54		72	55	41395	2.28
	52	16	1503	0.27		48	6	429	2.20		74	19	3277	0.61
	54	7	1012	0.23		49	4	75	0.50		75	34	4178	1.69
大红门-方庄区域	60	2	843	0.81		50	18	431	3.20					
	61	11	1075	0.55		51	11	355	0.75					
	62	7	438	0.12		52	3	3084	6.58					
	70	41	3364	0.45		54	7	1354	3.65					
	72	60	79084	5.35		70	7	985	1.58					
	74	5	3786	0.87		72	2	912	0.75					
	81	2	5234	5.01		78	1	166	2.87					

相对较慢，与东直门、大望路等较强的新兴金融服务业有所不同。此外，该区域以电信等为主的总部经济发展较快。

西单区域：与传统印象有所不同，该区域银行等货币金融服务业、房地产业等生产性服务业职能十分突出，已成为该区域的主要职能。传统服务业中仅餐饮业较为突出，零售业等的专业化程度很低。

石景山青年创业园区域：除建筑业外，科技金融业、商务服务业、科技推广和应用服务业、软件业等服务职能也较为突出。

大红门－方庄区域：大部分行业在全市中的专业化程度不高，商务服务业和清洁服务业等职能较为突出。

西红门区域：该区域是少数制造业职能较为突出的集聚区，服务业中以宜家为核心的零售业及道路运输业等物流服务职能较为突出。

当考虑中小企业后，多数经济活动集中区域的主要职能没有发生显著变化，一些区域的主要职能甚至得到了强化，只有少数区域的职能出现较为显著的变化，这表明两条发展轴线上多数主要经济活动集中区是以大型企业为主导发展的区域。此外，考虑中小企业后，批发业和建筑业等职能的专业化程度普遍降低，而文化艺术业等创意产业职能得到显现，这主要是因为文化艺术业等创意产业的企业规模都相对较小。

奥运村－亚运村区域、安定门－安贞桥区域、东直门区域、金融街区域、石景山青年创业园区域以及大红门－方庄区域在仅考虑规模以上大型企业与加入中小企业考虑全部企业的情况下职能有一定变化，其中石景山青年创业园区域的职能变化相对较大。这一定程度上表明石景山青年创业园区域是少数以中小企业形成的产业集群为主导的发展模式（见表9－6）。

具体来说，奥运村－亚运村区域以石油开采勘探相关服务等专业技术服务业为核心的技术服务职能受到中小企业的影响较小，差异主要是考虑中小企业后，该区域文化艺术产业的专业化程度显著提高，而且该类产业的企业数量也达到139家，表明在该区域形成了以中小企业为主的文化艺术产业集群。安定门－安贞桥区域考虑中小企业后，尽管研发服务和运输服务职能依然突出，但建筑业和保险业的职能显著弱化，更为显著的变化是中小企业使

165

表9-6 2013年北京市两个发展轴主要经济活动集中区职能分析

集聚区名称	行业代码	企业数量（家）	从业人员数量（人）	区位商
奥运村－亚运村区域	11	1	19403	104.52
	50	54	1340	1.03
	51	780	10996	1.71
	52	411	2198	0.44
	62	87	2641	1.05
	65	181	1747	0.32
	70	135	6974	1.61
	72	1132	10360	1.07
	74	225	4986	1.47
	75	491	3297	1.56
	79	111	596	1.15
	87	139	673	1.59
东直门区域	51	1249	16101	0.70
	52	1107	15013	0.84
	62	260	31245	3.48
	63	16	11852	4.51
	65	404	8226	0.42
	66	20	21000	3.86
	68	28	10454	2.92
	69	27	8378	7.74
	70	351	50738	3.28
	72	2844	42995	1.25
	74	254	12234	1.01
	75	526	3446	0.46
	79	195	1707	0.92

集聚区名称	行业代码	企业数量（家）	从业人员数量（人）	区位商
德胜门－马甸桥区域	48	9	2266	2.17
	50	50	2518	2.16
	51	553	11548	2.00
	52	506	6638	1.47
	62	54	871	0.38
	65	429	6267	1.27
	70	92	3223	0.83
	72	896	11661	1.34
	74	194	6388	2.09
	75	241	3043	1.60
	79	53	171	0.37
	85	18	1963	5.82
	87	63	228	0.60
国贸区域	50	37	3655	1.27
	51	689	26118	1.83
	52	685	8472	0.76
	62	213	6080	1.09
	65	292	7139	0.59
	67	147	4889	4.67
	68	31	14241	6.39
	70	310	15034	1.56
	72	3705	47577	2.21
	74	336	3616	0.48
	75	586	4256	0.90
	87	289	1267	1.35

集聚区名称	行业代码	企业数量（家）	从业人员数量（人）	区位商
安定门－安贞桥区域	51	496	7968	1.65
	52	412	2288	0.60
	58	45	1583	3.91
	62	92	1698	0.89
	65	179	2445	0.59
	70	130	5723	1.75
	72	952	10775	1.48
	73	24	2165	5.45
	74	168	3578	1.40
	75	295	2493	1.56
	79	75	1536	3.93
	87	73	334	1.05
大望路区域	44	2	5041	6.16
	48	5	2352	1.28
	51	556	7236	0.71
	52	412	3820	0.48
	62	95	4970	1.24
	65	294	6194	0.71
	70	212	5706	0.83
	72	2726	58535	3.81
	74	283	2919	0.54
	75	447	2825	0.84
	79	97	826	1.00
	86	116	1425	3.73
	87	204	1053	1.57

续表

集聚区名称	行业代码	企业数量(家)	从业人员数量(人)	区位商
东直门区域	87	310	1611	1.37
金融街区域	51	170	2826	0.15
	52	195	28749	1.89
	62	52	1876	0.25
	63	12	10403	4.55
	65	84	1073	0.06
	66	40	78633	17.01
	67	100	15251	10.66
	68	36	34423	11.31
	69	40	9265	10.07
	70	123	9575	0.73
	72	888	13493	0.46
	74	57	5230	0.51
	75	85	599	0.09
	79	50	691	0.44
西红门区域	18	57	1078	5.15
	23	49	844	6.43
	33	47	651	3.20
	50	87	849	1.93
	51	599	3043	1.40
	52	364	5052	2.96
	54	379	2931	3.35
	65	59	180	0.10
	70	59	1316	0.89
	72	211	1476	0.45
	75	81	240	0.33
	78	8	540	3.62

集聚区名称	行业代码	企业数量(家)	从业人员数量(人)	区位商
西单区域	51	69	2967	0.24
	52	146	2351	0.25
	61	13	1081	0.41
	62	74	4193	0.88
	66	6	17913	6.22
	69	4	291	0.51
	70	48	2279	0.28
	72	217	6695	0.37
	74	23	614	0.10
	75	24	76	0.02
	79	25	321	0.33
	87	14	34	0.04
大红门-方庄区域	47	23	2240	0.72
	50	161	1212	0.52
	51	1837	12176	1.06
	52	1921	7272	0.81
	61	89	1615	0.65
	62	106	1725	0.38
	65	364	1390	0.14
	70	245	5221	0.67
	72	1596	76681	4.44
	74	372	4377	0.72
	75	801	3163	0.84
	79	134	962	1.04
	81	71	2883	2.41
	87	388	1102	1.46

集聚区名称	行业代码	企业数量(家)	从业人员数量(人)	区位商
石景山青年创业园区域	8	1	20367	54.05
	47	30	17264	5.23
	50	210	3588	1.47
	51	1213	6926	0.57
	52	954	11726	1.24
	64	105	3379	1.99
	65	990	14258	1.38
	70	166	6200	0.76
	72	1665	14090	0.77
	74	302	5699	0.89
	75	741	4926	1.23
	82	84	3896	4.33
	87	329	1203	1.51

得该区域在居民服务业方面的职能十分突出，这与该区域有大量的居住社区有关。东直门和金融街区域的变化主要是中小企业改变了金融服务业内部各行业的格局，中小企业强化了东直门区域信托业等新兴金融服务的职能，改变了规模以上企业各类金融服务相对均衡的格局，这也使得东直门金融服务与国贸及金融街的差异更为显著；对于金融街区域而言，考虑中小企业后进一步增强了保险业和信托业等新兴金融服务职能，使得金融街区域金融服务职能更加完善。中小企业强化了石景山青年创业园区域互联网及软件服务等职能以及教育职能，改变了大型企业以科技金融业和商务服务业为主的产业格局。大红门－方庄区域的中小企业弱化了商务服务业和清洁等服务职能，使得批发业、居民服务业及文化艺术业等创意产业有所凸显。

德胜门－马甸桥区域、国贸区域、大望路区域以及西单区域在考虑中小企业的情况下，主要职能的专业化程度得到了进一步强化，职能分工更加明确。具体来说，德胜门－马甸桥区域考虑中小企业后，新闻出版业职能更加突出，表明该区域形成了以大型企业为核心，中小企业为基础的新闻出版业集群，而研发和技术服务业、建筑装饰业及批发业等职能则有一定程度的弱化。国贸区域考虑中小企业后，进一步强化了该区域保险业和资本市场服务业的职能，表明该区域大型保险业和资本市场服务业企业已经带动该区域形成了专业化很强的现代服务集群，而房地产业、批发业、建筑装饰业等职能有所弱化。大望路区域考虑中小企业后最大的变化是资本市场服务业和信托业等新兴金融服务的职能弱化了，影视服务业及商务服务业等职能较为稳定，文化艺术业等创意产业也得到凸显。西红门区域的中小企业强化了该区域加工制造业及批发业、零售业、道路运输业的传统服务业。

从变化趋势来看，与2008年相比，2016年最大的差异是各主要区域的零售业职能都出现显著下降。电商新兴产业的发展极大地改变了购物的模式，使得各区域的零售业职能普遍弱化，但同为传统服务业的餐饮业并没有受到显著的影响。此外，总体而言，各主要区域的主要职能专业化程度都有所下降，部分原因是规模以上企业的标准调整，但更多的可能是集聚区的功能越来越多样化或区域主要职能发生了转变（见表9－7）。

表9-7　2008年北京市两个发展轴主要经济活动集中区职能分析

集聚区名称	行业代码	企业数量（家）	从业人员（人）	区位商
奥运村-亚运村区域	7	1	18323	98.25
	47	4	883	0.33
	49	14	2627	5.51
	63	109	2211	1.13
	65	25	726	0.33
	66	8	1177	0.87
	67	29	2652	1.64
	70	8	84	0.12
	72	50	3369	1.38
	74	53	1931	0.43
	76	12	3898	3.93
	77	9	91	0.13
东直门区域	49	20	719	0.38
	60	4	3877	1.48
	63	115	7152	0.92
	65	50	6214	0.71
	66	19	3153	0.58
	67	60	14607	2.27
	68	4	9112	2.61
	70	24	13940	5.14
	71	16	2657	4.47
	72	129	12877	1.33
	74	198	56505	3.18
	76	18	737	0.19
	78	1	21634	28.05

集聚区名称	行业代码	企业数量（家）	从业人员（人）	区位商
德胜门-马甸桥区域	48	11	647	1.47
	49	15	1245	3.34
	61	8	739	1.35
	62	25	2468	2.21
	63	65	6859	4.50
	65	30	3367	1.96
	67	11	678	0.54
	72	31	1943	1.02
	74	41	5839	1.67
	76	17	1940	2.50
	77	18	842	1.49
	88	2	1001	6.99
国贸区域	35	4	1478	1.02
	48	2	4658	3.43
	57	8	2032	3.13
	61	14	954	0.56
	62	12	2029	0.59
	63	92	6693	1.43
	65	41	2614	0.49
	66	9	3809	1.17
	67	40	5771	1.48
	70	13	1028	0.63
	71	17	664	1.85
	72	97	12374	2.12
	74	183	43606	4.05
	77	13	356	0.20

集聚区名称	行业代码	企业数量（家）	从业人员（人）	区位商
安定门-安贞桥区域	21	1	1109	10.86
	25	1	877	9.35
	47	13	3105	1.81
	48	7	461	1.28
	49	17	632	2.07
	63	67	2378	1.91
	65	26	1312	0.93
	66	14	1563	1.80
	67	19	1883	1.82
	72	45	4749	3.05
	74	61	2364	0.83
	76	14	1654	2.61
大望路区域	17	3	1130	5.63
	44	2	4141	12.25
	47	5	1442	0.62
	49	9	462	1.12
	57	8	606	2.60
	60	7	645	1.13
	62	8	1333	1.08
	63	93	6145	3.65
	65	30	3142	1.66
	67	32	1355	0.97
	72	45	4142	1.97
	74	137	6369	1.65
	76	8	297	0.35
	77	16	441	0.71

续表

集聚区名称	行业代码	企业数量（家）	从业人员数量（人）	区位商
金融街区域	60	13	7788	3.58
	63	46	3819	0.59
	65	21	17557	2.42
	67	20	2072	0.39
	68	19	53128	18.33
	69	23	9161	18.77
	70	36	15888	7.05
	71	31	5451	11.05
	72	53	8276	1.03
	74	76	5087	0.34
	76	14	3136	0.96
大红门-方庄区域	17	4	693	1.15
	18	6	138	0.09
	47	6	4985	0.72
	48	11	1179	0.80
	49	9	204	0.16
	63	41	1000	0.20
	65	29	1343	0.24
	66	12	1623	0.46
	67	17	1143	0.27
	72	45	1950	0.31
	74	28	86831	7.47
	77	7	212	0.11
	83	3	693	0.91

集聚区名称	行业代码	企业数量（家）	从业人员数量（人）	区位商
西单区域	48	2	157	0.42
	60	2	591	1.36
	63	16	986	0.77
	65	21	4608	3.19
	66	7	1683	1.88
	67	11	1909	1.79
	68	4	9986	17.28
	70	3	319	0.71
	72	30	3962	2.48
	74	18	1606	0.54
	76	6	425	0.65
西红门区域	23	6	437	5.50
	30	7	266	7.41
	31	5	404	3.40
	35	6	463	3.66
	37	3	414	2.26
	47	9	342	0.61
	48	6	82	0.70
	49	13	160	1.61
	50	6	475	17.39
	53	2	273	0.84
	63	18	726	1.78
	65	11	2675	5.83

集聚区名称	行业代码	企业数量（家）	从业人员数量（人）	区位商
石景山青年创业园区域	26	7	930	1.72
	32	4	32547	64.78
	35	8	3374	3.44
	47	8	8525	1.97
	49	9	305	0.40
	61	3	1898	1.67
	63	26	500	0.16
	65	8	1439	0.40
	66	6	1369	0.62
	67	8	895	0.34
	72	24	1540	0.39
	74	14	4823	0.66
	76	8	1903	1.18
西红门区域	72	14	143	0.28
	77	3	310	2.05

虽然多数区域尽管主要职能专业化程度有所下降，但主要职能基本没有发生变化。仅国贸区域、大望路区域、西单区域以及石景山青年创业园区域等少数区域的主导职能发生显著变化。国贸区域的保险业及其他新兴金融服务业快速发展，逐步替代商务服务业成为更主要的区域职能。同时，建筑业和运输服务业等传统服务职能显著降低。大望路区域主要职能也发生显著变化，除纺织服装业等制造业专业化程度快速降低外，批发业、零售业等传统服务业专业化程度也显著降低，甚至房地产职能也大幅减弱，资本市场服务、新兴金融服务及商务服务成为区域的主要职能。同时，影视等创意服务也成为该区域的主要职能。西单区域职能也有显著变化，2008 年十分突出的零售服务职能显著减弱，2016 年已经不再是区域的专业化职能，但是在银行业的带动下，新兴金融服务职能也日益凸显，房地产职能也略有增强。从总体来看，尽管区域餐饮业的服务职能略有增强，但是以零售业为主的传统服务职能正在被以金融业、房地产业等现代服务为主的职能所取代。石景山青年创业园区域正在由以制造业为主的区域转变为由以软件业、科技金融业、商务服务业为主的新兴产业集聚区。

多数区域职能调整幅度较小，使得区域职能更加多元化，如东直门区域以金融服务业、总部经济、房地产业等高端服务业为主的职能基本不变，只是大型金融服务业由以保险业及其他新兴服务业为主转变为更加均衡的结构。而餐饮业的服务等职能的增强，使得区域职能变得更加多元化，提升了区域发展的活力。

南部地区的大红门－方庄区域和西红门区域虽然也逐步向服务业方向发展，但是调整相对较慢。如西红门区域尽管制造业的职能有所减弱，但仍是以制造业和批发业、零售业为主的区域；而大红门－方庄区域虽然逐步由制造业与传统服务业交织的区域向以服务业为主要职能转变，但与北部地区相比，现代服务业层次依然相对较低，专业化程度依然不高。

二　主要城市功能区产业特征

根据北京新一轮总体规划，北京未来主要形成包括中心城区、顺义、大兴等新城以及酒仙桥等重要发展组团在内的 25 个主要发展区。其中，中心地区包括中心城区在内的 13 个主要发展区，外围区域包括 14 个发展区（见图 9－16）。北苑和清河两个发展区在中心地区和外围区域各有一部分，而且空间上是相邻的，因此在本次分析中合并为北苑和清河两个区域。此外，新机场区域仍在建设发展中，现状产业相对较少，因此不进行分析。最终，研究将着重考虑 24 个主要发展区产业职能。

总体来说，北京产业空间呈现较为明显的圈层式特征，中心城区以金融服务业、商务服务业、专业技术服务业等为主，紧邻中心城区的第二圈层以信息科技产业、科技服务业、运输服务业以及建筑业为主，第三圈层则以通信设备、计算机及其他电子设备制造业，医药制造业等高科技制造业及航空相关产业为主，最外围的第四圈层则是以食品制造业和重化工工业等为主（见表 9－8）。

1. 第一圈层

中心城区的现代服务业功能完备，不仅金融服务业、技术服务业、商务服务业等服务职能突出，而且餐饮业等配套服务功能也比较完善，作为全国的政治中心、文化中心、国际交往中心、科技创新中心的集中承载地区，中心城区的产业基础很好，符合城市总体规划对该区域的功能定位。具体来说，中心城区专业化程度最高的是货币金融服务业和保险业，其次是专业技术服务业和商务服务业，餐饮业、批发业、房地产业也一定程度上表现出专业化职能特征。

2. 第二圈层

紧邻中心城区第二圈层的北部和西部区域的互联网、软件及电子信息制造等产业职能十分突出，就从业人员规模来说软件业甚至已经成为石景山第二大行业，这基本符合总体规划对于西北部区域科技创新中心的定位；但是，东北部和南部区域定位以国际交往、金融及文化创意与科技创新融合发展为主的功能区与目前产业发展的现实情况有一定差距。目前东部地区东坝、定福庄等产业功能并不清晰，而南部丰台铁路运输等物流产业职能较为突出，尽管这些区域也有一定的科技及技术服务产业基础，但并不突出，因此第二圈层东部和南部区域产业需要大幅的优化和调整。此外，就东部的城市副中心而言，该区域以公共设施管理及食品等制造业为主的功能也不符合城市副中心的定位，未来随着城市副中心的逐步形成产业功能也会逐步调整。具体来说有以下方面。

城市副中心区域目前产业层次相对较低，除公共设施管理外，以食品制造业、医药制造业以及房屋、土木工程建筑业等职能为主，道路运输业和零售业也表现出一定的专业化职能特征。未来随着城市行政中心职能的完善，产业将随之调整和优化。

石景山中心区除十分突出的钢铁等黑色金属矿采选业和较为突出的建筑装饰、土木工程等建筑业职能外，软件业、商务服务业的服务职能也较为明显，且软件业从业人员数量仅次于商务服务业，是该地区的第二大产业。随着创业园信息科技产业的快速发展和首钢老厂区文化创意等产业的发展，石景山地区产业已经逐步向高科技及文化创意产业方向转型。

西苑地区除居民服务和公共设施管理等公共服务外，互联网、软件业、科技推广和应用服务业等高科技服务业和商务服务业、房地产业等现代服务职能也呈现一定程度的专业化特征。但从总体来看，该区域并没有很好地承接中关村科技产业的转移，高科技产业的专业化程度不高，未来需要进一步聚焦。

海淀山后地区软件业和互联网服务业的服务职能专业化程度很高，其次电气机械、仪器仪表、通信设备、计算机及其他电子设备等制造业职能也较为突出，并围绕这些高科技产业形成了科技推广和应用服务业等技术服务职能，很好地承接了中关村地区科技型企业，已经成为北京科技产业重要的功能区。

清河地区紧邻海淀山后地区，以通信设备、计算机及其他电子设备制造业和电信服务业、互联网、软件业、科技推广和应用服务业等职能为主的产业快速发展，已经形成以高科技产业为主要职能的城市功能区。

北苑地区房地产业、专业技术服务业以及科技推广和应用服务业的服务职能较为突出，建筑安装业和房屋建筑业职能专业化程度也较高。

酒仙桥地区作为传统的高科技制造业集聚区，尽管通信设备、计算机及其他电子设备制造业和软件业等服务职能依然较强，但是房地产业、科技推广和应用服务业以及商务服务业等现代服务职能已经取代高科技制造业及相关服务业成为该地区最主要的职能。此外，北京时尚设计广场等区域集中了一些大型纺织服装企业，使得纺织服装业的职能成为专业化程度最高的职能。因此，酒仙桥地区已经成为一个以文化创意、商务服务为主要功能的区域，高科技产业职能已经弱化。

东坝地区除租赁业职能十分突出外，土木工程、房屋等建筑业和医药、非金属矿物制品、电气机械等制造业职能也较为突出。总体上东坝地区产业层次依然相对较低，需要进一步优化调整。

定福庄地区除设备维修、清洁等其他服务业外，研发和专业技术服务等服务业以及医药、非金属矿物制品等制造业职能也较为突出，土木工程和房屋建筑业专业化程度也较高。

堡头地区金属制品和非金属制品等制造业职能十分突出，其次建筑安装业、建筑装饰业等建筑业和教育、零售业、道路运输业等服务职能也较为突出。从整体来看，该区域产业发展方向并不明确，职能较为混乱。

南苑地区围绕南苑机场形成了航空设备制造、专用设备、航空运输等职能，此外，农副食品加工业和电力及热力供应业、房屋建筑业、零售业等职能也较为突出。

3. 第三圈层

第三圈层以顺义、大兴、亦庄、昌平四个新城为主，与总体规划中"建设高新技术和战略性新兴产业集聚区、城乡综合治理和新型城镇化发展示范区"的定位基本相符，但一些区域产业职能仍需要一定的调整和优化。顺义和亦庄两个新城分别在航空相关产业和高科技产业两个领域较为突出，符合总体规划中的定位；而昌平和大兴则是分别以汽车制造业及建筑业等为主的产业特征，对于科技创新及科教中心等定位支撑较弱，尽管两个区域在专业技术服务业等方面也呈现一定程度的专业化，但是整体上产业需要进一步向现代服务业和高科技产业聚焦。

亦庄地区以通信设备、计算机及其他电子设备制造业，医药制造业，专用设备制造业，汽车制造业等为主的制造业职能十分突出，此外零售业和土木工程建筑业等职能也较为突出。尽管总体上先进制造业依然是区域的主要职能，但是制造业内部差异较大，未来可能应该适度聚焦。

大兴中心区是以建筑业和制造业为主的，建筑安装、土木工程、房屋建筑等建筑业和纺织服装、医药等制造业专业化程度很高，其次批发业、零售业、专业技术服务业等服务职能也有一定程度的专业化特征。从总体上来看，建筑业、纺织服装业等主要产业功能层次相对较低，与"科技创新引领区"等定位差距较大，未来应该借助亦庄的产业优势，着力推进产业的优化和调整，向高技术产业方向发展。

丰台紧邻中心城区的区域除建筑安装等建筑业外，是以铁路运输业、道路运输业等物流业职能为主的，此外专业技术服务业、科技推广和应用服务业职能也较为突出。区域产业发展现状与以金融和科技创新融合发展的定位差距较大，金融业等现代服务业仍然没有发展成为区域的主要职能。

昌平中心区制造业职能较为突出，汽车制造业职能十分突出，而且专用设备、电气机械、医药等制造业职能也较为突出，服务业中只有专业技术服务业呈现一定的专业化特征。以制造业为主的产业体系与科教新城的定位也有一定差距，未来需要在现有产业的基础上，重点加强研发服务业、科技服务业、教育科研等产业的发展。

顺义中心区围绕首都机场形成了以设备维修业、航空运输业、装卸及运输代理服务业及邮政业等为主的航空服务职能，与"国际航空中心核心区"的定位基本相符。此外，该区域建筑安装业职能也较为突出。

4.外围圈层

外围圈层北部区域以食品制造业和汽车制造业为主，南部则有燕山石化等大型工业企业，使得重工业职能较为突出，总体上也与生态涵养的功能定位较为吻合。

表9-8 各功能区主要行业区位商分析

功能区名称	行业代码	企业数量（家）	从业人员数量（人）	区位商
中心城区	72	3506	651360	1.26
	70	2061	304143	1.16
	65	1426	290110	0.99
	51	2140	232800	1.16
	74	822	198047	1.30
	68	331	197145	1.79
	66	344	188742	1.66
	52	810	185730	0.94
	62	853	148960	1.19
	54	87	142466	0.91
西苑	72	12	5601	3.14
	70	10	1404	1.55
	52	5	1111	1.62
	65	12	1025	1.01
	51	6	511	0.74
	75	7	454	1.87
	64	1	364	1.46
	48	1	338	1.19
	78	1	280	3.32
	79	2	269	8.97

功能区名称	行业代码	企业数量（家）	从业人员数量（人）	区位商
北京城市副中心	47	29	12498	4.45
	48	27	9348	5.11
	78	4	5230	9.62
	52	46	4698	1.07
	72	40	4590	0.40
	70	104	4404	0.75
	54	17	4174	1.20
	51	68	3826	0.86
	14	10	3612	6.96
	27	8	2265	2.58
海淀山后地区	65	142	75103	7.70
	64	8	9709	4.05
	75	46	5345	2.28
	39	14	3587	1.90
	38	12	3559	4.24
	74	13	3171	0.62
	70	27	3059	0.35
	52	24	2891	0.44
	40	10	2281	4.19
	51	21	1585	0.24

功能区名称	行业代码	企业数量（家）	从业人员数量（人）	区位商
石景山	72	92	51429	1.86
	65	79	16413	1.05
	47	16	15648	2.32
	8	1	14378	27.71
	52	47	12885	1.22
	48	15	10677	2.43
	50	22	9645	3.17
	54	8	8983	1.07
	70	94	6841	0.49
	66	25	5234	0.86
清河	65	317	60134	3.80
	39	30	18791	6.13
	64	28	16545	4.26
	75	94	13403	3.53
	63	12	13098	5.24
	74	45	8888	1.08
	72	53	7911	0.28
	51	135	5984	0.55
	52	87	5381	0.50
	70	71	5315	0.37

续表

功能区名称	行业代码	企业数量（家）	从业人员数量（人）	区位商	功能区名称	行业代码	企业数量（家）	从业人员数量（人）	区位商	功能区名称	行业代码	企业数量（家）	从业人员数量（人）	区位商
北苑	70	39	6061	3.54	酒仙桥	72	190	46533	1.32	东坝	48	2	1303	8.25
	72	43	4594	1.36		70	107	44524	2.49		47	5	1146	4.73
	74	12	2009	2.01		65	108	30082	1.51		70	16	897	1.78
	47	9	1618	1.97		51	121	24298	1.77		72	4	683	0.69
	52	23	1262	0.98		52	40	7959	0.59		27	1	488	6.43
	75	27	1259	2.74		39	29	7493	1.94		51	9	391	1.01
	65	13	1094	0.57		75	67	6906	1.44		54	3	328	1.09
	49	10	999	2.42		54	7	6745	0.63		30	1	258	5.74
	54	3	695	0.68		81	7	6663	2.68		71	1	238	14.41
	51	22	573	0.44		18	4	6577	5.24		38	2	206	4.25
定福庄	48	6	4189	5.78	堡头	70	4	861	2.28	南苑	37	2	6022	54.83
	47	5	3742	3.37		52	13	747	2.62		56	2	3793	17.35
	74	16	3148	2.34		50	15	676	8.27		29	1	1890	47.49
	72	47	2966	0.65		54	6	584	2.59		52	3	1801	1.66
	81	2	2801	8.69		33	1	458	19.21		47	1	1224	1.77
	70	31	1797	0.78		51	8	321	1.11		13	2	750	8.30
	27	5	1564	4.49		82	1	280	9.11		70	4	740	0.51
	51	33	1383	0.78		49	6	269	2.96		51	6	651	0.59
	30	7	1119	5.43		30	2	223	6.63		44	1	381	2.08
	73	3	1107	5.23		81	1	209	3.97		35	2	366	2.03

续表

功能区名称	行业代码	企业数量（家）	从业人员数量（人）	区位商
亦庄	52	52	57168	3.16
	39	59	36309	7.00
	51	143	24704	1.34
	27	31	23222	6.44
	65	45	16335	0.61
	36	20	15532	2.10
	72	39	15270	0.32
	35	49	14662	4.88
	62	19	11512	1.01
	48	24	10554	1.41
昌平	36	9	30331	13.11
	74	33	7175	1.64
	70	88	6226	0.83
	35	22	5677	6.03
	27	15	5453	4.82
	65	40	5436	0.65
	72	48	5192	0.35
	38	21	2921	4.04
	52	26	2838	0.50
	48	14	2450	1.04

功能区名称	行业代码	企业数量（家）	从业人员数量（人）	区位商
大兴	49	37	11369	7.83
	52	36	10182	2.24
	82	2	5157	10.52
	51	79	4948	1.07
	27	18	4808	5.30
	74	14	4437	1.26
	70	80	4312	0.72
	47	23	4090	1.41
	48	16	3706	1.96
	18	6	3308	7.82
顺义	56	16	62273	16.69
	36	21	33326	4.40
	60	5	28842	8.50
	72	90	23604	0.49
	49	16	16801	2.84
	58	72	14767	6.79
	70	150	13470	0.55
	62	41	12159	1.03
	43	7	11768	16.95
	66	16	9708	0.91

功能区名称	行业代码	企业数量（家）	从业人员数量（人）	区位商
丰台	47	11	19801	3.42
	72	68	15720	0.66
	74	68	12979	1.85
	54	17	12303	1.71
	65	65	10547	0.78
	49	36	10279	3.54
	53	5	8899	3.24
	50	43	8774	3.36
	51	104	7802	0.84
	75	77	7519	2.33
怀柔	36	23	9435	6.36
	14	14	6960	16.23
	54	14	5673	1.97
	70	63	5404	1.12
	48	22	3311	2.19
	15	9	3242	13.85
	49	15	3073	2.65
	47	31	2711	1.17
	13	10	2502	8.27
	33	11	2142	7.03

续表

功能区名称	行业代码	企业数量（家）	从业人员数量（人）	区位商	功能区名称	行业代码	企业数量（家）	从业人员数量（人）	区位商	功能区名称	行业代码	企业数量（家）	从业人员数量（人）	区位商
延庆	18	4	2705	59.23	密云	47	12	8326	4.79	平谷	54	14	8165	3.63
	47	10	1430	4.57		36	14	5805	5.22		36	22	7508	6.49
	48	5	760	3.73		48	12	3520	3.11		14	7	6027	18.01
	70	23	716	1.10		81	7	3492	6.93		51	14	5162	1.79
	52	11	610	1.24		70	81	2734	0.76		47	15	5079	2.81
	27	2	586	5.99		72	28	2636	0.37		62	13	2532	1.41
	44	2	344	4.16		38	6	1987	5.72		72	33	1961	0.26
	51	5	287	0.58		15	2	1860	10.60		48	12	1903	1.62
	61	3	249	1.47		52	30	1813	0.67		82	1	1887	6.16
	54	1	212	0.55		27	8	1808	3.33		70	48	1291	0.34
房山	47	29	9227	4.03	丰台河西地区	37	9	6484	60.92	门头沟	6	1	6194	203.04
	25	3	7058	76.83		33	4	3140	35.59		34	9	4872	19.75
	54	17	5036	1.77		70	24	1448	1.04		72	18	4680	1
	70	91	4660	0.98		41	1	1335	72.26		70	41	2507	1.06
	35	4	4324	7.25		62	5	1269	1.9		48	8	2355	3.17
	49	22	3393	2.96		61	3	683	1.87		65	8	2079	0.79
	51	207	3213	0.88		47	5	629	0.94		51	65	1529	0.84
	48	13	3034	2.04		75	5	577	1.54		62	13	1377	1.22
	44	2	2612	4.32		72	9	553	0.2		47	14	1184	1.04
	72	44	2519	0.27		44	1	439	2.47		50	25	1055	2.06

怀柔中心区食品、饮料以及农副食品加工等食品制造业职能十分突出，其次以金属制品、汽车等为主的制造业职能也较为突出，建筑安装等建筑业和道路运输业职能也呈现一定程度的专业化。

延庆中心区纺织服装业职能十分突出，此外医药制造业、电力及热力供应业、房屋建筑业职能也较为突出。

密云中心区酒水、饮料，汽车制造，电气机械，医药等制造业职能十分突出，除此之外，房屋建筑等建筑业职能也较为明显。

平谷中心区食品制造职能十分突出，此外，汽车制造业、道路运输业以及教育等职能也较为突出。

房山中心区拥有燕山石化等大型工业企业，使得石油加工业等职能十分突出，围绕这些大型工业企业形成了专用设备制造业、电力及热力供应业等较为突出的产业职能，此外，房屋建筑等建筑业职能也较为突出。

丰台河西地区以铁路等运输设备、金属制品等制造业职能十分突出，并围绕这些制造业形成了电力及热力供应业、科技推广和应用服务业等，除此之外，餐饮业、住宿业等服务业也呈现一定程度的专业化特征。

门头沟中心区除以京煤集团为主的采掘业职能外，通用设备制造业职能也十分突出，此外土木工程等建筑业职能也较为突出。

总体上，中心城区和外围地区产业职能相对清晰，也比较符合总体规划的发展定位，而中间两个圈层的一些发展区产业方向较为混乱，如东坝、垡头、大兴中心区等，或承担了较多的建筑及建筑装饰产业职能，产业层次相对较低，在东部和南部区域几乎形成了建筑业产业带。而中间圈层又是中心城区职能疏解的重要承接区，因此这些位于中间圈层的发展区可能是未来产业调整和优化的重点区域。此外，由于前文分析仅考虑规模以上企业，一定程度上弱化了以中小企业为主的行业，如文化创意产业等，在城市发展中的重要性。

三　政策建议

第一，北京长安街发展轴已经成为城市重要的经济发展轴，而中轴线发展轴的经济功能相对较弱，更多地承担了文化科技等职能。长安街发展轴的银行、保险、资本市场服务等高端服务职能不断增强，而长安街西部的石景山等地区软件、电子信息等高科技产业也逐步集聚，整体发展态势良好。但是中轴线发展轴上南北差距则进一步扩大，南部地区发展依然相对较慢，未来随着大红门等地区纺织服装业、批发业等职能的进一步疏解，需要考虑南部地区的替代产业，避免南部地区产业迁出后南北差距进一步扩大。

第二，从北京目前产业空间来看，呈现明显的圈层式结构，中心城区现代服务业职能完备，基本能够支撑北京"四个中心"的首都核心功能，紧邻中心城区的北部地区以高科技产业为主，外围以交通装备及食品制造业等为主，而紧邻中心城区的西部地区的软件等信息产业及文化创意产业规模逐步扩大，外围以交通装备、石化等重工业为主，因此核心区以及北部地区和西部地区产业功能相对清晰。但是，北京的东部和南部区域职能相对混乱，尤其是紧邻中心城区的东坝、堡头、丰台、大兴功能区中建筑行业成为主要职能，产业功能相对混乱，未来需要大幅优化和调整。

第三，北京目前的产业集聚区是以大型企业为主的，这类集聚区的租金相对较高，并不利于创新型中小企业的发展，一定程度上阻碍了北京创新潜力的进一步发挥。未来随着南部等地区产业的迁出，可以考虑打造一些科技型中小企业集聚区，促进南部地区产业结构的优化调整，削弱城市内部区域发展的不平衡性，也能够为北京寻找和探索新的发展方向和经济增长点。

第十章　北京未来产业方向的战略思考

第九章已经对北京产业空间特征以及新一轮城市总体规划中主要发展区域存在的问题等进行了深入的分析，但是在贸易保护主义抬头、京津冀协同发展、首都非核心功能疏解等背景下，北京未来产业发展的方向是值得思考的问题。如 2016 年北京服务业比重已经达到 80.3%，这一比重是否合适，还是需要进一步提高？第三产业比重的不断提高是促进还是阻碍了实现京津冀协同发展的战略目标？尽管寻求这些问题的答案并非完全基于微观企业个体数据的分析，但是对宏观战略问题的思考有助于我们对微观现象或特征做出科学的评判，而且也使得研究具有重要的现实意义。

一　北京产业发展面临的国内外形势

1."逆全球化"趋势和"再工业化"

2008 年国际金融危机发生后，"全球化"进入深度调整期，特别是全球需求的萎缩和经济增长低迷导致全球市场资源存量进一步收缩，在经过长期由全球化和全球贸易推动的经济增长之后，各国政府在经济困难时期越来越多地寻求保护本土产业。近年来出现了各种形式的包括保护主义、分离主义在内的"逆全球化"，甚至是"去全球化"的现象。英国公投选择脱离欧盟，美国大选特朗普获胜，欧洲一些国家民粹主义政党强势崛起，使得"逆全球化"的思潮逐渐转变为国家意志和政治行动。在此背景下，以美国为首的西方国家纷纷将"再工业化""制造业回归"作为重振经济的重要战略选择。近期，美国新任总统特朗普更是以征收重税为条件，迫使福特、苹果等企业将生产制造环节重新迁回美国本土，而且我国台湾的富士康、福建的福耀集团等也纷纷宣布在美国投资建厂，全球产业格局即将发生深刻变化。未来全球产业格局发展重大转变，促使区域产业体系进行调整，城市发展方向和定位等都需要重新思考。

2. 四个中心定位和非首都功能疏解

2014 年 2 月 26 日，习近平总书记在视察北京时提出，北京要坚持和强化首都为全国政治中心、文化中心、国际交往中心、科技创新中心的核心功能，并强调要疏解非首都核心功能。因此，自 2014 年起，北京就开始对区域性批发市场、一般性制造企业等进行疏解。到 2015 年底，北京疏解了 220 个区域性批发市场，79 个工业企业。北京市制定了《北京市新增产业的禁止和限制目录》，明确疏解的行业类型，根据北京对外公布的新增产业禁止和限制目录，中心城 6 区 59% 的产业是不能发展的。同时，为了进一步缓解北京城市核心区的发展压力，还在通州规划建设了北京城市副中心。市委、市政府、市人大、市政协等部分政府职能部门已陆续搬到通州区的行政副中心办公，这将带动市委、市政府相关部门迁往行政副中心，预计带动 40 万人向外疏解，并规划设计了大兴、顺义、昌平 3 个新城区，进一步承接城市核心区的功能疏解。

随着《京津冀协同发展规划纲要》和《北京城市总体规划（2016 年—2030 年)》对北京"四个中心"定位的进一步明确以及疏解非首都核心功能的积极开展，北京将面临新一轮转型，城市必须对产业、空间等方面进行重新定位和调整。

3. 京津冀协同发展和雄安新区建设

京津冀协同发展作为国家战略，重点解决京津冀地区内部区域发展差距过大，即中心十分发达但周边腹地发展落后的问题，探索出一种人口经济密集地区优化开发的模式，促进区域协调发展，形成新增长极。《京津冀协同发展规划纲要》对京津冀整体定位是"以首都为核心的世界级城市群、区域整体协同发展改革引领区、全国创新驱动经济增长新引擎、生态修复环境改善示范区"，并制定了"一核、双城、三轴、四区"的空间结构，把有序疏解北京非首都功能、优化提升首都核心功能、解决北京"大城市病"问题作为京津冀协同发展的首要任务，同时北京要加快实现与天津的同城化，并共同成为区域发展的主引擎，发挥高端引领和辐射带动作用。

2017 年 4 月 1 日，中共中央、国务院决定在河北省保定市境内设立国家级新区。雄安新区地处北京、天津、保定腹地，规划范围涵盖河北省雄县、容城、安新 3 个小县及周边部分区域。雄安新区最重要的定位、最主要的目的就是打造北京非首都功能疏解集中承载地，探索人口经济密集地区优化开发新模式，调整和优化京津冀城市布局和空间结构，培育创新驱动发展新引擎，具有重大现实意义和深远历史意义。

京津冀协同发展和雄安新区建设都将疏解北京的非首都功能作为主要目标，希望通过产业、人口、公共服务等要素在京津冀地区重新配置和布局，解决北京功能过于集中导致的"大城市病"，并通过产业功能的疏解和城市间的协同发展，促进京津冀区域的健康可持续发展。因此，北京未来的发展必须纳入京津冀和环渤海经济区的战略空间加以考量，打破自家"一亩三分地"的思维定式，与天津、雄安新区以及河北各城市进行分工协作。这就要求北京城市未来的发展要以京津冀协同发展为目标，考虑北京对周边区域发展的影响，在此基础上对城市的产业发展、功能布局等进行重新思考。

二　发达国家产业发展的方向和趋势

2012 年北京人均 GDP 就超过了 1.2 万美元，按照世界银行把高收入国家的标准定为 1.26 万美元及以上，北京自 2012 年起就逐步达到了发达国家的标准。2016 年，北京人均 GDP 超过 1.7 万美元，即将达到 2 万美元的目标。尽管距英国、德国、日本等老牌发达国家人均 GDP 为 3 万～4 万美元的水平还有一定差距，但毫无疑问北京已经达到高收入国家的发展水平，城市发展也进入了一个新的阶段。

随着经济发展水平的不断提高，国家和城市产业发展的主要方向也在不断调整。发达国家和地区的发展经验对北京未来产业发展的方向有很好的借鉴意义。人均 GDP 作为重要的表征指标，能够很好地反映地区经济发展水平，因此以下将重点分析发达国家和典型城市人均 GDP 与产业结构的对应关系。

1. 2016年人均GDP超过2万美元的国家整体状况

2016 年，人均 GDP 超过 2 万美元的国家和地区有 49 个；其中主权国家共 39 个，非主权国家的地区有 10 个，分布在亚洲、欧洲、北美洲、大洋洲四个大洲（见表 10-1）。

表 10-1　人均 GDP 超过 2 万美元的国家和地区名单

大洲	1980 年以前	1980~1989 年	1990~1999 年	2000~2016 年
北美洲	—	百慕大群岛、美国、加拿大	巴哈马群岛	阿鲁巴岛、波多黎各
欧 洲	摩纳哥公国	列支敦士登公国、瑞士、冰岛、丹麦、卢森堡大公国、挪威、瑞典、芬兰	奥地利、比利时、德国、法国、荷兰、意大利、英国、格陵兰岛、爱尔兰、法罗群岛、海峡群岛、马恩岛	安道尔、西班牙、希腊、葡萄牙、斯洛文尼亚、马耳他
亚 洲	阿拉伯联合酋长国	日本	中国香港、新加坡、卡塔尔	以色列、科威特、塞浦路斯共和国、文莱达鲁萨兰国、中国澳门、韩国、巴林、沙特阿拉伯
大洋洲	—	—	澳大利亚	关岛、新西兰

注：标灰内容为非主权国家。

从发展时序来看，在 20 世纪 80 年代以前，已有 2 个国家的人均 GDP 突破 2 万美元，分别是亚洲的阿拉伯联合酋长国和欧洲的摩纳哥公国；到 80 年代末，美国、加拿大、百慕大群岛、日本及少数欧洲国家和地区的人均 GDP 突破 2 万美元；到 90 年代，超过人均 GDP 2 万美元的许多欧洲国家和地区的数量进一步增加，少数以新加坡、卡塔尔和中国香港为代表的亚洲国家和地区的人均GDP也达到了2万美元；在2000年以后，才出现大批亚洲国家和地区的人均GDP也迈入2万美元大关，如韩国、以色列和我国的澳门等，欧洲和北美洲的发达国家和地区数量也进一步增加。从总体来看，少数欧洲、亚洲国家和地区人均GDP率先达到2万美元，然后在20世纪90年代多数欧洲国家和地区也纷纷达到这一水平，2000年以后才出现大批亚洲国家和地区进入发达国家和地区行列（见表10-1、图10-1）。

（1）各国人均GDP发展趋势

人均GDP超过2万美元的主要国家和地区的人均GDP发展趋势具有一定的规律性和相似性。选取16个世界主要国家和地区进行分析可见：一方面，随着国家和地区人均GDP的攀升，人均GDP的增幅逐渐变小，近10年内大多数国家和地区的人均GDP增长缓慢，部分国家甚至出现了小幅度的下降现象；另一方面，各国家和地区的人均GDP变化趋势的一致性体现了宏观经济运行环境对国民经济的影响，例如在2008年国际金融危机的影响下，上述国家和地区的人均GDP均出现了一定程度的衰退，并在此后几年内不断波动，经济下行现象明显。

从总体来看，尽管从20世纪70年代起，人均GDP超过2万美元的主要国家和地区发展水平整体呈现持续提高的趋势，但是除美国等少数国家和地区外，大部分国家的发展呈现阶段性的特征。大部分国家在20世纪80年代到2000年左右的时期人均GDP保持在2万~3万美元，相对比较平稳；在2000~2008年这些国家的人均GDP出现了快速的增长，迅速达到3万~5万美元的水平，2008年以后又出现相对平稳的阶段。因此，到目前为止，大部分世界发达国家和地区的收入水平在3万~5万美元（见图10-2）。

（2）人均GDP与产业结构的关系

为了进一步探讨世界主要国家和地区的人均GDP与产业结构的相互关系，采用局部多项式回归（Loess函数）等非参数估计的方法，对"人均GDP"与"制造业比重"及"服务业比重"的相关关系进行拟合分析，结果如图10-3所示。

从各国人均 GDP 与产业结构的对应关系来看，随着人均 GDP 水平的不断提高，制造业比重呈现总体降低的趋势，而服务业比重则是总体增加的，而且当人均 GDP 达到 6 万美元后，制造业比重会快速下降到接近于 0，而服务业比重则接近 100%，如图 10 - 3（a）和 10 - 3（b）所示。

但是出现这一状况主要是中国香港、中国澳门等规模很小的地区造成的，从图 10 - 3（a）和图 10 - 3（b）中也可以清晰地看到前后趋势出现明显差异的拐点。去除这些规模较小的地区后发现，当制造业比重降至25% 左右后基本趋于稳定，而服务业比重上升至 75% 左右将趋于稳定，并不会随人均 GDP 的增加而持续下降或增加，如图 10 - 3（c）和图 10 - 3（d）所示。

2. 美国人均 GDP 和产业结构的相互关系

用 Loess 局部加权回归的方法，对美国各州的"制造业比重"、"服务业比重"与"人均 GDP"的相互关系进行拟合分析。结果表明：随着人均GDP 的走高，制造业比重将无限趋近于 0，服务业比重则趋近于 100%（见图10 - 4）。但是这一状况同样是规模较小的华盛顿特区[①]造成的。

首都华盛顿特区的人均 GDP 远高于其他各州，2016 年人均 GDP 高达9.76 万美元，位列美国第一。其作为美国的政治中心，是大多数联邦政府机构、各国大使馆以及世界银行等国际组织的总部所在地。因此产业结构较为特殊，服务业比重高达 98%（见图 10 - 5），加之该地区人均 GDP 明显高于其他州，导致当人均 GDP 较高时，其他州受到该地区的影响很大。

去除华盛顿特区这一特例，重新进行回归拟合得到图 10 - 6。由图可见，在美国各州，随着人均 GDP 的上升，制造业比重将总体下降，在下降至 18% 后，不同参数的拟合曲线走势出现一定分化，但从总体来看，制造业比重将基本稳定在 18% 左右，不会随人均 GDP 增加而无限降低。对于服务业而言，随着人均 GDP 的上升，服务业的比重将总体上升，上升至 80%

[①]　华盛顿特区 2012 年人口仅为 64.6 万人，位列各州中的第 49 名，面积也仅为 177 平方公里。

时，不同参数的拟合曲线走势再次出现明显分化，当模型参数 span 值越小，即更多地考虑高人均 GDP 时的局部变化规律而非整体变化规律时，拟合曲线的走势趋向于稳定在 80% 左右。因此，随着人均 GDP 的增加，服务业比重上升至 80% 时，各州基本趋势保持一致，当超过这一数值后，各州的发展趋势就出现明显的分化，总体上服务业比重更趋于保持在 80% 左右的水平上。

3. 世界发达城市人均 GDP 与产业结构的关系

（1）日本东京都

2014 年日本东京都的 GDP 接近 9000 亿美元（2014 年北京 GDP 为 3426 亿美元），人口超过 1300 万人，人均 GDP 超过 6 万美元，第二产业和第三产业在 GDP 中的比重分别为 13.6% 和 86.3%。值得注意的是，东京都人均 GDP 的增长与日元兑美元的汇率变化有很大关系。20 世纪 80 年代后期，东京都人均 GDP 快速增加，而与此同时，日元兑美元汇率也大幅走高（见图 10 – 7）。

按美元当年价格计算，东京都的人均 GDP 在 1986 年突破了 2 万美元。随着人均 GDP 的上涨，制造业比重不断降低，在下降到 15% 后，下降速度明显放缓，制造业比重趋于保持稳定；服务业比重随人均 GDP 上涨而不断提高，上涨到 85% 时，上涨速度明显放缓，服务业比重开始趋于稳定。

值得注意的是，当人均 GDP 从 5 万美元提高到 7 万美元时，东京都的制造业比重才由 30% 左右快速下降到 15% 左右，而相应的服务业比重则快速上升到 85% 左右。而在人均 GDP 达到 5 元美元之前，制造业比重是较为平稳、缓慢地由 40% 左右下降到 30%，而服务业比重上升也较为平缓（见图 10 – 8）。

（2）华盛顿特区、香港、澳门人均 GDP 与产业结构的关系

与日本东京都不同，美国的华盛顿特区和我国的香港特别行政区、澳门特别行政区服务业比重大都在 90% 以上，尤其是美国华盛顿特区，其服务业比重更是接近 98%（见图 10 – 9）。尽管从这三个城市的发展趋势来看，

随着人均GDP的增长，服务业几乎成为城市唯一的经济活动，但是这类城市职能较为特殊，并非传统意义上的职能较为综合的区域中心城市，因此不具有普遍意义。

尽管如此，这三个城市的发展特征显示，如果城市专注于作为政治文化中心或者贸易中心的情况下，服务业可以作为几乎唯一的经济活动支撑城市的发展。

从世界各个国家和地区、美国各州以及东京都等城市发展过程来看，尽管随着人均GDP的增长，制造业在经济活动中的比重将快速下降，而服务业则快速上升，但是通常在人均GDP达到一定数值后产业结构就处于一个相对稳定的状态。当然，这一相对稳定的产业结构随着空间单元等级的降低而有所变化。

通常来说，空间单元等级越高，制造业稳定状态的比重也越大，而稳定状态对应的人均GDP也越低。在稳定状态下，国家尺度区域的制造业比重高于州（省）一级空间单元，州（省）则高于城市一级空间单元（见表10－2）。而对于城市来说，具有特殊职能的城市其制造业比重要明显低于综合性的传统区域中心城市。

表10－2　不同空间单元人均GDP与产业结构特征比较

	研究尺度	制造业比重稳定值（%）	对应人均GDP（万美元）
国家	14个国家	25	5
州	美国51个州	18	6
城市	日本东京都（综合性区域中心城市）	15	7
	中国澳门（以博彩业为主要职能的城市）	8	6
	中国香港（以国际贸易为主要职能的城市）	7	3
	美国华盛顿特区（以政治文化中心为主要职能的城市）	2	10

三　发达国家典型城市产业特征与空间调整

1. 东京都案例研究

（1）东京都概况

日本东京都①作为日本一级行政单元，是日本政治、经济、文化、教育中心和海陆空交通的枢纽。东京都作为一个传统的综合性区域中心城市，与北京具有较好的可比性。

东京都大致位于日本列岛中央、关东地区南部，东面以江户川为界与千叶县相邻，西面以山地为界与山梨县相邻，南面以多摩川为界与神奈川县相邻，北面则与埼玉县相邻。

东京圈由东京都与相邻的 3 个县（埼玉县、千叶县、神奈川县）构成，人口占日本总人口的约 30%。东京都与周边 7 个县（埼玉县、千叶县、神奈川县、茨城县、栃木县、群马县、山梨县）构成首都圈（见图 10 - 10）。

东京都是由 23 个特别区及 26 个市、5 个町、8 个村构成的广域自治体，人口约 1349 万人（截至 2015 年 10 月 1 日），面积约 2191 平方公里，气候温暖。行政区域由 23 个特别区及多摩地区（26 个市、3 个町、1 个村）构成的细长陆地部与东京湾南面海上的伊豆群岛、小笠原群岛等（2 个町、7 个村）构成（见图 10 - 11）。日本最南端拥有 40 万平方公里排他经济水域的冲之岛以及最南端的南鸟岛也隶属于小笠原村。

截至 2015 年 10 月 1 日，东京都的推算人口为 1349.1 万人，占全国总人口的约 11%，位居 47 个都道府县之首。东京都面积为 2191 平方公里，占全国总面积的 0.6%，人口密度为每平方公里 6158 人，处于全国之首。按不同区域看，23 区为 924.1 万人、市郡地区为 422.3 万人、岛屿地区为 2.6 万人。此地区家庭数量为 694.6 万户，平均每个家庭有 1.94 人。

---

① 为方便分析，书中将之称为"东京都"或"东京"。

从 2010 年的国情调查中将从业人口分 3 个产业部门来看，农林渔业的第一产业从业人口为 2.2 万人（0.4%），矿业、建筑业及制造业的第二产业从业人口为 91.2 万人（15.2%），商业、运输业、通信业、服务业等的第三产业从业人口为 425.6 万人（70.8%）。

从 1975~2010 年东京都三次产业从业人口比重变化趋势来看，制造业从业人口比重下降速度显著降低。1995~2005 年制造业从业人口比重由 25.8% 下降到 18.7%，下降了 7.1 个百分点，而 2005~2010 年仅下降了 3.5 个百分点，是自 1975 年以来降幅最小的时期（见图 10-12）。

（2）产业发展特征

目前东京都的主导产业是服务业和批发零售业。这两大产业的从业人数、企业数占东京都所有产业从业人数、企业数的 60%、70%；2001 年两大产业产值比重分别达到 29% 和 21%，合计占东京都产业产值的半壁江山。虽然制造业在东京都所有行业中的比重在下降，但仍稳居第二梯队，是东京都的最重要产业之一。

尽管东京制造业都从 20 世纪 60 年代在经济中的比重就开始下降，东京都市圈外围三个县的制造业比重从 20 世纪 80 年代也开始下降，但是东京都并没有把传统工业彻底转型为高科技和软件产业，而是在原有基础上以技术高度化提升产业的国际竞争力，以分工细密、健全完善的制造业产业体系为支撑，对传统优势产业进行技术和产品创新，并不断与国际接轨，利用高科技产业拓展新能源业务和环保行业（见表 10-3）。

表 10-3　2005 年东京都各行业综合比较

	总产出		从业人数		企业数	
	数量（10 亿日元）	占所有行业比重（%）	人数（人）	占所有行业比重（%）	企业数（家）	占所有行业比重（%）
总数	88150.2	100.00	8608794	100.00	724769	100.00
农林渔业	48.3	0.05	3897	0.05	324	0.04
矿业	31.2	0.04	3070	0.04	80	0.01
制造业	9318.3	10.60	1097984	12.80	79374	11
建筑业	4507.8	5.10	505840	5.90	46698	6

续表

	总产出		从业人数		企业数	
	数量 （10亿日元）	占所有行业 比重（%）	人数 （人）	占所有行业 比重（%）	企业数 （家）	占所有行业 比重（%）
电气煤气水道业	1477.1	1.70	39274	0.50	488	0.07
批发零售业	18492.2	21.00	2654384	30.80	295845	41
金融保险业	11763.8	13.30	393617	4.60	12290	2
不动产业	10820.9	12.30	227194	2.60	48329	7
运输通信业	6053.2	6.90	560509	6.50	28194	4
服务业	25637.2	29.10	2891053	33.60	211052	29
政府（未分类）	5270.8	—	231972	2.70	2095	0.29

毫无疑问，东京都作为世界城市体系中的顶级城市，拥有高度发达的金融、商业、商务、科技研发等服务业。6大金融财团中有4家将总部设在东京都（另有两家的总部设在大阪），其他全国性的金融机构、地方银行、信用金库等也都集中设于东京都，或在东京都设立本部，或在东京都开设分部，其店铺数均为全国之首。东京证券交易所是世界五大交易所之一（其他四个分别为纽约、伦敦、巴黎和阿姆斯特丹证券交易所），创立于1878年（明治十一年），除了本国股票外，还有大量外国股票上市。

但是东京都依然拥有发达的制造业，而且东京都政府将"享誉世界的东京的制造产业"作为城市的一个重要名片。作为日本最大的工业城市，这里聚集着全国11%的工厂，主要有钢铁、机械、化工、电机、精密仪器、印刷出版和服装等各种产业，它同南面的横滨和东面的千叶地区共同构成了闻名日本的（东）京（横）滨（千）叶工业区。近年来，随着日本经济发展战略由"贸易立国"逐步向"技术立国"的转换，东京的"城市型"工业结构进一步调整了人均国民生产总值，即将新产品的试制开发、研究作为重点，在市区重点发展知识密集型的"高精尖新"工业，并将"批量生产型工厂"改造成"新产品研究开发型工厂"。到2012年，东京都制造业企业数量仍然占全部企业数量的近14%，是仅次于批发零售业（25.2%）的第二大行业类型。

在东京都周边地区形成了新的制造业发展带。首都圈西部（埼玉县、东京都、神奈川县）融合纳米技术创造高附加值产业，沿中央高速公路地区（山梨县、长野县）利用精密设备技术创建高性能设备生产公司；TX 沿线（茨城县、埼玉县、千叶县、东京都）地区利用筑波大学的技术建立以开创性为导向的公司；首都圈北部（茨城县、栃木县、群马县、埼玉县）采用交通运输设备新技术建立以产品开发为导向的公司；京滨地区（东京都、神奈川县）创建技术设计中心做原型开发等（见图 10－13）。

东京都产业空间的圈层结构较为明显，以东京都心三区为主的核心区是以商务服务业、批发零售业以及金融业等服务业为主；以区部为主的内环区依然以商务服务业、批发零售业等服务业为主，但是开始出现金属制品、一般机械器具、电气机械器具等制造业；以多摩为主的外环区中制造业的比重最高。

核心区——东京都心三区：从各行业的就业人员及企业数的比重看，商务服务业、批发零售业在东京都心三区高度集聚，两者的从业总人口达到156.9 万人，占都心三区总就业人口的65%。其次是金融保险业和出版印刷业。服务业总从业人数为847965 人，占都心三区总从业人口的35%，即每3 个从业人员中至少有1 个是从事服务行业的。从事批发零售业的事务所只占东京事务所总数的16.2%，但其销售额占到了东京都该行业总数的64.5%，可见这一区域是以从事具有辐射能力的批发业为主的，而非服务本地的零售业。金融业在都心三区高度集聚。2003 年，东京都心三区发生的银行贷款额高达125.8 万亿日元，占整个东京都的76%，存款额高达79.6万亿日元，占东京都的55%；同时在这占东京都2%的土地上还集聚了整个东京都28%的银行、37%的金融机构总部。

内环区——以区部为主的区域：东京都内环不仅是东京都人口居住最密集的地区之一，也是东京都经济的中坚力量。该区面积大约占东京都的1/4，从业人口占东京都的55%。从大分类产业角度及各行业的从业人数情况看，除了金融保险业的从业人员低于东京都的50%之外，其余所有产业的从业人数均占行业总量的近60%甚至90%以上。其制造业的产值占东京都的

42%，比外环高出近1万亿日元，约是都心三区的22倍；从业人数接近外环的2倍、都心三区的6倍。批发零售业也是内环的主导产业，但与都心三区有本质区别，这一圈层批发零售业事务所数是都心三区的4倍，但销售额只有都心三区的1/2，说明前者多是以服务本地居民的零售业为主的。就制造业而言，尽管出版印刷业依然是主导产业，且内环区域的出版印刷业在整个东京都的比重都很高，2001年内环出版印刷业的从业人口及产值占东京出版印刷业的61%和52%，其产值总额和从业人员数是核心区的2倍，占内环就业与产值总量的31%和38%，遥遥领先于其他行业。但是出版印刷业就业人数只占内环制造业的31%，金属制品、一般机械器具、电气机械器具等核心区没有的制造业，其从业人数在这一圈层均已占到内环的10%左右。

外环区——以多摩为主的区域：在外环，除了农业、制造业的从业人口比重超过整个行业的20%以外，其他行业的从业人口比重均不足20%，虽然批发零售业、服务业从业人数有近100万人，占外环全部从业人数的65%，但其从业人数分别占东京都该行业总从业人数的17%、18%，而外环的人口占东京都的33%。从制造业来看，东京都外环制造业中的第一产业是电气机械设备业，其次是运输机械设备、一般机械设备、食品、精密仪器等行业。电气机械设备业不仅是外环的主导产业，而且是东京都电气机械设备行业的主要集聚地，其从业人数和产值占整个东京都的行业比重高达74%和87%。

（3）城市土地利用状况

从城市土地利用状况来看，用地面积最大的是住宅用地，用地面积高达492平方公里，有超过50%的土地用于住宅的开发建设，其次是山林等绿地系统。产业用地中，农业用地面积最大，有65.2平方公里，占总面积的7%，其次是工业用地、商业用地，分别占4%、3%。

从各类用地的分布来看，商业用地主要集中在城市中心的都心三区，而住宅用地比重最大的是内环的区部区域，外围的山林等绿地系统是三个圈层中面积最大的。土地利用的情况表明，邻近城市中心区的内环地区很大程度上承担了城市的居住功能，产业功能相对较弱。城市外围地区主要承担保障城市生态系统的功能，山林用地和农业用地比重合计接近总用地面积的 1/2（见图 10-14）。

就产业用地情况来看，东京都依然保留了一定的工业用地，尤其是在城市外围的多摩等地区依然有相对较为集中的大型工业园区。

从城市中心和副中心土地利用的变化趋势来看，1991～2011 年的 20 年间，各城市中心区域商务服务业用地增长最为显著，尽管都心区域商务服务业用地显著增加，但是商业、住宅、文化教育、体育休闲用地也在不断增长，城市核心区功能更加多样化（见图 10-15）。

（4）东京都多中心过程和功能疏解

20 世纪 50 年代，随着日本经济的高速增长，都心的商务服务功能得到快速发展，很快形成了高度集中的中央商务区。与此同时，都心地价高涨，居住开始向郊外转移，出现了城市功能的单中心高度聚集、通勤长时间化等大城市问题。20 世纪 60 年代初期，都心内商务办公用房出现短缺，政府开始意识到必须抑制商务服务功能继续向都心聚集，要向外分散实现工作和居住就地平衡的城市构造。因此东京都提出了建设副都心，引导城市由单中心结构向多中心结构转移的构想和规划。经过近 30 年的建设都心的商务服务功能聚集得到有效控制，目前东京都已形成了包括七个副都心和多摩地区五个核都市的多心型城市结构。七个副都心是池袋、新宿、涩谷、大崎、上野·浅草、锦系町·龟户、临海，它们基本上位于山手线（环线）与各个铁路放射线的交会处，充分利用了交通枢纽对于商务及人流的聚集效应。其中最具成效的是新宿和临海两个具有强大商务中心区功能的副都心。多摩地区的五个核都市是八王子、立川、青梅、町田和多摩新城，它们分别位于西部地区进入东京市区的交通枢纽处。

东京都的副都心是具有多功能、高度复合的区域，在满足商务活动的同时，还具有商业、文化、娱乐、居住等其他功能。新宿副都心开发历时 25 年，形成了以新宿车站大楼和车站以东地区为商业娱乐中心，车站以西为行政办公及商务办公中心的集商务、购物、文化娱乐为一体的完整布局。东京都政府从都心迁到了新宿，使得新宿成为东京最大的副都心。目前，随着功能需求的增加，其建设也在向西扩展，东京新国立剧场及其周边的改造标志着新宿副都心新的发展阶段已经开始。

临海副都心规划吸取了以丹下健三为代表的东京湾未来发展规划设想。一方面，扩展商务办公空间以满足东京国际商务活动的需求，增加居住及配套设施缓解东京中心地区用地功能的不平衡。另一方面，面向 21 世纪，强调新都心的信息化和智能化，把建设东京通讯港作为发展新都心的重要目标。临海副都心共有 448 万平方米填海造地形成的用地，规划总建筑面积约 700 万平方米，其中办公为 250 万平方米，会展为 36 万平方米，商业购物、娱乐中心、酒店为 130 万平方米，住宅为 205 万平方米，规划就业人口为 6 万人、居住人口为 6.3 万人（见表 10 - 4、图 10 - 16）。

表 10 - 4　东京都中心与主要副都心的功能定位

名称	主要功能定位
中心	政治经济中心、国际金融中心
新宿	第一大副都心，带动东京发展的商务办公、娱乐中心
池袋	第二大副都心，商业购物、娱乐中心
涩谷	交通枢纽、信息中心、商务办公、文化娱乐中心
上野·浅草	传统文化旅游中心
大崎	高新技术研发中心
锦系町·龟户	商务、文化娱乐中心
临海副都心	面向未来的国际文化、技术、信息交流中心

2. 大伦敦地区案例研究概况

（1）大伦敦地区概况

大伦敦[①]（Greater London），简称伦敦，是英国的首都，与纽约、巴黎、

---

①　为方便分析，书中将之称为"大伦敦"或"伦敦"。

东京并称为四大世界城市。大伦敦不仅仅是英国的政治、经济、文化、艺术中心，更是欧洲以及世界的金融中心。伦敦作为老牌的世界城市和区域中心城市，其发展路径对于北京来说颇有参考价值。

大伦敦位于英国英格兰东南部的平原上，跨泰晤士河下游两岸。大伦敦地区的气候类型为温带海洋性气候，全年温和湿润，由于全年多雨、多雾，伦敦又有"雾都"之称。经过多年的行政区划变更，如今的大伦敦总面积约为1580平方公里，由32个自治市及一个伦敦市（City of London）组成。沿袭20世纪40年代英国"绿带法"的规定，大伦敦可分为市中心（伦敦市）、内伦敦（由伦敦市外围的12个市组成）以及外伦敦（由其余20个市组成）（见图10-17）。2011年大伦敦地区人口总数达820万人，2014年约为850万人，人口总数占英国全国的13%左右。

2014年，大伦敦经济总增加值（Gross Value Added，GVA）达3640亿英镑，相当于苏格兰和威尔士经济总增加值之和的两倍之多，相较于2013年同比增长6.8%，占据英国经济总增加值的22.5%。将大伦敦地区经济总增加值与欧洲各国相比，大伦敦地区位列第八，超过比利时、瑞典等国。作为著名的世界城市，伦敦经济具有显著的外向型特点，2014年大伦敦地区实现出口总额1198亿英镑。其中服务业出口额达921亿英镑，占英国服务业出口总额的42.6%；货物出口额达287亿英镑，占英国货物出口总额的10%。

（2）产业结构与产业空间的调整

一是产业结构转变。

英国是工业革命的发祥地，在工业化进程中，虽然大伦敦的工业发展不比曼彻斯特、伯明翰等大工业城市，但在20世纪50年代以前，工业仍是大伦敦地区的主要产业。自20世纪50年代起，伦敦的产业结构开始发生显著改变，制造工业逐步衰落萎缩，以金融业为主的服务业成为大伦敦经济的支柱产业。

从各产业增加值来看，2014年大伦敦地区金融和保险业增加值为687亿英镑，占全市总增加值的18.9%，是大伦敦的支柱性产业，在世界城市中，大伦敦的金融和保险业增加值略少于纽约，排名第二位；房地产业增加值为460亿英镑，占全市总额的12.6%，对大伦敦经济的贡献度仅次于金融和保险业。而制造业增加值仅为95.6亿英镑，占比为2.6%（见图10-18）。

从分产业部门的就业岗位情况来看，大伦敦已经完成了从工业城市向金融城市的转变。2015年大伦敦地区共有就业岗位553.8万个，相比于1971年增长了22%。在此期间，制造业等传统工业产业的就业岗位数持续下滑，2015年制造业就业岗位数相比于1971年下降了85%之多。在产业结构转变进程中，专业技术、房地产、科学技术业从业人员数量增长幅度最大，相比1971年增长了214%，总数达到87.7万人，占所有产业部门就业岗位总数的13.6%；其他服务业各部门的就业岗位增长幅度也非常大，证明过去40余年里，大伦敦地区产业结构不断优化。在大伦敦地区的第三产业中，尽管金融和保险业就业人员总数仅为35.2万人，相比于1971年增长了仅46%，但其占英国全国金融和保险业就业岗位总数的比例高达34.1%；信息和通信业就业人员总数为37.3万人，占全国的比重为32.6%。这证明了大伦敦地区的区域金融和保险业、信息和通信业的中心地位（见图10-19）。

产业结构优化调整的同时，大伦敦地区也逐步实现了产业结构高级化发展，淘汰低附加值的落后产业，发展高附加值产业。2014年，大伦敦地区每个就业岗位平均可以创造约5.8万英镑的产业增加值，其生产效率超出英国全国平均水平的36.5%。其中，生产效率最高的产业是金融和保险业，每个岗位可创造约18.2万英镑的产业增加值，信息和通信业每个岗位可创造约8.8万英镑的产业增加值，而制造业生产效率约为7.1万英镑，位列各产业第四（见图10-20）。

二是产业发展的空间特征。

受到城市发展历史的影响，大伦敦内部的经济发展水平呈现明显的单中心圈层结构特征。根据相关统计数据，2014年，内伦敦地区（包括伦敦市在内）的13个自治市拥有超高的就业密度，13个自治市总增加值之和占全市的比重达到68%，内伦敦地区的经济发展呈现显著的"西强东弱"格局，西部地区总增加值之和占全市比重高达42%（见图10-21）。以自治市为统计单元来看，英国议会所在地的威斯敏斯特市 2014 年 GVA 值达 510 亿英镑，占全市的比重达 14%，在 33 个自治市中排名第一；伦敦市（City of London）GVA 值达 480 亿英镑，在 33 个自治市中排名第二（见图 10-22、图 10-23）。

大伦敦地区经济发展具有明显的中心集聚性，因此伦敦市政府将伦敦中心城区及经济高度发达地区划定为中心发展区（Central Activities Zone，CAZ），范围如图 10-24 所示。在中心发展区 CAZ 的东侧的多格斯岛（The Isle of Dogs）北部同样出现了产业的高度集聚，这一区域简称为 NIOD，CAZ 和 NIOD 及其周边地区成为大伦敦地区的经济发展中心。2014年，CAZ 地区经济总增加值占全市比重为 40%；CAZ、NIOD 及周边一公里范围内的经济总增加值占全市比重达到 52%，这一片区面积仅占英国国土的 0.03%，但经济总增加值占英国全国的比重高达 12%。这一地区囊括英国议会、伦敦金融城、金丝雀码头等标志性地区，是伦敦及英国的政治、金融中心。

大伦敦地区产业发展的空间分异特征较为显著，各自治市的主导产业各不相同。例如，伦敦市（City of London）及陶尔哈姆莱茨（Tower Hamlets）自治市以金融和保险业为主导产业，金融和保险业增加值占自治市总增加值的比重均高于 50%，伦敦市更是高达 66.6%。希灵登（Hillingdon）自治市以物流运输业、酒店餐饮业为支柱产业，两大产业增加值占全自治市增加值的 39.7%；南华克（Southwark）自治市以商务服务业为主要产业；巴金-达格南（Barking and Dagenham）自治市以生产型工业为主要产业。

（3）土地利用

大伦敦地区一直非常重视对土地开发与利用的管控，目的在于平衡城市不同功能的用地需求，为未来经济及产业发展预留足够的发展空间。2015年，大伦敦市 36% 的土地为居住用地；25% 为绿地（包括公园、运动场、农业用地等）；产业发展用地占比 11%，其中写字楼、办公楼等商务办公用地占比 1%，轻工业用地占比 1%，其他产业发展用地占比 9%；其余 28%

为道路等基础设施用地。从用地情况来看，大伦敦地区产业发展用地所占比重较少，但其土地利用效率较高（见图 10-25）。

从土地利用空间分布来看，写字楼与零售商业用地在城市中心区集聚，工业和仓储用地等则沿大伦敦地区的四条对外走廊呈带状分布，四条带状走廊交通便利，并通向伦敦以外的市场，有利于工业、物流业的发展（见图 10-26）。

在科学的土地利用管控政策之下，大伦敦地区现有产业用地中，有 10.7% 尚未被开发使用，未利用产业用地在空间分布上呈现东北多、西南少的特征，这些未开发用地为远期经济发展预留了发展空间。为了加强对未开发用地的管控，大伦敦地区对产业发展用地向其他用途转变有着严格的控制。如图 10-27 所示，以自治市为管辖单元，将产业用地分为五级——有序变更、限制变更、规划特许限制变更、严禁变更、规划特许严禁变更，保障产业发展用地不被挪为他用。

除了对产业发展用地的严格管控，大伦敦地区还对市区内的指定保护区及环城绿带区范围进行划定。指定保护区面积占全市总面积为 15%，主要集中在大伦敦地区的中心城区，这里留存了大量历史及文化遗迹。环城绿带区总面积占全市比重达 22%，环城绿带是 20 世纪为控制伦敦市向外蔓延而建立的，6% 的环城绿带区位于大伦敦市内，其余 94% 环绕大伦敦地区，环城绿带区不仅对控制城市蔓延功不可没，同时也大大提升大伦敦地区的绿地保有量（见图 10-28）。

（4）大伦敦地区的城市疏解与未来产业导向

一是城市疏解。

大伦敦地区的人口总数在 1939 年达到了顶峰，共有 860 万人。巨大的城市体量带来的是多种多样的城市病，著名的《大伦敦规划（1944）》就在这个时期颁布。大伦敦规划的主要目的是控制城市蔓延，疏解中心城区人口；采取的措施是在大伦敦地区外建立环城绿带，同时建立 8 个卫星城承接城内工业转移及人口疏解。

伦敦建立卫星城的历史非常悠久，早在 1903 年伦敦就建立了其第一座卫星城，1944 年的规划则引发了卫星城建设的新热潮。1944 年规划建设的 8 个新城到伦敦中心城区距离在 30 ~ 60 公里，由于距离伦敦市区太近，8 个卫星城逐步发展为"睡城"，尽管缓解了城区内的居住压力，但增加了通勤压力，直到今天，外围卫星城所在区域依然是大伦敦地区重要的通勤地带。

因此在 20 世纪 60 年代中期，伦敦开始编制新的卫星城规划，利用三条主要对外快速交通干线，在交通干线远端，相距伦敦 70 ~ 100 公里的米尔顿凯恩斯、南安普顿、朴次茅斯等地建设具有"反磁力"作用的新城。这三座新城逐步发展形成了功能独立的卫星城，成为卫星城发展的典范。以新城米尔顿凯恩斯为例，该城始建于 1967 年，距离伦敦中心 72 公里，在政府规划下以 PPP 模式建立而成。经过 50 年的发展，目前该城共有人口约 22 万人，有 5000 多家企业在此投资，英国本土企业 BP、Argos 等知名企业均将总部设立于此，海外知名公司如梅赛德斯－奔驰、大众集团、美孚石油、尼桑、雅马哈等也将总部设立于此。

大伦敦地区的城市疏解工作是卓有成效的，主要体现在两个方面，一是传统工业产业逐步外迁，二是城市人口数量逐年减少。如图 10 - 29 所示，直到 1988 年以前，大伦敦地区人口总数始终处于下滑状态。

二是城市未来产业格局和产业发展导向。

大伦敦地区的发展重新回归城市中心的同时，也提出要建立多中心城市的策略。大伦敦地区最新的城市中心体系规划如图 10 - 30 所示：中心发展区内 West End 及 Knightsbridge 地区将被打造成为世界级中心，在 CAZ 外围打造 13 个都市级中心（主要集中在外伦敦地区），此外还有多个主中心（集中在内伦敦地区）及街区中心等，从而使大伦敦地区实现，一个核心发展区、一条沿河发展带、5 条对外发展廊道和多中心共同发展的空间结构（见图 10 - 31）。

同时，现行伦敦规划对外伦敦地区的潜在城市中心的功能与定位予以规划（见表 10 - 5），希望实现大伦敦市内的地区专业化发展及差异化协调发展，从而避免人口和产业在城市中心区过度集聚。

表 10 − 5　伦敦市郊潜在城市中心功能及定位

战略功能定位	伦敦市郊潜在的发展中心
休闲、旅游、艺术、文化、运动	温布利、格林尼治部分区域、里士满/金士敦、斯坦福德、皇家船坞、李谷地区、希灵登和万德谷、水晶宫
媒体	白城、皇家公园部分区域、汉斯洛（大西走廊）
物流	贝克斯利部分区域、巴金－达格南、恩菲尔德、黑弗灵、希灵登、豪恩斯洛、皇家公园
其他运输相关功能	希灵登部分区域、豪恩斯洛、皇家船坞、比金山
总部办公	克罗伊登、斯特拉特福德、布伦特十字/克里科伍德
高等教育	欧克斯桥、金士敦、格林尼治、克罗伊登、斯特拉特福德、黑弗灵、白城
工业/绿色企业	上李谷、贝克斯利河滨、伦敦河滨、皇家公园
零售	布伦特十字、斯特拉特福德、温布利

资料来源：伦敦规划文本。

《伦敦规划（2016 年 3 月修订版）》对大伦敦地区未来经济发展提出两个目标：一是建立一座能够应对经济发展挑战与人口增长压力的城市，二是建立一座具有国际竞争力的典范城市。为了指导未来 20 年伦敦的经济发展，伦敦市政府提出了"经济发展市长战略"（Mayor's Economic Development Strategy，EDS）。该战略从经济发展环境营造、产业发展及空间布局、新兴经济部门发展、均衡发展 4 个方面，提出了 12 条具体政策。其中，在产业空间方面，EDS 提出要关注写字楼办公区的发展，促进写字楼的多功能混合利用模式；在重点产业方面除金融业外，未来要支持并促进艺术、文化、体育及娱乐产业发展，促进零售业及城镇中心的发展（策略 7）。大力支持各城镇中心区的零售业、商业、文化及休闲产业发展，大力支持成功的、多样化的零售业部门及其相关设施和服务，鼓励小型的、独立的商铺、服务点的发展，提升城市中心区的零售业便捷度、竞争性。

3. 案例总结

（1）城市功能和人口疏解

东京和伦敦在人口集聚到一定阶段后都有政府主导开始进行城市功能和

人口的疏解。疏解过程中都通过建立新城的模式，采取税收等政策，促进人口和产业向外围的新城转移，同时全力扭转单中心城市的空间结构，积极打造城市次中心，逐步构建多中心的城市形态。城市次中心距离城市核心区相对较近，产业功能也以现代服务业为主，相对于以主中心金融等为主的产业结构，次中心可能增加休闲娱乐等服务业，产业更加多元化。从东京和伦敦新城建设的经验来看，新城尽管能够有效地疏解中心区的人口，但是也带来巨大的通勤压力。

（2）产业发展的方向

东京和伦敦在产业发展的方向上大致相同，都是逐步由以工业为主转变为以现代服务业为主的现代产业体系，但是程度上还是有较大差异的。东京目前仍然保持一定比例的制造业，其从业人员数量占总就业人员数量的比重依然有12%，在GDP中的占比也有10%，但是伦敦则基本没有制造业，制造业在GDP中占比仅为2.6%，1971～2015年，制造业从业人员数量下降了85%。东京一直坚持将制造业作为经济发展重要组成部分，而伦敦基本放弃了制造业，因此可以预见东京未来制造业在经济中将依然保持一定比重。

（3）产业选择与城市空间

从产业用地比例来看，伦敦的写字楼、办公楼用地1%，工业用地1%，而东京商业用地3%，工业用地4%，一定程度上表明伦敦产业空间更加集约，这可能与伦敦的产业体系有关，相对于东京多元化的产业体系而言，伦敦十分倚重保险等金融行业，这些行业在空间中十分集中，而且占地面积很小，伦敦高度集聚且呈现单中心模式的就业分布很好地佐证了这一点。以金融为主的产业体系尽管使得产业空间高度集约，但是也存在一些问题，如多中心的城市空间结构难以形成，高度集聚的就业空间使得城市通勤压力巨大等。因此，城市产业发展的方向一定程度上影响了城市形态、空间结构以及空间组织。

四 北京的产业选择与可能的区域影响

北京作为京津冀地区甚至整个北方地区的中心城市，其产业结构不仅对城市自身发展有重要影响，而且对区域其他城市的发展也有十分重要的影响。

1. 北京功能定位的变化与产业选择

自中华人民共和国成立以来，北京就根据不同时期发展的需要，进行了多轮城市总体规划，明确城市的发展定位。改革开放前，北京一直作为全国工业基地和经济中心进行建设；改革开放后 1982 年总体规划明确将北京定位为全国的政治和文化中心，对以往强调工业功能的定位进行了反思，并要求严格限制工业发展；1992 年城市总体规划确定北京城市性质是国家的政治中心、文化中心，是世界著名的古都和现代国际城市，明确提出要发展高新技术产业和第三产业，同时推进市区工业外迁，1992 年城市总体规划的实施使得北京城市产业结构有了较大幅度的调整，2003 年北京第一、第二、第三产业结构由 1992 年的 6.9∶48.6∶44.5，调整为 2.6∶36∶61.4，电子信息等高新技术产业快速成长，占全国工业增加值的 30.9%，金融业产业占 GDP 的比重超过 15%，基本奠定了现在的产业格局；2004 年将北京定位为国家首都、文化名城、世界城市和宜居城市，认为城市中心地区应该重点发展现代服务业和文化创意产业，郊区新城发展高新技术产业、现代制造业、都市型工业等（见图 10 - 32、图 10 - 33）。

新一轮城市总体规划将北京城市战略定位确定为全国政治中心、文化中心、国际交往中心、科技创新中心，明确提出要"有序疏解非首都功能，优化提升首都功能"，产业疏解不仅包括一般性产业，而且明确禁止新增高端制造业的生产加工环节，同时区域性物流基地和区域性专业市场也成为疏解的对象。

从历次城市总体规划明确的城市功能和产业方向来看，经济发展的重点逐步由传统重工业转向现代服务业，生产加工环节甚至一些专业性市场和物流等服务业也要逐步退出。总体规划实施的效果也十分显著，不仅使得产业结构出现显著的变化，而且使得工业产业空间逐步由市区向郊区迁移，而城市中心逐步由现代服务业占据。

从目前的趋势来看，北京未来可能更倾向于伦敦的产业发展方向，未来制造业比重会进一步降低，而金融等现代服务业在经济结构中将占据绝对优势，但是以往的研究和发展都忽略了核心城市产业选择和发展方向对区域发展路径和模式的影响。

尽管总体规划没有提出北京是经济中心的地位，但是北京至少目前仍是我国北方的经济中心，也是京津冀地区发展的核心，因此北京产业选择和调整可能会对整个区域发展路径和模式产生重要的影响。

2. 我国区域发展的不同路径与产业选择的影响

（1）三大区域的发展路径

从我国不同时期城市发展状况来看，改革开放以后，我国沿海及内陆少数地区城市人口规模快速扩大，逐步在长三角、珠三角、京津冀以及成渝地区等形成了几个城市密集区，这些城市密集区成为我国区域发展的主要引擎。但是对比这些城市较为密集的城市群地区，可以看到与长三角、珠三角等城市群内部大中小城市较为完善的状况相比，京津冀地区城市体系发展相对较弱，除北京和天津两个超大规模核心城市外，其他城市规模都相对较小。这一定程度上也反映在区域经济的发展上，2015 年珠三角城市群 9 个市以全国 0.57% 的土地面积（54939 平方公里）、全国 4.27% 的常住人口，创造了占全国 9.20% 的地区生产总值（62267.45 亿元）；长三角城市群 26 个城市以全国 2.21% 的土地面积（212739 平方公里）、全国 10.98% 的常住人口，创造了占全国 20.02% 的地区生产总值（135502 亿元）；而京津冀城市群 14 个城市以全国 2.31% 的土地面积（222341 平方公里）、全国 8.40% 的常住人口，创造了占全国 10.65% 的地区生产总值（72052.69 亿元）。

但是京津冀地区核心城市北京（22968.60 亿元）和天津（16538.19 亿元）的经济规模与长三角的上海（24964.99 亿元）、苏州（14504.07 亿元）以及珠三角的广州（18100.41 亿元）、深圳（17502.99 亿元）相比并没有明显劣势。因此，区域间发展的差距一定程度上表明京津冀核心城市带动能力较弱。

（2）产业结构对区域发展的影响

通常认为北方地区经济所有制改革步伐较慢以及大型国有企业较多影响了京津冀地区的发展，但是服务业和制造业空间分布和扩散的模式有较大差异，因此导致核心城市的产业结构对周边城市发展的带动作用产生较大影响。

课题组收集了我国 1980 年到 2015 年人口规模超过 30 万人城市的数据，将北京、上海、天津、重庆、广州、深圳 6 个城市作为我国区域核心城市，应用计量模型进行实证分析（见表 10 – 6）。

表 10 – 6　2015 年人口超过 30 万人城市基本信息

	1980 年	1990 年	2000 年	2010 年	2015 年
平均人口规模（千人）	276	406	755	1066	1248
人口规模中位数（千人）	103	187	372	523	607
50 万～100 万人城市数量（个）	29	35	79	119	153
100 万～500 万人城市数量（个）	16	32	56	68	86
500 万～1000 万人城市数量（个）	2	2	5	10	10
1000 万人以上城市数量（个）	0	0	2	4	6

计量模型构建：

$$\Delta POP_{it} = \beta_1 POP1980_i + \beta_2 MP_{it}^j + \beta_3 IC_{jt} + \beta_4 IC_{jt}^2 + \beta_4 MP_{it}^j \times IC_{jt} + \varepsilon_{it}$$

其中，ΔPOP_{it} 是城市 i 在 $t-1$ 到 t 时期内的人口增长的规模，$POP1980_i$ 是城市 i 在 1980 年的人口规模；MP_{it}^j 是核心城市 j 对城市 i 的影响（市场潜力），计算公式为 $MP_{it}^j = \overline{POP_t^j}/Distance_i^j$（$\overline{POP_t^j}$ 是核心城市 j 在 $t-1$ 到 t 时期内的平均人口规模，$Distance_i^j$ 是城市 i 到距离它最近的核心城市 j 的距离）；IC_{jt} 是核心城市 j 在 t 时期的产业结构（第二产业比重或第三产业比重），IC_{jt}^2 是产业结构的二次项。变量 $MP_{it}^j \times IC_{jt}$ 测度产业结构对核心城市带动作用的影响。

核心城市产业结构短期影响分析结果如下。

从模型结果来看，核心城市制造业比重与周边城市人口规模增长呈现显著的倒 U 形关系，进一步来看制造业比重对市场潜力有显著的正向影响，这意味着虽然制造业比重过高或过低都不利于周边城市的发展，但是对于区域核心城市对周边城市的带动作用来说，制造业有明显的正向作用，也就是说制造业比重越大，区域核心城市对周边城市的带动作用越强（见表 10 - 7）。

从服务业的影响来看，服务业比重与周边城市人口规模增长也呈现倒 U 形的关系，但是服务业对市场潜力的影响为负，这意味着尽管与制造业相似，核心城市服务业比重过高或过低都不利于周边城市的发展，但是总体来看，服务业比重越高，核心城市对周边城市的带动作用越弱（见表 10 - 8）。

表 10 - 7　核心城市制造业比重对周边城市人口规模增长影响的分析结果（5 年）

	固定效应模型			随机效应模型		
	模型 1	模型 2	模型 3	模型 1	模型 2	模型 3
$POP 1980_i$				0.2629 ***	0.2626 ***	0.2647 ***
				(0.000)	(0.000)	(0.000)
MP	1.0321 ***	1.0072 ***	0.6496 ***	1.0234 ***	1.0116 ***	0.7154 ***
	(0.000)	(0.000)	(0.000)	(0.000)	(0.000)	(0.000)
IC	-1.4089 ***	3.4988 ***	1.9753 ***	-1.4043 ***	3.4017 ***	2.6394 ***
	(0.000)	(0.000)	(0.000)	(0.000)	(0.000)	(0.000)
IC^2		-0.0828 ***	-0.0696 ***		-0.0817 ***	-0.0776 ***
		(0.000)	(0.000)		(0.000)	(0.000)
$MP \times IC$			0.0576 ***			0.0253 ***
			(0.000)			(0.000)
R^2	0.0682	0.0743	0.0600	0.3667	0.3727	0.3690

注：　*** p < 0.01。

表 10 - 8　核心城市服务业比重对周边城市人口规模增长影响的分析结果（5 年）

	固定效应模型			随机效应模型		
	模型 1	模型 2	模型 3	模型 1	模型 2	模型 3
$POP\,1980_i$				0.2619 ***	0.2646 ***	0.2663 ***
				(0.000)	(0.000)	(0.000)
MP	1.0385 ***	0.9276 ***	3.4731 ***	1.0142 ***	0.9365 ***	2.0784 ***
	(0.000)	(0.000)	(0.000)	(0.000)	(0.000)	(0.000)
IC	1.1862 ***	5.4230 ***	3.2398 ***	1.1323 ***	5.7972 ***	5.1510 ***
	(0.000)	(0.000)	(0.000)	(0.000)	(0.000)	(0.000)
IC^2		- 0.0887 ***	- 0.0313 **		- 0.0986 ***	- 0.0718 ***
		(0.000)	(0.029)		(0.000)	(0.000)
$MP \times IC$			- 0.0589 ***			- 0.0320 ***
			(0.000)			(0.000)
R^2	0.0650	0.0758	0.0647	0.3605	0.3789	0.3734

注：** p < 0.05，*** p < 0.01。

核心城市产业结构长期影响分析结果如下。

进一步我们以 10 年为一个发展期，对核心城市产业结构的影响进行分析，结果表明，服务业依然对核心城市的带动作用有负向的影响，而制造业的影响依然为正，而且与以 5 年为一个发展期的结果相比，产业结构对核心城市带动作用的影响系数更大。这意味着发展期越长，产业结构对核心城市带动作用的影响效果不但没有降低，反而越来越明显，一定程度上呈现类似"蝴蝶效应"的效果。这样的结果表明区域核心城市在发展初期的产业发展路径选择，将在此后很长一段时间内对区域整体发展产生深远的影响，而且这一影响可能随着时间的推移，而不断放大（见表 10 - 9）。

从总体来看，服务业的发展倾向于弱化区域核心城市对周边城市的带动作用，而制造业则有利于发挥核心城市的带动作用，尤其是在区域发展的初期阶段，核心城市制造业的发展对于区域周边城市的发展是十分有利的。换

表 10 - 9 核心城市产业结构对周边城市人口规模增长影响的分析结果 (10 年)

	制造业			服务业		
	OLS	固定效应模型	随机效应模型	OLS	固定效应模型	随机效应模型
$POP\,1980_i$	0. 4713 ***		0. 4698 ***	0. 4746 ***		0. 4737 ***
	(0. 000)		(0. 000)	(0. 000)		(0. 000)
MP	0. 1044	0. 2584	- 0. 4202	2. 7773 ***	3. 7750 ***	3. 4742 ***
	(0. 838)	(0. 636)	(0. 370)	(0. 000)	(0. 003)	(0. 000)
IC	9. 5358 ***	16. 8373 ***	11. 2486 ***	15. 1620 ***	11. 5584 ***	12. 9136 ***
	(0. 000)	(0. 000)	(0. 000)	(0. 000)	(0. 000)	(0. 000)
IC^2	- 0. 1159 ***	- 0. 1897 ***	- 0. 0313 ***	- 0. 1703 ***	- 0. 1237 ***	- 0. 1415 ***
	(0. 000)	(0. 000)	(0. 000)	(0. 000)	(0. 000)	(0. 000)
$MP \times IC$	0. 0283 **	- 0. 0241	0. 0343 ***	- 0. 0280 **	- 0. 0504 ***	- 0. 0427 ***
	(0. 024)	(0. 211)	(0. 005)	(0. 013)	(0. 003)	(0. 003)
R^2	0. 3523	0. 003	0. 3519	0. 3627	0. 0443	0. 3635

注: ** $p < 0.05$, *** $p < 0.01$。

句话说,在区域发展的初期阶段,如果核心城市过早地选择服务业,即过早地实施"退二进三"的产业政策等,就可能导致区域的中小城市难以获得核心城市的辐射带动而发展缓慢;等区域发展到相对成熟的阶段,核心城市周边区域形成了相对完善的生产网络,此时核心城市专注于发展金融、商务等生产性服务业,则能够为周边城市产业的发展提供良好的服务支撑,从而有利于周边城市的发展。

3. 产业结构对区域发展影响的机制

服务业和制造业对核心城市带动作用影响的差异是两大类产业在空间中的集聚特征和扩散模型不同造成的。服务业尤其是金融、商务、研发等生产性服务业在空间中的集聚程度很高,通常在一个区域中主要集中在极为少数的大城市中,而这些产业通常也需要较大的市场区范围,因此在空间中通常呈现点状集聚的特征;生产性服务业产品传输成本较低,导致生产性服务业在大尺度空间上的扩散模式以等级扩散为主,即从国家级中心城市向区域级中心城市扩散,然后由区域级中心城市向再次一级中心城市扩散,而不是向周边城市扩散，因此对周边城市的带动作用也相对较弱，更多的状况是生产性服务业的发展而对周边区域产生显著的"虹吸效应"。

制造业在空间上通常是连片集聚的，而且制造业产品运输成本相对较高，导致产业链上的相关企业都在地理空间的邻近区域布局，从而降低运输成本，因此对于制造业来说其空间扩散是以接触扩散为主的，从而使得核心城市更有利于带动周边城市和区域的发展。

最终，如果区域核心城市发展初期以高端的现代服务业为主，则在区域空间中更容易形成少数孤立的规模较大的城市，即独立的巨型城市，而如果核心城市初期以制造业为主，则在区域中更可能形成大中小城市较为完善的城市群（见图10-34）。

4.北京产业选择及其可能对京津冀地区造成的影响

就京津冀而言，北京在20世纪90年代大规模地实施"退二进三"的产业政策，在2010年北京的服务业比重就已经达到75%，而此时上海的服务业比重仅为57.28%，广州也只有61.01%，北京服务业比重远高于长三角和珠三角地区的核心城市，这也使得北京在京津冀地区的辐射带动作用相对较弱。尽管天津也作为京津冀地区的核心城市，但是长期以来河北省主要发展策略都是围绕北京展开的，如2010年河北省举全省之力大力推动环首都经济圈的发展战略等，因此天津也没能有效地带动河北省各城市的发展。

一方面，"四个中心"的定位使得北京毫无疑问将承担首都职能，也就是说北京将是全国的北京，从这个角度来看，北京应该进一步强化发展高端服务业，为全国社会经济的发展提供服务和支撑；另一方面，北京在京津冀地区的发展中又要作为区域发展的增长极，承担带动区域整体发展的重要职责，从这个角度来看，京津冀地区其他城市发展水平相对较低，大部分城市仍处于工业化中期阶段，北京要与天津一起帮助京津冀地区建立较为完善的生产体系，以推动整个区域的发展，导致北京仍然需要保留一定的制造业。北京未来在全国和京津冀地区中战略定位的选择，一定程度上影响了城市未来产业发展的方向和路径。

　　因此，北京未来产业方向的选择需要权衡作为首都的职能定位和作为京津冀地区中心城市所承担的区域功能。尽管"四个中心"的定位已经明确了北京的首都核心功能，但是依然需要深入思考，北京是全国的北京还是京津冀的北京，两个层面的定位可能存在一定程度的不协调。作为全国的北京，未来大力发展金融、商务等高端服务业，进一步压缩制造业的比重，能够有效地发挥作为全国经济与世界经济连接的门户地位，带动全国其他城市积极融入全球经济体系，但是这些高端服务行业在京津冀区域尺度上对周边城市的辐射带动作用可能并不强，而且可能使得北京与周边城市已存在的明显的产业梯度进一步扩大，影响京津冀协同发展。

　　另外，从发达城市的发展经验来看，城市在发展到一定阶段后都会进行功能和人口的疏解，手段也多是建立多中心的城市空间结构，但是如果就业中心依然高度集聚在中心城区则会造成较为严重的通勤压力。因此在多中心城市空间结构构建时，要考虑城市次中心有较为多样化的城市功能，能够提供多元化就业岗位和生活服务。

参考文献

陈秉钊，1999，《北京城市建设的战略抉择——抓住机遇摆脱"摊大饼"》，《城市规划》第 12 期。

陈建军、陈国亮、黄洁，2009，《新经济地理学视角下的生产性服务业集聚及其影响因素研究——来自中国 222 个城市的经验证据》，《管理世界》第 4 期。

陈江平、张瑶、余远剑，2011，《空间自相关的可塑性面积单元问题效应》，《地理学报》第 12 期。

陈良文、杨开忠、吴姣，2006，《地方化经济与城市化经济——对我国省份制造业数据的实证研究》，《经济问题探索》第 11 期。

陈松林、陈进栋、韦素琼，2012，《福建省综合交通可达性格局及其与制造业空间分布的关系分析》，《地理科学》第 7 期。

陈蔚珊、柳林、梁育填，2016，《基于 POI 数据的广州零售商业中心热点识别与业态集聚特征分析》，《地理研究》第 4 期。

陈秀山、邵晖，2007，《大都市生产者服务业区位选择及发展趋势——以北京市为案例的研究》，《学习与实践》第 10 期。

丁亮、钮心毅、宋小冬，2016，《上海中心城就业中心体系测度——基于手机信令数据的研究》，《地理学报》第 3 期。

樊杰、王宏远、陶岸君等，2009，《工业企业区位与城镇体系布局的空间耦合分析——洛阳市大型工业企业区位选择因素的案例剖析》，《地理学报》第 2 期。

范剑勇、石灵云，2008，《地方化经济与劳动生产率：来自制造业四位数行业的证据》，《浙江社会科学》第 5 期。

冯健、周一星，2004，《郊区化进程中北京城市内部迁居及相关空间行为——基于千份问卷调查的分析》，《地理研究》第 2 期。

冯鹏飞、申玉铭，2017，《北京生产性服务业和制造业共同集聚研究》，《首都经济贸易大学学报》第 2 期。

贺灿飞，2011，《地方化经济、城市化经济与中国制造业企业劳动生产率》，《哈尔滨工业大学学报》（社会科学版）第 6 期。

贺灿飞、潘峰华、孙蕾，2007，《中国制造业的地理集聚与形成机制》，《地理学报》第 12 期。

贺灿飞、肖晓俊，2012，《产业集聚、产业共聚与中国制造业生产率》，《哈尔滨工业大学学报》（社会科学版）第 1 期。

贺灿飞、谢秀珍，2006，《中国制造业地理集中与省区专业化》，《地理学报》第 2 期。

贺泽亚、吴必虎、刘瑜，2017，《基于社交网络签到数据的城市空间相互作用和节点吸引力研究》，《北京大学学报》（自然科学版）第 5 期。

黄娉婷、张晓平，2014，《京津冀都市圈汽车产业空间布局演化研究》，《地理研究》第 1 期。

霍燚，2011，《基于 UrbanSim 的北京写字楼市场空间模型标定和模拟》，博士学位论文，清华大学。

蒋雁、吴克烈，2009，《基于因子分析的创意产业区影响因素模型研究——以杭州四大创意产业区为例》，《上海经济研究》第 1 期。

金煜、陈钊、陆铭，2006，《中国的地区工业集聚：经济地理、新经济地理与经济政策》，《经济研究》第 4 期。

靳诚、陆玉麒，2009，《基于县域单元的江苏省经济空间格局演化》，《地理学报》第 6 期。

〔英〕克拉克、〔美〕费尔德曼、〔加拿大〕格特勒主编，2005，《牛津经济地理学手册》，刘卫东等译，商务印书馆。

〔德〕克里斯塔勒，1998，《德国南部中心地原理》，常正文等译，商务印书馆。

李佳洺，2015，《基于微观数据的北京产业集聚特征研究》，博士学位论文，中国科学院大学。

李佳洺、孙铁山、张文忠，2014，《中国生产性服务业空间集聚特征与模式研究》，《地理科学》第 4 期。

李佳洺、张文忠、李业锦等，2016，《基于微观企业数据的产业空间集聚特征分析——以杭州市区为例》，《地理研究》第 1 期。

李佳洺、张文忠、马仁峰等，2016，《城市创新空间潜力分析框架及应用——以杭州为例》，《经济地理》第 12 期。

李天健、侯景新，2015，《城市经济学发展五十年：综合性回顾》，《国外社会科学》第 3 期。

李小建、李国平、曾刚等，2006，《经济地理学》，高等教育出版社。

梁霄、赵吉昌、许可，2014，《社交网络用户的社交关系和签到行为分析》，《科技导报》第 11 期。

梁育填、樊杰、柳林等，2013，《优化开发区域制造业企业迁移的因素及其区域影响——以广东东莞市为例》，《地理研究》第 3 期。

林善浪、张惠萍，2011，《通达性、区位选择与信息服务业集聚——以上海为例》，《财贸经济》第 5 期。

刘曙华，2012，《生产性服务业集聚对区域空间重构的作用途径和机理研究》，博士学位论文，华东师范大学。

刘涛、曹广忠，2010，《北京市制造业分布的圈层结构演变——基于第一、二次基本单位普查资料的分析》，《地理研究》第 4 期。

刘小平、黎夏、陈逸敏等，2010，《基于多智能体的居住区位空间选择模型》，《地理学报》第 6 期。

〔德〕廖什，2013，《经济空间秩序》，王守礼译，商务印书馆。

龙瀛、张宇、崔承印，2012，《利用公交刷卡数据分析北京职住关系和通勤出行》，《地理学报》第 10 期。

路江涌、陶志刚，2007，《我国制造业区域集聚程度决定因素的研究》，《经济学》（季刊）第 3 期。

陆毅、李冬娅、方琦璐、陈熹，2010，《产业集聚与企业规模——来自中国的证据》，《管理世界》第 8 期。

栾峰、王怀、安悦，2013，《上海市属创意产业园区的发展历程与总体空间分布特征》，《城市规划学刊》第 2 期。

罗勇、曹丽莉，2005，《中国制造业集聚程度变动趋势实证研究》，《经济研究》第 8 期。

吕卫国、陈雯，2009，《制造业企业区位选择与南京城市空间重构》，《地理学报》第 2 期。

马仁锋，2014，《中国长江三角洲城市群创意产业发展趋势及效应分析》，《长江流域资源与环境》第 1 期。

孟晓晨、王滔、王家莹，2011，《北京市制造业和服务业空间组织特征与类型》，《地理科学进展》第 2 期。

聂辉华、江艇、杨汝岱，2012，《中国工业企业数据库的使用现状和潜在问题》，《世界经济》第 5 期。

潘峰华、夏亚博、刘作丽，2013，《区域视角下中国上市企业总部的迁址研究》，《地理学报》第 4 期。

彭向、蒋传海，2011，《产业集聚、知识溢出与地区创新——基于中国工业行业的实证检验》，《经济学》（季刊）第 3 期。

秦波、王新峰，2010，《探索识别中心的新方法——以上海生产性服务业空间分布为例》，《城市发展研究》第 6 期。

邱灵，2013，《北京市生产性服务业空间结构演化机理研究》，《中国软科学》第 5 期。

申玉铭、邱灵、王茂军等，2007，《中国生产性服务业产业关联效应分析》，《地理学报》第 8 期。

沈坤荣、田源，2002，《人力资本与外商直接投资的区位选择》，《管理世界》第 11 期。

石榴花，2012，《北京市星级酒店空间分布研究》，硕士学位论文，北京师范大学。

隋正伟、邬伦、刘瑜，2013，《基于签到数据的城市间交互网络研究》，《地理与地理信息科学》第 6 期

王波、甄峰、魏宗财，2014，《南京市区活动空间总体特征研究——基于大数据的实证分析》，《人文地理》第 3 期。

王德、王灿、谢栋灿等，2015，《基于手机信令数据的上海市不同等级商业中心商圈的比较——以南京东路、五角场、鞍山路为例》，《城市规划学刊》第 3 期。

王德、钟炜菁、谢栋灿等，2015，《手机信令数据在城市建成环境评价中的应用——以上海市宝山区为例》，《城市规划学刊》第 5 期。

王缉慈等，2001，《创新的空间》，北京大学出版社。

王俊松，2011，《集聚经济与中国制造业新企业区位选择》，《哈尔滨工业大学学报》（社会科学版）第 6 期。

王录仓、严翠霞、李巍，2017，《基于新浪微博大数据的旅游流时空特征研究——以兰州市为例》，《旅游学刊》第 5 期。

王铮、毛可晶、刘筱等，2006，《高技术产业聚集区形成的区位因子分析》，《地理学报》第 4 期。

王铮、杨念、何琼等，2007，《IT 产业研发枢纽形成条件研究及其应用》，《地理研究》第 4 期。

〔德〕韦伯，2009，《工业区位论》，李刚剑等译，商务印书馆。

魏心镇、王缉慈，1993，《新的产业空间：高技术产业开发区的发展与布局》，北京大学出版社。

文东伟、冼国明，2014，《中国制造业产业集聚的程度及其演变趋势：1998～2009 年》，《世界经济》第 3 期。

吴爱芝、孙铁山、李国平，2013，《中国纺织服装产业的空间集聚与区域转移》，《地理学报》第 6 期。

吴京生，2008，《高科技产业园区区位选择影响因素研究》，《科技进步与对策》第 3 期。

吴良镛，2007，《新形势下北京规划建设战略的思考》，《北京规划建

设》第 2 期。

吴培新，1995a，《经济增长理论的突破性进展（上）——评卢卡斯〈论经济发展的机制〉》，《外国经济与管理》第 4 期。

吴培新，1995b，《经济增长理论的突破性进展（下）——评卢卡斯〈论经济发展的机制〉》，《外国经济与管理》第 5 期。

吴三忙、李善同，2010，《中国制造业地理集聚的时空演变特征分析：1980～2008》，《财经研究》第 10 期。

吴玉鸣、徐建华，2004，《中国区域经济增长集聚的空间统计分析》，《地理科学》第 6 期。

武晓霞、梁琦，2014，《集聚经济的空间演变及产业结构升级效应——基于长三角服务业的分析》，《南京审计学院学报》第 5 期。

Wong、Lee，2008，《ArcView GIS 与 ArcGIS 地理信息统计分析》，张学良译，中国财政经济出版社。

〔美〕熊彼特，1990，《经济发展理论》，何畏、易家详译，商务印书馆。

〔美〕熊彼特，1999，《资本主义、社会主义与民主》，吴良健等译，商务印书馆。

〔美〕熊彼特，2002，《经济发展理论》，何畏等译，商务印书馆。

许学强、周一星、宁越敏，2009，《城市地理学》，高等教育出版社。

许泽宁、高晓路，2016，《基于电子地图兴趣点的城市建成区边界识别方法》，《地理学报》第 6 期。

阎小培，1996，《信息产业的区位因素分析》，《经济地理》第 1 期。

杨宝良，2003，《外部经济与产业地理集聚　一个基本理论逻辑及对我国工业经济的实证研究》，《世界经济文汇》第 6 期。

杨振山、龙瀛、Nicolas Douay，2015，《大数据对人文—经济地理学研究的促进与局限》，《地理科学进展》第 4 期。

尹芹、孟斌、张丽英，2016，《基于客流特征的北京地铁站点类型识别》，《地理科学进展》第 1 期。

于伟、王恩儒、宋金平，2012，《1984 年以来北京零售业空间发展趋势与特征》，《地理学报》第 8 期。

余珮、孙永平，2011，《集聚效应对跨国公司在华区位选择的影响》，《经济研究》第 1 期。

俞孔坚，2001，《高科技园区景观设计》，中国建筑工业出版社。

袁海红、张华、曾洪勇，2014，《产业集聚的测度及其动态变化——基于北京企业微观数据的研究》，《中国工业经济》第 9 期。

张诚、赵奇伟，2008，《中国服务业外商直接投资的区位选择因素分析》，《财经研究》第 12 期。

张华、贺灿飞，2007，《区位通达性与在京外资企业的区位选择》，《地理研究》第 5 期。

张景秋、陈叶龙，2011，《北京城市办公空间的行业分布及集聚特征》，《地理学报》第 10 期。

张景秋、贾磊、孟斌，2010，《北京城市办公活动空间集聚区研究》，《地理研究》第 4 期。

张俊妮、陈玉宇，2006，《产业集聚、所有制结构与外商投资企业的区位选择》，《经济学》（季刊）第 4 期。

张天然，2016，《基于手机信令数据的上海市域职住空间分析》，《城市交通》第 1 期。

张文忠，1999，《大城市服务业区位理论及其实证研究》，《地理研究》第 3 期。

张文忠，2000，《经济区位论》，科学出版社。

张晓平、孙磊，2012，《北京市制造业空间格局演化及影响因子分析》，《地理学报》第 10 期。

赵浚竹、孙铁山、李国平，2014，《中国汽车制造业集聚与企区位选择》，《地理学报》第 6 期。

赵鹏军、李铠，2014，《大数据方法对于缓解城市交通拥堵的作用的理论分析》，《现代城市研究》第 10 期。

郑国、周一星，2005，《北京经济技术开发区对北京郊区化的影响研究》，《城市规划学刊》第 6 期。

曾鹏、曾坚、蔡良娃，2009，《当代创新空间的场所类型及其演化发展》，《建筑学报》第 11 期。

周黎安、张维迎、顾全林等，2007，《企业生产率的代际效应和年龄效应》，《经济学》（季刊）第 4 期。

Alan, E. 2010. "The Development of Urban Economics in the Twentieth Century." *Regional Studies* 5: 521 –529.

Alonso, W. 1964. *Location and Land Use*. Cambridge: Harvard University. Press.

Arrow, K. J. 1961. "The Economic Implications of Learning by Doing." *Review of Economic Studies* 29: 155 –173.

Barlet, M. , Briant, A. , and Crusson, L. 2013. "Location Patterns of Service Industries in France: A Distance-based Approach." *Regional Science and Urban Economics* 43: 338 –351.

Barrios, S. , Bertinelli, L. , Stobl, E. 2006. "Coagglomeration and Spillovers." *Regional Science and Urban Economics* 36: 467 –481.

Blair, J. P. , Premus, R. 1987. "Major Factors in Industrial Location: A Review." *Economic Development Quarterly* 1: 72 –85.

Burgess, E. W. 1925. "The Growth of the City." *In the City*, edited by Park, R. E. , Burgess, E. W. and Mckenzie, R. D. , pp. 47 – 62. Chicago: University of Chicago Press.

Carlton, D. W. 1979. *Why New Firms Locate Where They Do: An Econometric Model*. Cambridge, MA: Joint Center for Urban Studies of MIT and Harvard University.

Cheng, S. , Stough, R. R. 2006. "Location Decisions of Japanese New Manufacturing Plants in China: A Discrete-choice Analysis." *The Annals of Regional Science* 2: 369 –387.

Clark, C. 1951. "Urban Population Densities." *Journal of the Royal*

Statistical Society (*Series A*) 114: 490 – 496.

Clark, G. L., Gertler, M. S., and Feldman, M. P. 2003. *The Oxford Handbook of Economic Geography.* Oxford: Oxford University Press.

Clark, P. J., Evans, F. C. 1954. "Distance to Nearest Neighbor as a Measure of Spatial Relationships in Populations." *Ecology* 4: 445 – 453.

Cliff, A. D., and Ord, J. K. 1981. *Spatial Processes: Models and Applications.* London: Taylor & Francis.

Coase, R. H. 1937. "The Nature of the Firm." *Economica* 4: 386 – 405.

Coase, R., Dorfman, N. 1972. "Problem of Social Cost." *Economics of the Environment*, edited by Robert N. Stavins, pp. 100 – 129. WW Norton and Co. Inc.

Craig, S. G., Ng, P. T. 2001. "Using Quantile Smoothing Splines to Identify Employment Subcenters in a Multicentric Urban Area." *Journal of Urban Economics* 49: 100 – 120.

Dahl, M. S., Pedersen, C. R. 2004. "Knowledge Flows through Informal Contacts in Industrial Clusters: Myth or Reality? ." *Research Policy* 10: 1673 – 1686.

Diamond, C., Simon, C. 1990. "Industrial Specialization and the Returns to Labor." *Journal of Labor Economics* 8: 175 – 201.

Duranton, G., and Overman, H. G. 2005. "Testing for Localization Using Micro-geographic Data." *Review of Economic Studies* 72: 1077 – 1106.

Ellison, G., Glaeser, E. 1997. "Geographic Concentration in U. S. Manufacturing Industries: A Dartboard Approach." *Journal of Political Economy* 105: 889 – 927.

Ellison, G., Glaeser, E. L. 1994. "Geographic Concentration in US Manufacturing Industries: A Dartboard Approach." *National Bureau of Economic Research.*

Ellison, G., Glaeser, E. L. 1999. "The Geographic Concentration of

Industry: Does Natural Advantage Explain Agglomeration? . " *American Economic Review* 2: 311 – 316.

Ellison, G., Glaeser, E. L., Kerr, W. R. 2010. "What Causes Industry Agglomeration? Evidence from Coagglomeration Patterns." *American Economic Review* 3: 1195 – 1213.

Feldman, M. P., Florida, R. 1994. "The Geographic Sources of Innovation: Technological Infrastructure and Product Innovation in the United States." *Annals of the Association of American Geographers* 2: 210 – 229.

Feng, J., Wang, F., Zhou, Y. 2009. "The Spatial Restructuring of Population in Metropolitan Beijing: Toward Polycentricity in the Post-reform Era." *Urban Geography* 7: 779 – 802.

Florida, R. 2002. "The Rise of the Creative Class." *The Washington Monthly* 5: 15 – 25.

Gertler, M. S. 2003. "Tacit Knowledge and the Economic Geography of Context, or the Undefinable Tacitness of Being (There)." *Journal of Economic Geography* 1: 75 – 99.

Giuliano, G., Redfearn, C., Agarwal, A., Li, C., Zhuang, D. 2007. "Employment Concentrations in Los Angeles, 1980 – 2000." *Environment and Planning A* 39: 2935 – 2957.

Giuliano, G., Small, K. A. 1991. "Subcenters in the Los Angeles Region." *Regional Science and Urban Economics* 21: 163 – 182.

Glaeser, E. 2005. "Review of Richard Florida's the Rise of the Creative Class." *Regional Science and Urban Economics* 5: 593 – 596.

Glaeser, E. L., Kallal, H. D., Scheinkman J. A., et al. 1991. "Growth in Cities." *National Bureau of Economic Research*.

Head, C. K., Ries, J. C., Swenson, D. L. 1999. "Attracting Foreign Manufacturing: Investment Promotion and Agglomeration." *Regional Science and Urban Economics* 29 (2): 197 – 218.

Henderson, J. 1986. "Efficiency of Resource Usage and City Size." *Journal of Urban Economies* 19: 47 – 70.

Holmes, T., Stevens, J. 2002. "Geographic Concentration and Establishment Scale." *The Review of Economics and Statistics* 84: 682 – 690.

Hotelling, H. 1929. "Stability in Competition." *Economic Journal* 39: 41 – 57.

Howells, J. R. L. 2002. "Tacit Knowledge, Innovation and Economic Geography." *Urban Studies* 39: 871 – 884.

Hsieh, C. T., Klenow, P. J. 2009. "Misallocation and Manufacturing TFP in China and India." *The Quarterly Journal of Economic* 4: 1403 – 1448.

Huang, H., Wei, Y. H. D. 2014. "Intra-metropolitan Location of Foreign Direct Investment in Wuhan, China: Institution, Urban Structure, and Accessibility." *Applied Geography* 47: 78 – 88.

Jacobs, J. 1969. *The Economy of Cities*. New York: Vintage Books.

Jacobs, W., Koster, H. R. A., Van Oort, F. 2014. "Coagglomeration of Knowledge-intensive Business Services and Multinational Enterprises." *Journal of Economic Geography* 14: 443 – 475.

Kemper, P., Schmenner, R. 1974. "The Density Gradient for Manufacturing Industry." *Journal of Urban Economics* 1: 410 – 427.

Kolko, J. 2007. "Agglomeration and Co-agglomeration of Services Industries." *Public Policy Institute of California*.

Krugman, P. 1991. *Geography and Trade*. Cambridge, MA: MIT Press.

Krugman, P. 1999. *The Spatial Economy: Cities, Regions, and International Trade*. Cambridge, MA: MIT Press.

Kulldorff, M. 1998. "Statistical Methods for Spatial Epidemiology: Tests for Randomness." *GIS and Health*, edited by Löytönen, M., Gatrell, A., pp. 49 – 62. London: Taylor & Francis

Leslie, T. F. 2010. "Identification and Differentiation of Urban Centers in

Phoenix through a Multi-criteria Kernel-density Approach. " *International Regional Science Review* 2: 205 – 235.

Li, J. , Zhang, W. , Chen, H. , et al. 2005. "The Spatial Distribution of Industries in Transitional China: A Study of Beijing. " *Habitat International* 49: 33 – 44

Luce, R. D. 1959. "On the Possible Psychophysical Laws. " *Psychological Review* 2: 81 – 95.

Marcon, E. , and Puech, F. 2003. "Evaluating the Geographic Concentration of Industries Using Distance-based Methods. " *Journal of Economic Geography* 3: 409 – 428.

Marcon, E. , and Puech, F. 2009. "Measures of the Geographic Concentration of Industries: Improving Distance-based Methods. " *Journal of Economic Geography* 5: 745 – 762.

Marschak, M. 1960. "A Method for Evaluating Child-parent Interaction under Controlled Conditions. " *The Journal of Genetic Psychology* 97: 3 – 22.

Marshall, A. 1890. *Priniciples of Economics: An Introductory Volume.* Macmillan, London.

Maurel, F. , Sedillot, B. 1999. "A Measure of the Geographic Concentration in French Manufacturing Industries. " *Regional Science and Urban Economics* 29: 575 – 604.

McFadden, D. 2001. "Economic Choices . " *American Economic Review* 3: 351 – 378.

McGee, T. G. 1967. *The Southeast Asian City: A Social Geography of the Primate Cities of Southeast Asia.* London: Bell and Sons Ltd.

McMillen, D. P. , Smith, S. C. 2003. "The Number of Subcenters in Large Urban Areas. " *Journal of Urban Economics* 53: 321 – 338.

Mensch, G. 1979. *Stalemate in Technology: Innovations Overcome the Depression.* Pensacola: Ballinger Pub Co.

Mitchell, J. 1999. *E-topia: Urban Life, Jim—But Not as We Know It.* Cambridge, MA: MIT Press.

Morgan, K. 2004. "The Exaggerated Death of Geography: Learning, Proximity and Territorial Innovation Systems." *Journal of Economic Geograph* 1: 3 −21.

Mucchielli, J. L., Puech, F. 2003. "Internationalisation et Localisation des Firmes Multinationales: L'exemple des Entreprises Françaises en Europe." *Economie et Statistique* 1: 129 − 144.

Openshaw, S. 1984. *The Modifiable Areal Unit Problem, Concepts and Techniques in Modern Geography.* Norwich: Geo Books.

Openshaw, S., Taylor, P. 1979. "A Million or so Correlation Coefficients: Three Experiments on the Modifiable Area Unit Problem." *Statistical Applications in the Spatial Sciences*, edited by Wrigley N., pp. 127 − 144. London: Pion Ltd.

Polanyi, M. 1961. "Knowing and Being." *Mind* 70: 458 − 470.

Porter, M. E. 1990. "The Competitive Advantage of Nations." *Competitive Intelligence Review* 1: 74 −91.

Rogers, E. M., Larsen, J. K. 1984. *Silicon Valley Fever: Growth of High-technology Culture.* New York: Basic Books (AZ).

Pomer, P. M. 1990. "Endogenous Technological Change." *Journal of Political Economy*: S71 − S102.

Rosenthal, S. S., Strange, W. C. 2004. "Evidence on the Nature and Sources of Agglomeration Economies." *Handbook of Regional and Urban Economics* 4: 2119 −2171.

Roth, C., Kang, S. M., Batty, M., et al. 2011. "Structure of Urban Movements: Polycentric Activity and Entangled Hierarchical Flows." *PloS One* 6: e15923.

Shearmur, R., Coffey, W., Dube, C., Barbonne, R. 2007. "Intrametropolitan Employment Structure: Polycentricity, Scatteration, Dispersal and Chaos in Toronto, Montreal and Vancouver, 1996 − 2001." *Urban Studies*

44： 1713 – 1738.

Silverman, B. W. 1986. *Density Estimation for Statistics and Data Analysis*. Florida： CRC Press.

Singelmann, J. 1978. *From Agriculture to Service： The Transformation of Industvial Employment*. Beverly Hills： Cage Publication.

Song, Z., Storesletten, K., Zilibotti, F. 2011. "Growing Like China." *The American Economic Review* 1： 196 – 233.

Stephen, B. B., Erik, B. J. 2016. "Agglomeration within an Urban Area." *Journal of Urban Economics* 91： 13 – 25.

Sun, L., Axhausen, K. W., Lee, D. H., et al. 2014. "Efficient Detection of Contagious Outbreaks in Massive Metropolitan Encounter Networks." *Scientific Reports* 4： 5099.

Tao, S., Corcoran, J., and Mateo-Babiano, I., et al. 2014. "Exploring Bus Rapid Transit Passenger Travel Behaviour Using Big Data." *Applied Geography* 53： 90 – 104.

Thurstone, L. 1927. "A Law of Comparative Judgment." *Psychological Review* 34： 278 – 286.

Train K. 1986. *Qualitative Choice Analysis： Theory, Econometrics, and an Application to Automobile Demand*. Cambridge, MA： MIT Press.

Vedovello, C. 1997. "Science Parks and University-industry Interaction： Geographical Proximity between the Agents as a Driving Force." *Technovatio* 9： 491 – 531.

Wei, Y. H. D., Leung, C. K., Li, W. M., Pan, R. 2008. "Institutions, Location, and Networks of Multinational Enterprises in China： A Case Study of Hangzhou." *Urban Geography* 29： 639 – 661.

Wu, F. 1999. "Intrametropolitan FDI Firm Location in Guangzhou, China a Poisson and Negative Binomial Analysis." *The Annals of Regional Science* 33： 535 – 555.

Zhong, C. , Arisona, S. M. , Huang, X. , et al. 2014. "Detecting the Dynamics of Urban Structure through Spatial Network Analysis." *International Journal of Geographical Information Science* 11：2178 – 2199.

Zhou, Y. , Ma, L. J. 2000. "Economic Restructuring and Suburbanization in China." *Urban Geography* 21：205 – 236.

Zhou, J. , Murphy, E. , and Long, Y. 2014. "Visualizing the Minimum Solution of the Transportation Problem of Linear Programming (TPLP) for Beijing's Bus Commuters." *Environment & Planning A* 46：2051 – 2054.

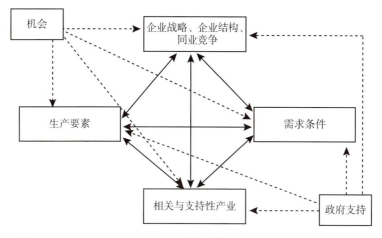

图 2-1　钻石模型

资料来源：Porter（1990）。

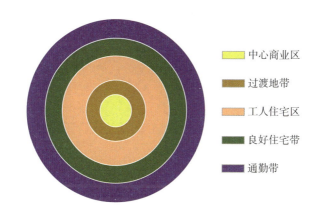

中心商业区
过渡地带
工人住宅区
良好住宅带
通勤带

图 2-2　同心圆式城市空间结构

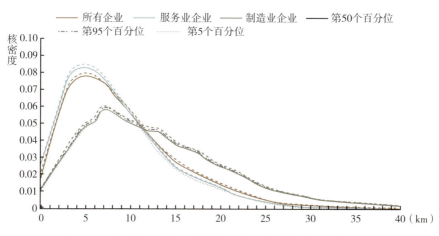

图 2-3　杭州所有企业、服务业企业、制造业企业总体空间分布

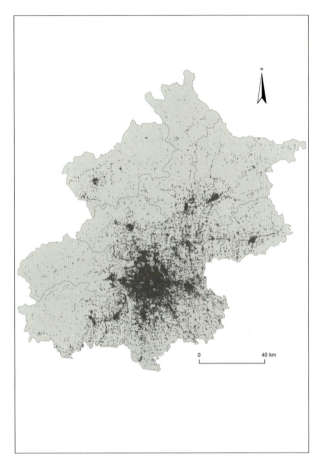

图 2-4　2013年北京企业空间分布

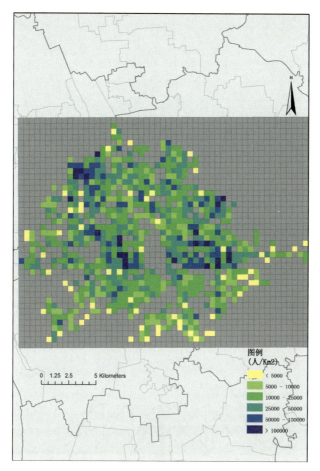

图例
（人/Km2）

- < 5000
- 5000 - 10000
- 10000 - 25000
- 25000 - 50000
- 50000 - 100000
- > 100000

0 1.25 2.5   5 Kilometers

图 2-5　北京中心大团区域从业人员的分布特征

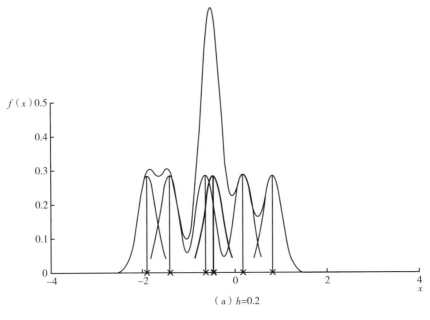

（a）h=0.2

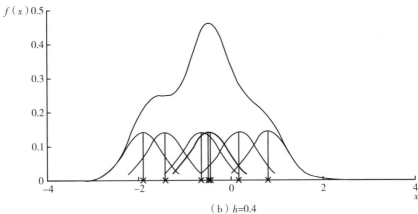

（b）h=0.4

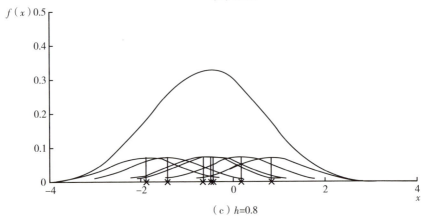

（c）h=0.8

图 2-6　不同带宽的核密度估计结果比较

资料来源：Silverman（1986）。

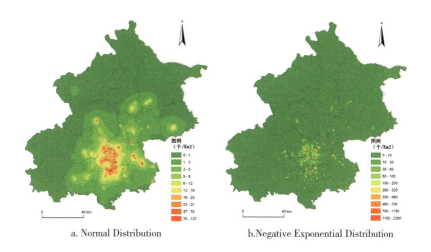

a. Normal Distribution　　　　　　　　　b.Negative Exponential Distribution

图 2-7　两种核函数空间平滑结果对比

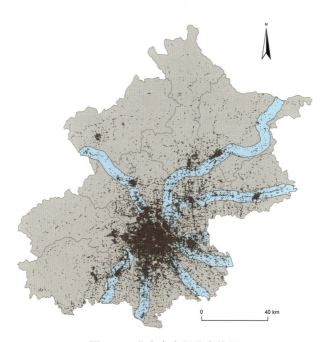

图 3-1　北京市空间分布格局

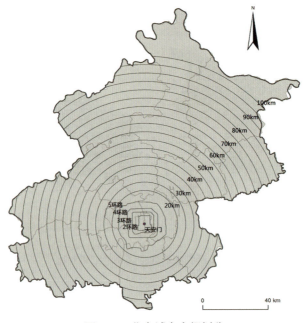

图 3-2　北京城市空间划分

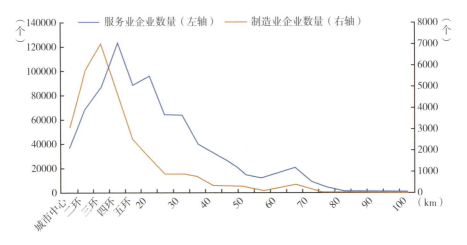

图 3-3　制造业和服务业两大类产业空间分布状况

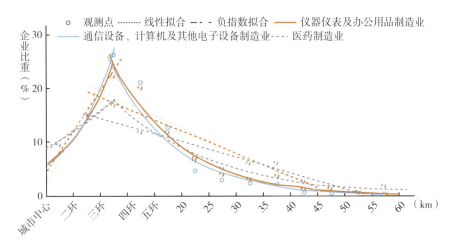

图 3-4　高科技制造业企业空间分布拟合

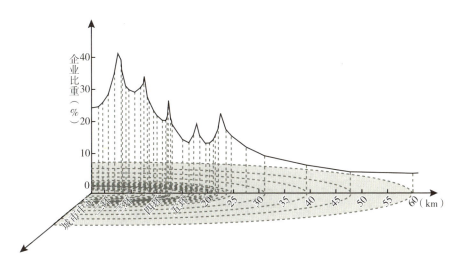

　　从城市中心向外围的行业依次为：住宿业，餐饮业，新闻出版业，证券业，航空运输业，水上运输业，保险业，其他金融活动，地质勘查业，商务服务业，广播、电视、电影和音像业，专业技术服务业，软件业，计算机服务业，铁路运输业，通信设备、计算机及其他电子设备制造业，仪器仪表及办公用品制造业，研究与试验，科技交流和推广服务业，印刷和记录媒介复制业，仓储业，道路运输业，纺织服装、鞋、帽制造业，皮革、毛皮、羽毛（绒）及其制品业，电器机械及器材制造业，通用设备制造业，专用设备制造业，交通运输设备制造业，造纸及其制品业，黑色金属冶炼及压延工业，文教体育用品制造业，食品制造业，化学原料及化学制品制造业，木材加工及木、藤、棕、草制品业，家具制造业，石油加工、炼焦及核燃料加工业，金属制品业，非金属矿物制品业，农副食品加工业，饮料制造业。

图 3-5　北京市城市产业空间整体格局

注：纵轴表示不同产业在相应区位上的企业比重，横轴表示到城市中心的距离。

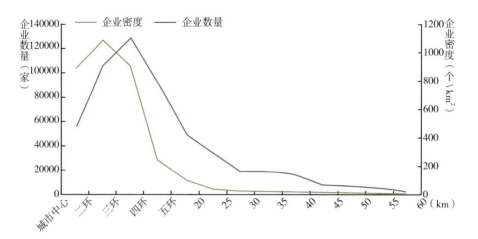

图 3-6　北京各圈层企业数量和企业密度

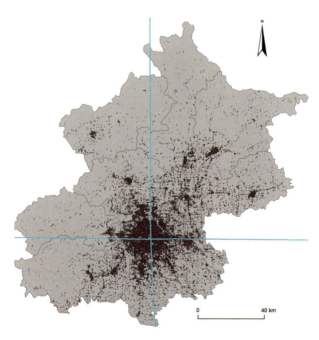

图 3-7　北京分区域企业分布

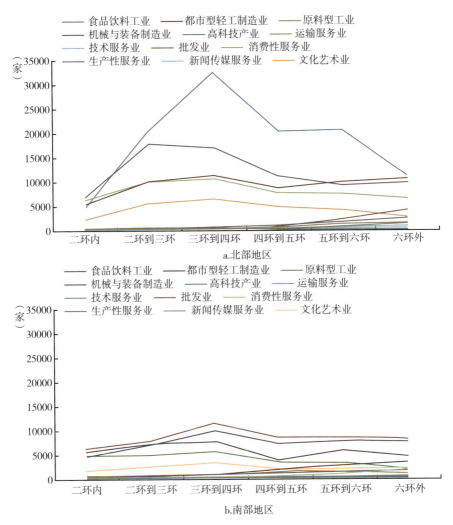

图 3-8　北京分区域各产业企业数量变化趋势

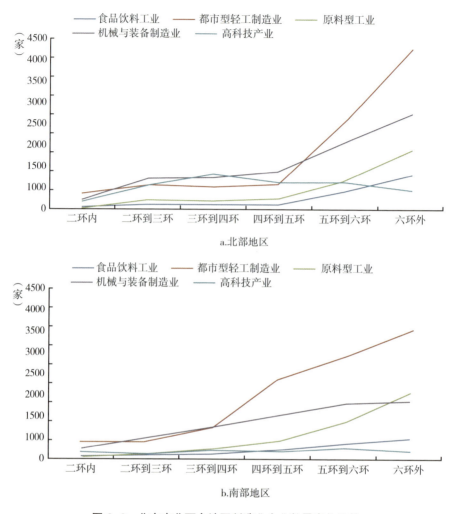

图 3-9 北京南北两个地区制造业企业数量变化趋势

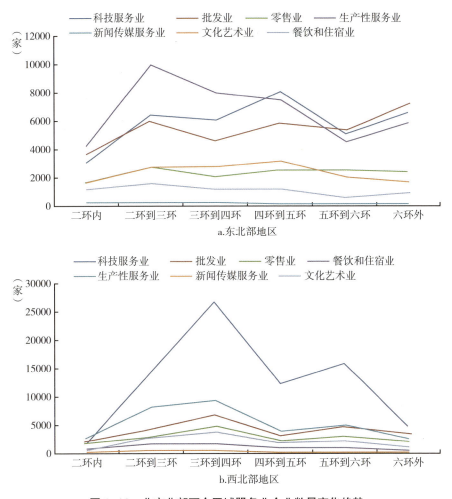

图 3-10　北京北部两个区域服务业企业数量变化趋势

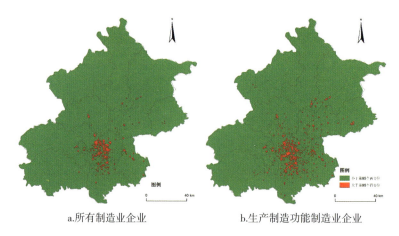

a.所有制造业企业   b.生产制造功能制造业企业

图 4-1　北京生产制造功能制造业企业与所有制造业企业空间分布对比分析

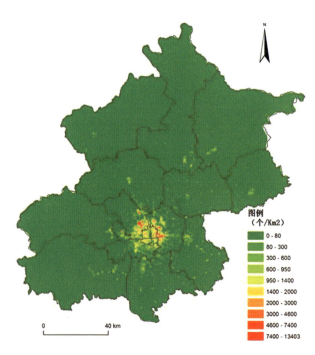

图 4-2　北京所有企业核密度分析

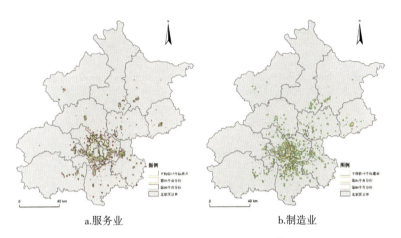

a.服务业   b.制造业

图 4-3   三类门槛值划分结果比较

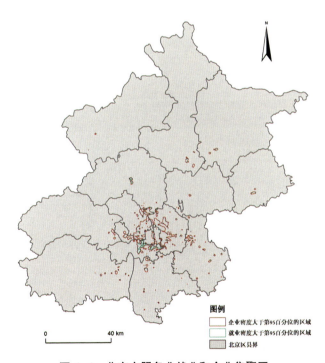

图 4-4   北京市服务业就业和企业集聚区

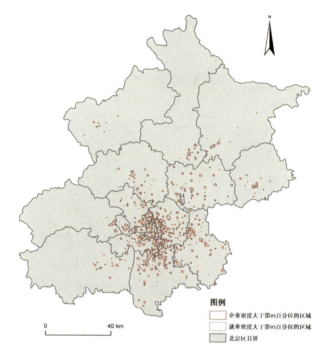

图 4-5　北京市制造业就业和企业集聚区

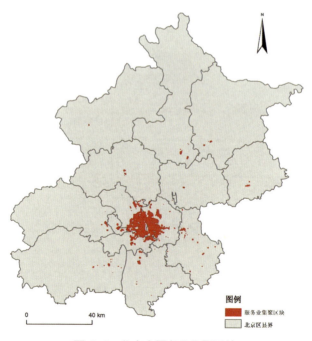

图 4-6　北京市服务业集聚区块

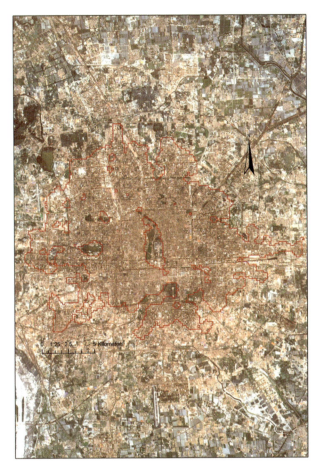

图 4-7　北京市服务业就业和企业集聚区

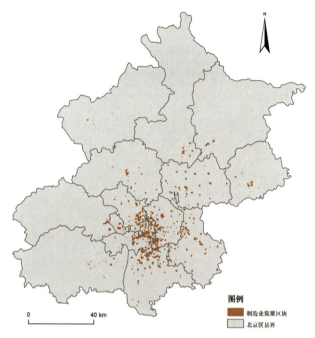

图 4-8　北京市制造业集聚区块

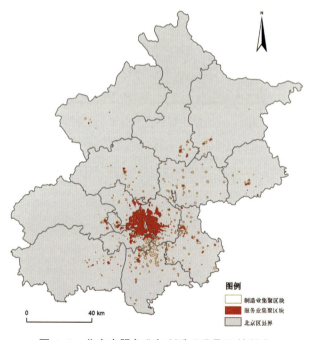

图 4-9　北京市服务业与制造业集聚区块整合

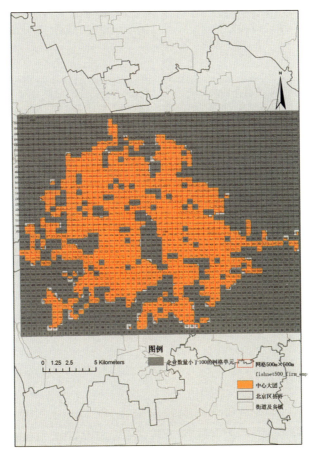

图 4-10　北京服务业中心大团按500m×500m进行网格单元划分

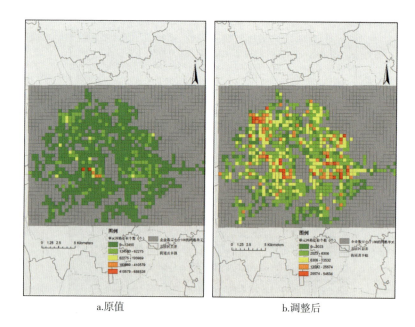

a.原值   b.调整后

图 4-11　北京服务业中心大团数据校核前后结果对比

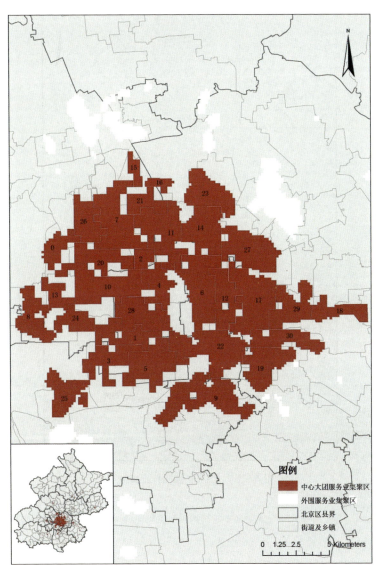

图 4-12　北京中心大团服务业集聚区划分

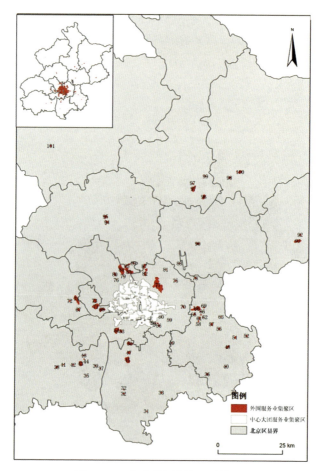

图 4-13　北京外围服务业集聚区

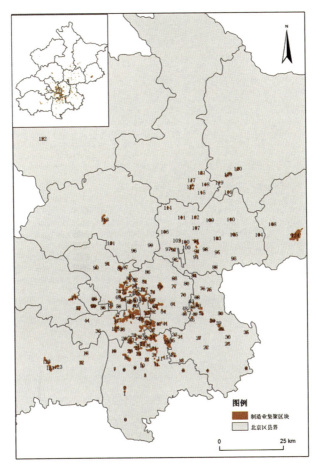

图 4-14 北京制造业集聚区

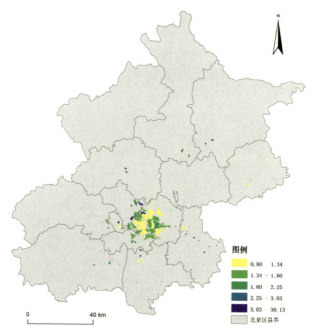

图例

- 0.80 — 1.34
- 1.34 — 1.80
- 1.80 — 2.25
- 2.25 — 3.03
- 3.03 — 30.13
- 北京区县界

0　　　　40 km

图 4-15　北京服务业集聚区相对专业化指数

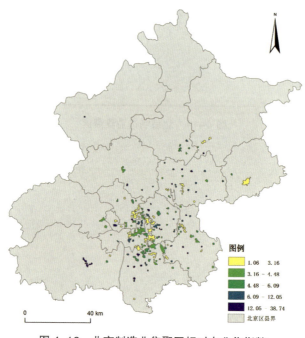

图例

- 1.06 — 3.16
- 3.16 — 4.48
- 4.48 — 6.09
- 6.09 — 12.05
- 12.05 — 38.74
- 北京区县界

0　　　　40 km

图 4-16　北京制造业集聚区相对专业化指数

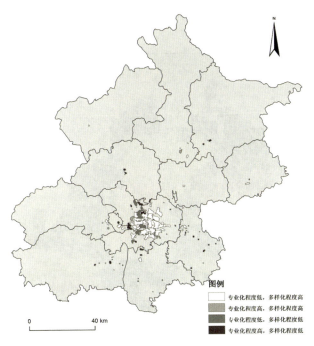

图 4-17　北京服务业集聚区专业化-多样化类型划分

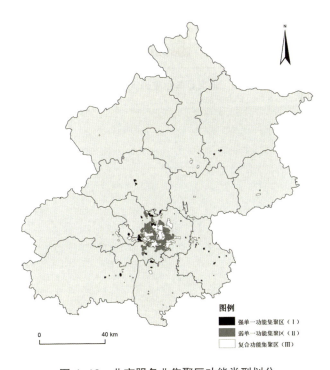

图 4-18　北京服务业集聚区功能类型划分

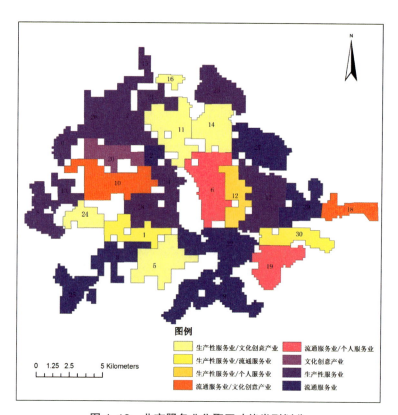

图 4-19 北京服务业集聚区功能类型划分

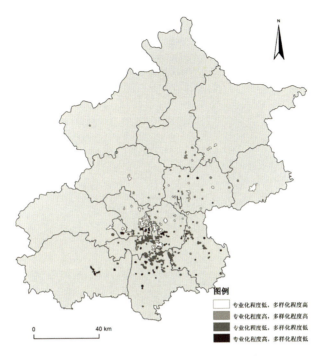

0   40 km

图 4-20 北京制造业集聚区专业化–多样化类型划分

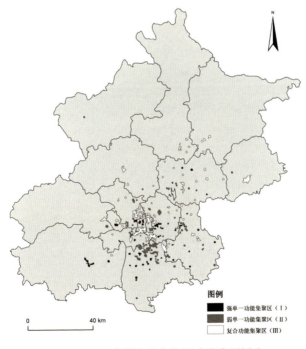

0   40 km

图 4-21 北京服务业集聚区功能类型划分

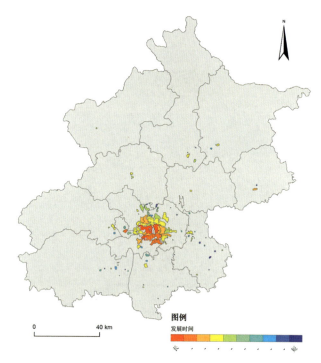

图 4-22　北京服务业集聚区发展时间演变

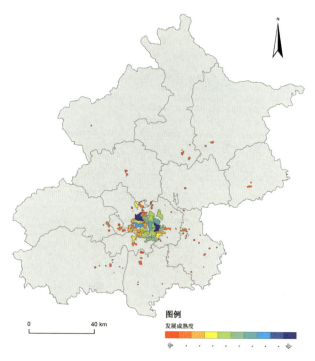

图 4-23　北京服务业集聚区发展成熟度演变

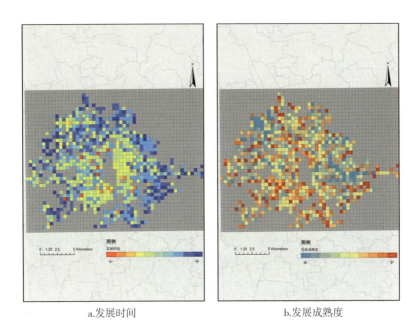

a.发展时间   b.发展成熟度

图 4-24　北京服务业集聚区发展成熟度演变

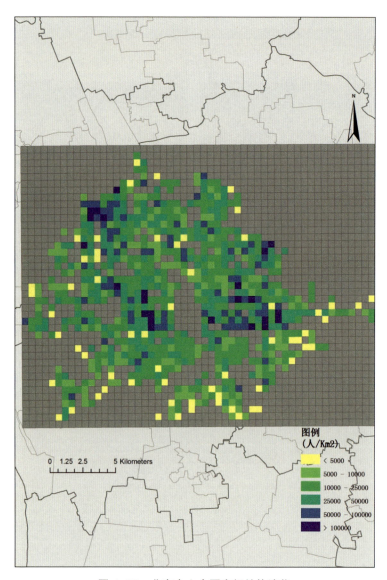

图例
（人/Km2）

	< 5000
	5000 - 10000
	10000 - 25000
	25000 - 50000
	50000 - 100000
	> 100000

0 1.25 2.5   5 Kilometers

图 4-25　北京中心大团空间结构演化

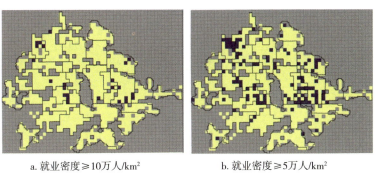

a. 就业密度≥10万人/km²   b. 就业密度≥5万人/km²

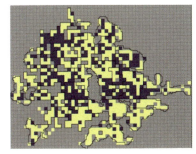 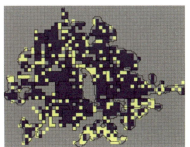

c. 就业密度≥2.5万人/km²   d. 就业密度≥1万人/km²

图 4-26　北京中心大团区域就业密度演变

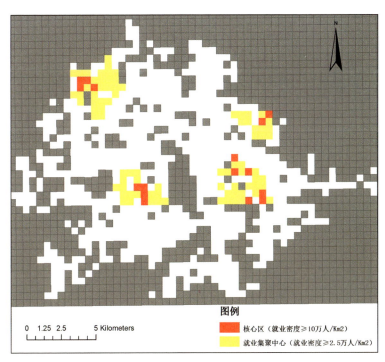

图例

核心区（就业密度≥10万人/Km2）

就业集聚中心（就业密度≥2.5万人/Km2）

0   1.25 2.5   5 Kilometers

图 4-27　北京中心大团四个主要就业集聚中心

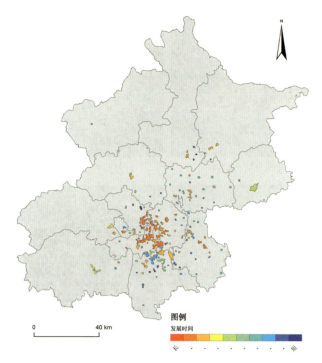

图 4-28　北京制造业集聚区发展时间演变

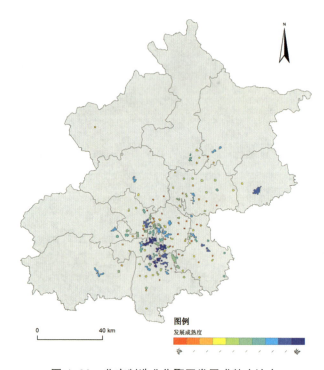

图 4-29　北京制造业集聚区发展成熟度演变

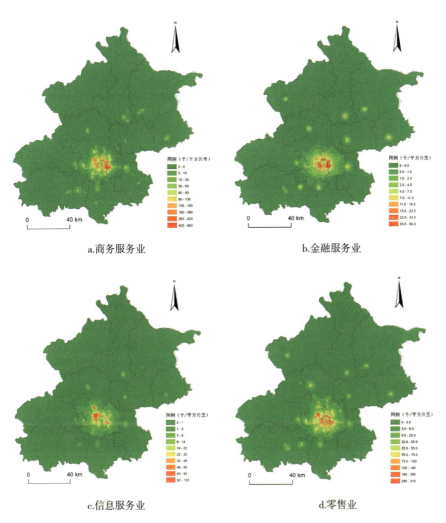

a.商务服务业   b.金融服务业

c.信息服务业   d.零售业

图 5-1 服务业企业密度分布

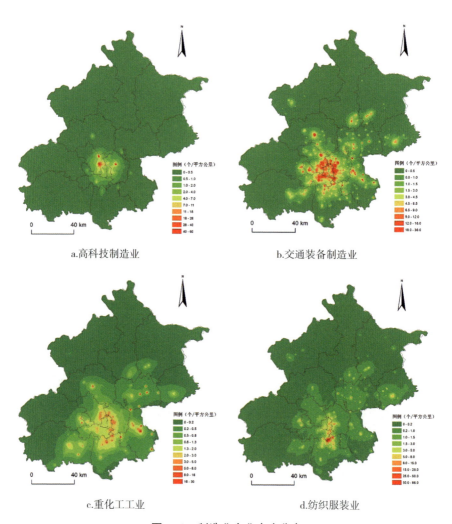

a.高科技制造业

b.交通装备制造业

c.重化工工业

d.纺织服装业

图 5-2　制造业企业密度分布

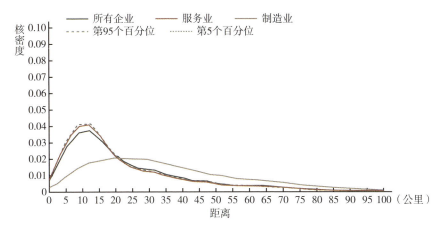

图 5-3　服务业、制造业以及所有企业空间集聚状况比较

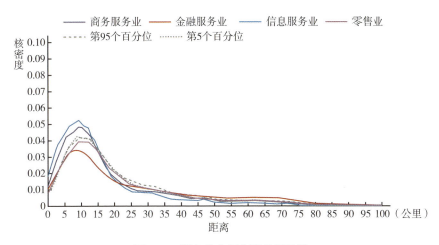

图 5-4　服务业空间集聚状况比较

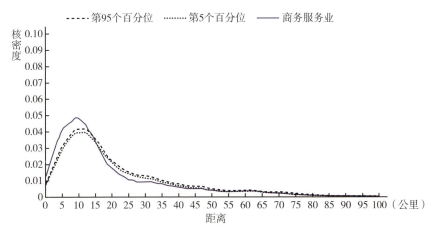

图 5-5　商务服务业空间集聚趋势

033

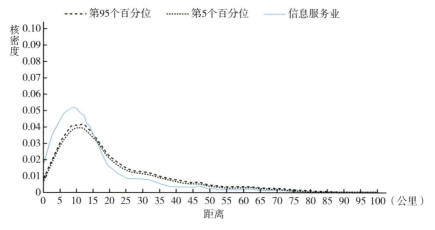

图 5-6　信息服务业空间集聚趋势

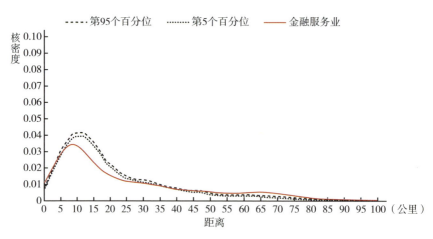

图 5-7　金融服务业空间集聚趋势

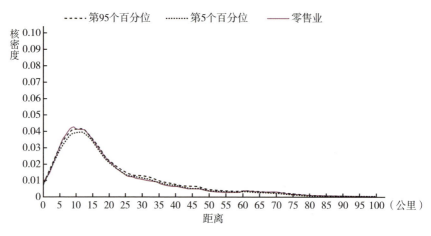

图 5-8　零售业空间集聚趋势

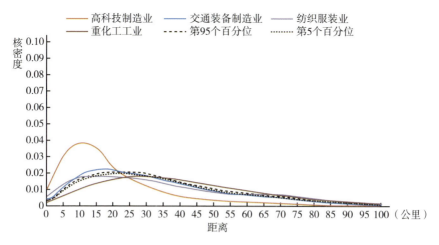

图 5-9　制造业空间集聚状况比较

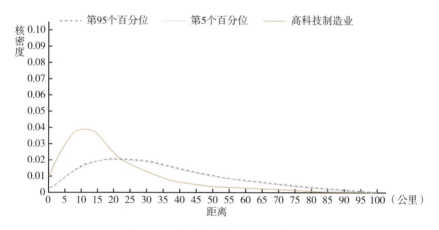

图 5-10　高科技制造业空间集聚趋势

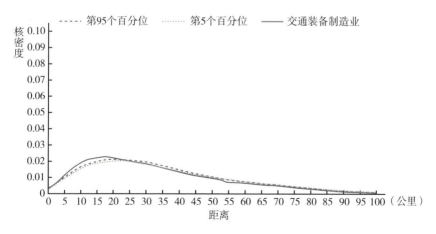

图 5-11　交通装备制造业空间集聚趋势

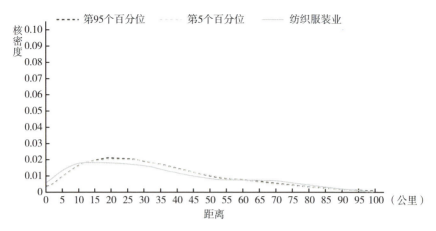

图 5-12　纺织服装业空间集聚趋势

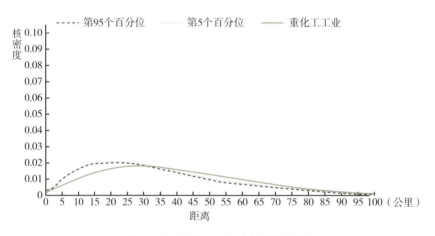

图 5-13　重化工工业空间集聚趋势

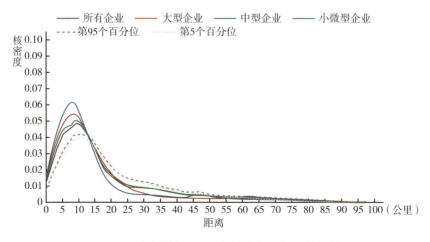

图 5-14　商务服务业不同规模服务业企业集聚特征

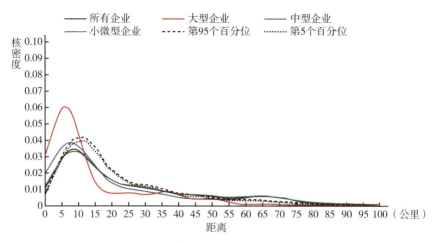

图 5-15　金融服务业不同规模服务业企业集聚特征

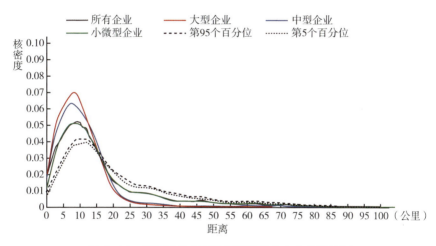

图 5-16　信息服务业不同规模服务业企业集聚特征

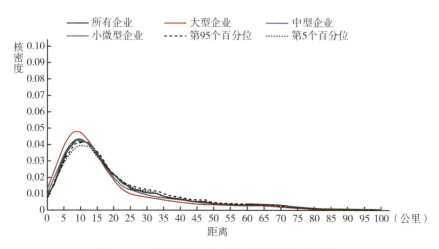

图 5-17　零售业不同规模服务业企业集聚特征

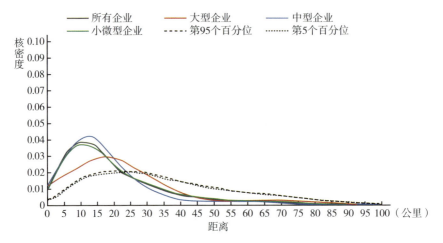

图 5-18　高科技制造业不同规模制造业企业集聚特征

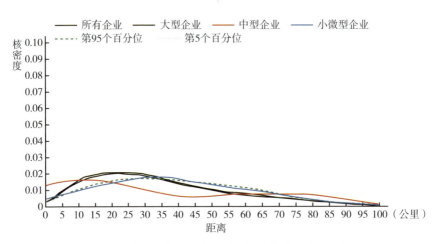

图 5-19　交通装备制造业不同规模制造业企业集聚特征

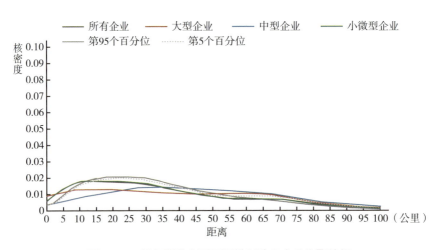

图 5-20　纺织服装业不同规模制造业企业集聚特征

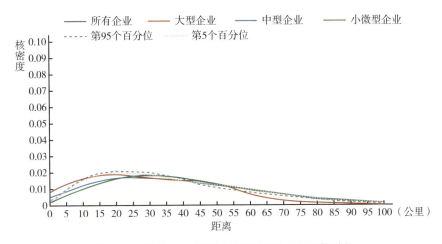

图 5-21　重化工工业不同规模制造业企业集聚特征

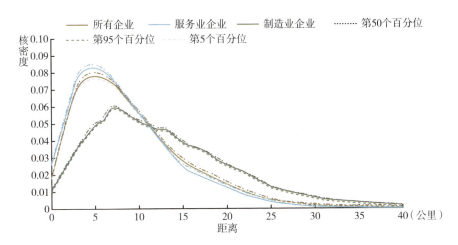

图 5-22　杭州所有企业、服务业企业、制造业企业总体空间分布

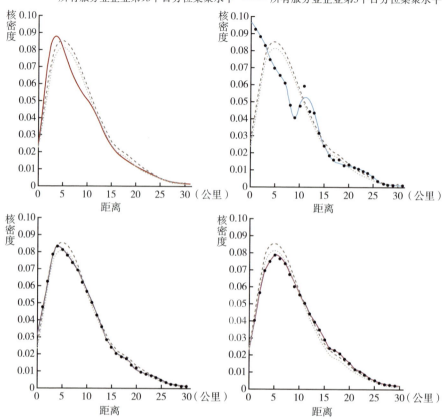

图 5-23　杭州服务业空间分布状况

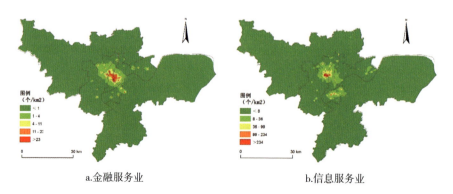

a.金融服务业 　　　　　　　　　　 b.信息服务业

图 5-24　杭州金融服务业和信息服务业的企业密度分布

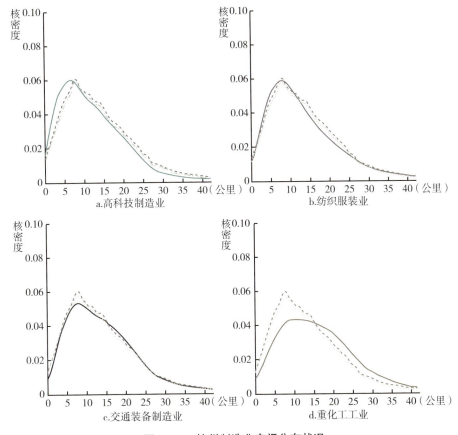

图 5-25　杭州制造业空间分布状况

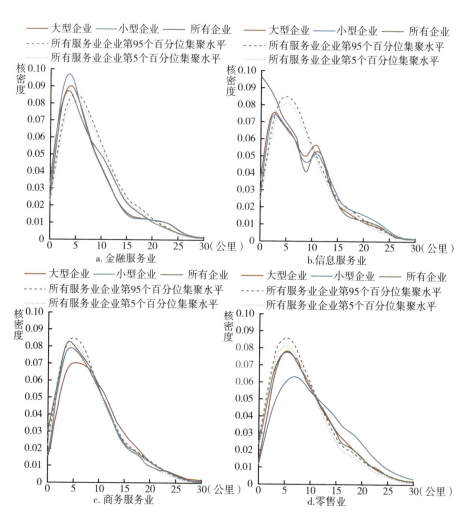

图 5-26　不同规模服务业空间分布状况

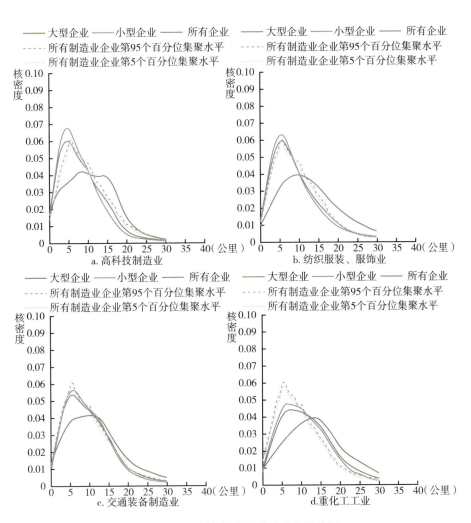

图 5-27　不同规模制造业企业集聚特征

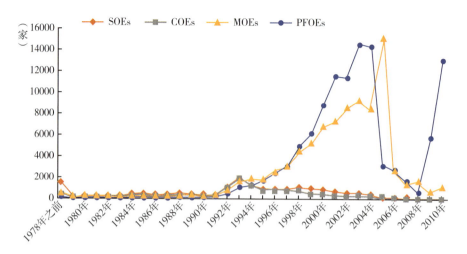

图 6-1　自1978年以来北京各类所有制企业数量变化情况

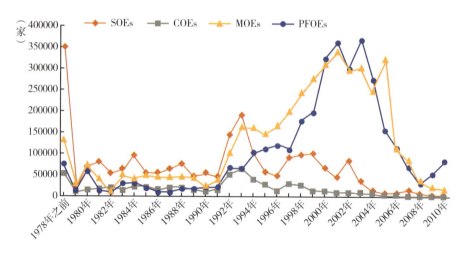

图 6-2　自1978年以来北京各类所有制企业从业人员数量变化情况

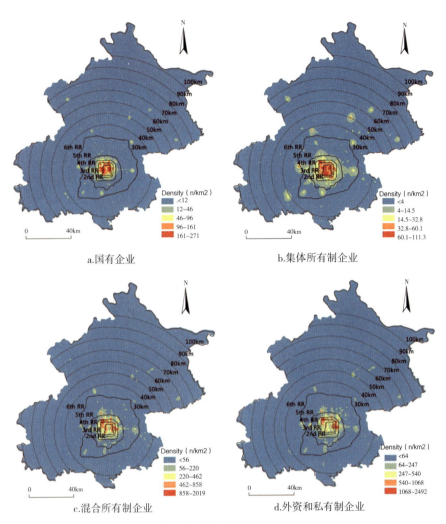

a.国有企业

b.集体所有制企业

c.混合所有制企业

d.外资和私有制企业

图 6-3 四类所有制企业在城市空间中的分布状况

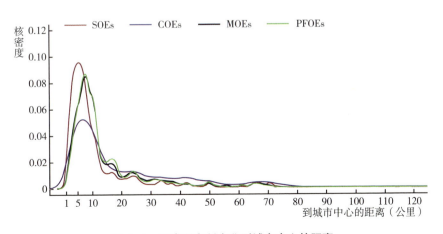

图 6-4 四类所有制企业到城市中心的距离

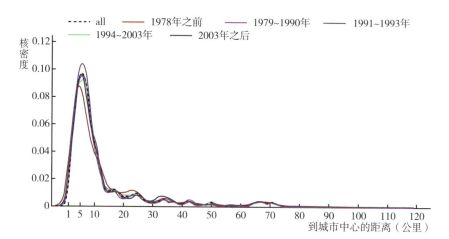

图 6-5 不同时期注册的国有企业到城市中心的距离

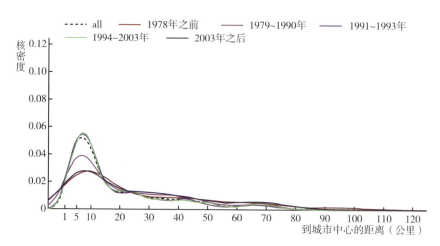

图 6-6 不同时期注册的集体所有制企业到城市中心的距离

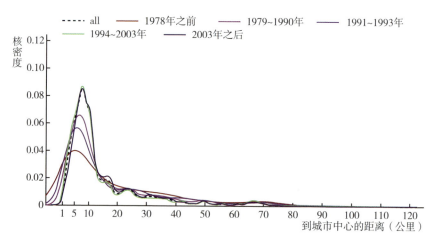

图 6-7 不同时期注册的混合所有制企业到城市中心的距离

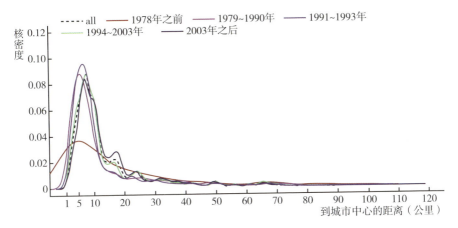

图 6-8　不同时期注册的外资和私有制企业到城市中心的距离

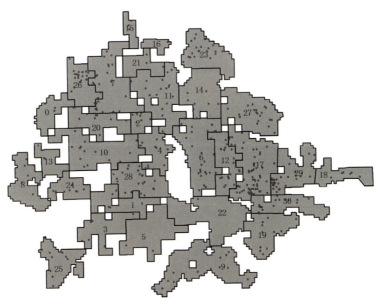

图 7-1　2010年北京中心大团区域新成立企业管理服务业空间分布

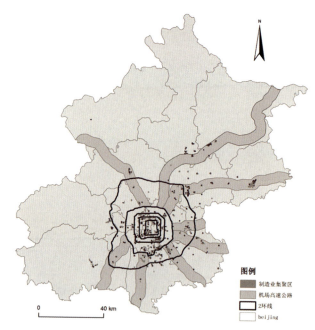

图 7-2　2010年北京交通装备制造业企业空间分布

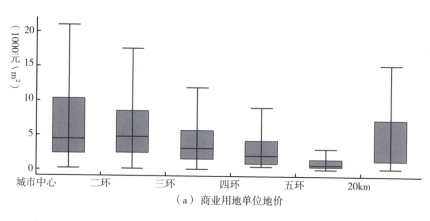

（a）商业用地单位地价

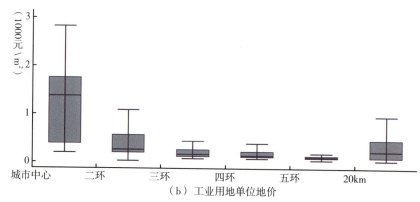

（b）工业用地单位地价

图 7-3　北京不同区域地价变化情况

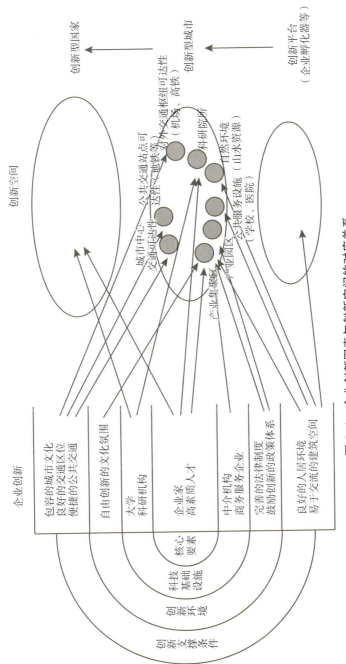

图 8-1　企业创新因素与创新空间的对应关系

049

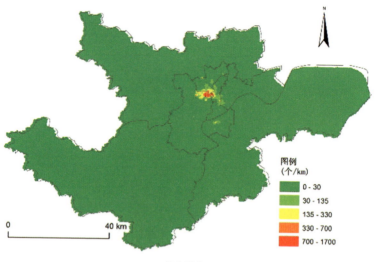

图例
(个/km)
0 - 30
30 - 135
135 - 330
330 - 700
700 - 1700

a.信息服务业

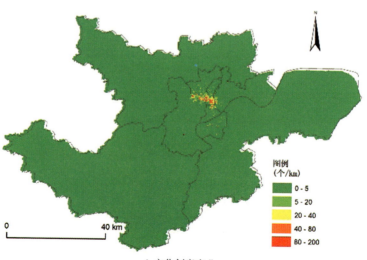

图例
(个/km)
0 - 5
5 - 20
20 - 40
40 - 80
80 - 200

b.文化创意产业

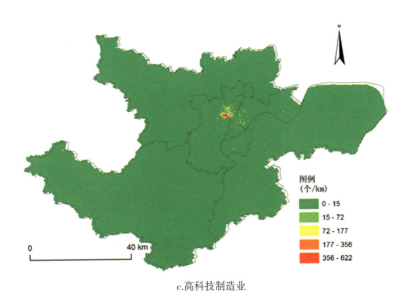

c.高科技制造业

图 8-2 创新型产业空间集聚状况

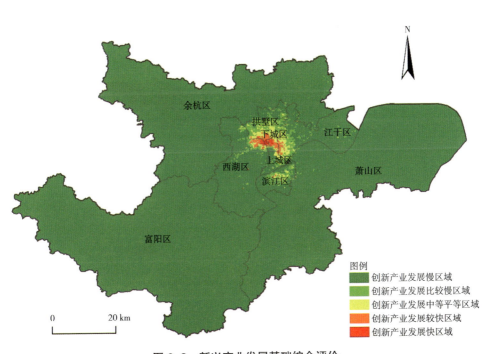

图 8-3 新兴产业发展基础综合评价

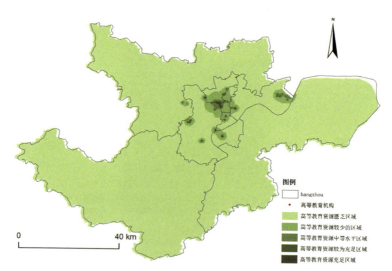

图 8-4 高等教育机构分布及影响区域

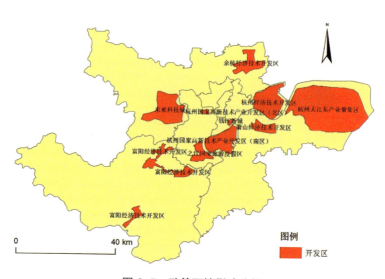

图 8-5 政策环境影响分析

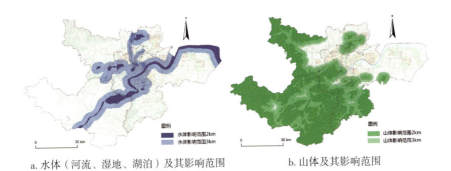

a. 水体（河流、湿地、湖泊）及其影响范围　　　　　b. 山体及其影响范围

图 8-6　自然环境影响分析

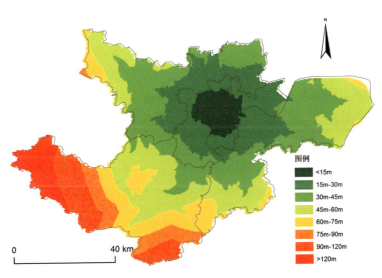

图例

- <15m
- 15m-30m
- 30m-45m
- 45m-60m
- 60m-75m
- 75m-90m
- 90m-120m
- >120m

图 8-7　到城市中心交通可达性

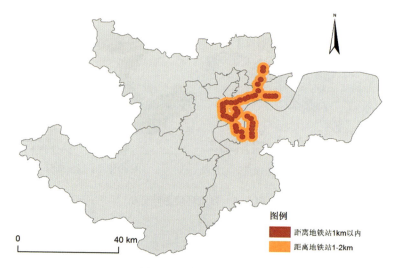

图 8-8　地铁影响范围

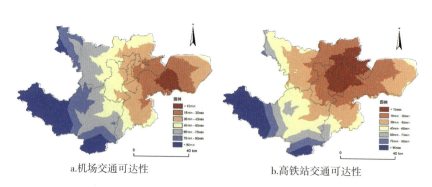

a.机场交通可达性 　　　　　　　b.高铁站交通可达性

图 8-9　对外交通联系便捷度分析

a.中小学空间分布 　　　　　　　b.医院空间分布

图 8-10　公共服务设施评价

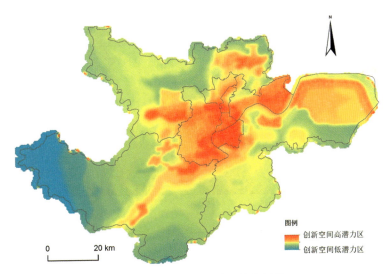

图 8-11 创新空间潜力综合评价

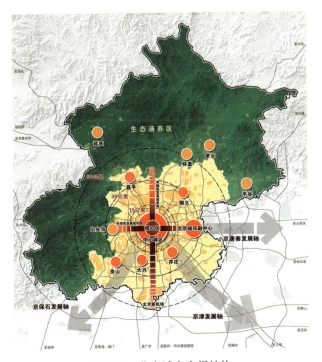

图 9-1 北京城市空间结构

资料来源：《北京城市总体规划 (2016 年—2035 年)》。

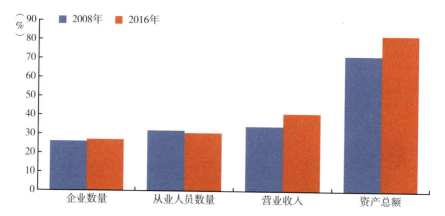

图 9-2　2008年和2016年两条轴线规模以上企业在全市经济活动中的比重变化情况

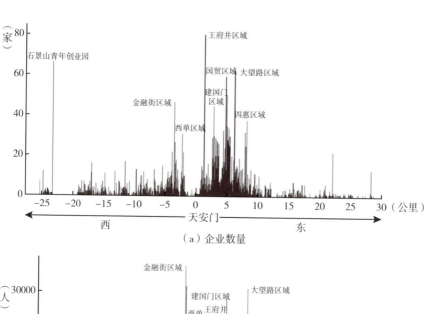

（a）企业数量

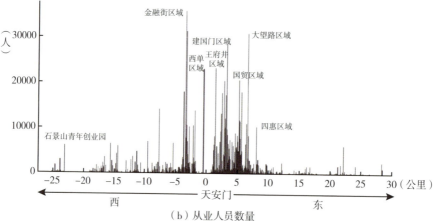

（b）从业人员数量

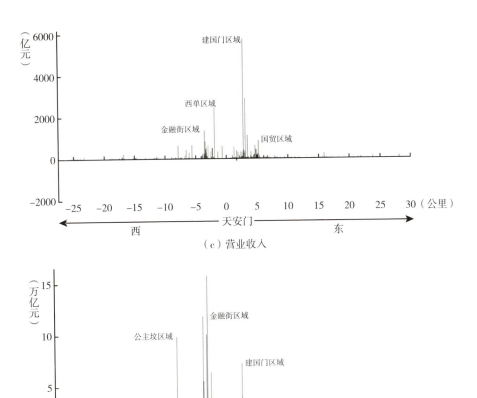

（c）营业收入

（d）资产总额

图 9-3　2016年长安街及其延长线区域经济活动分布情况

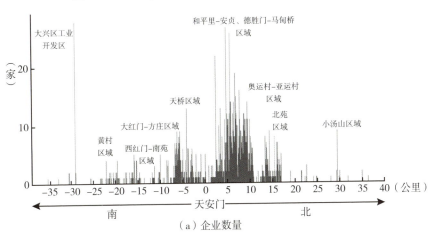

（a）企业数量

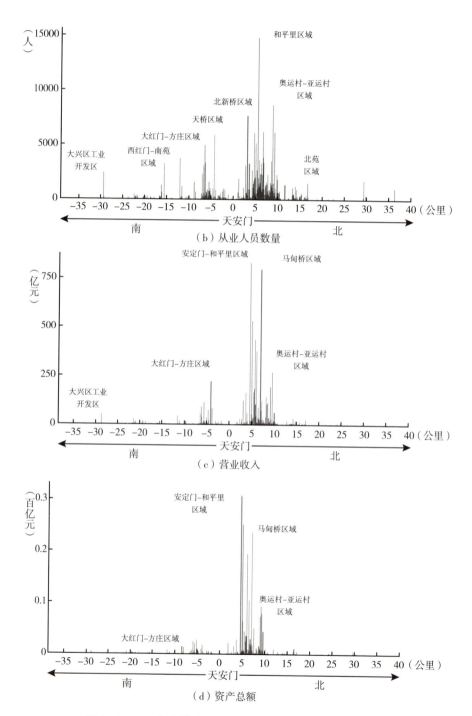

（b）从业人员数量

（c）营业收入

（d）资产总额

图 9-4　2016年中轴线及其延长线区域经济活动分布情况

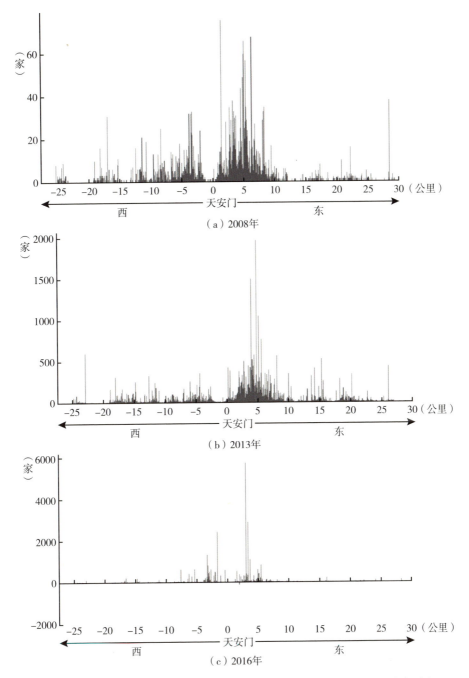

图 9-5　2008年、2013年、2016年长安街及其延长线区域企业数量分布对比

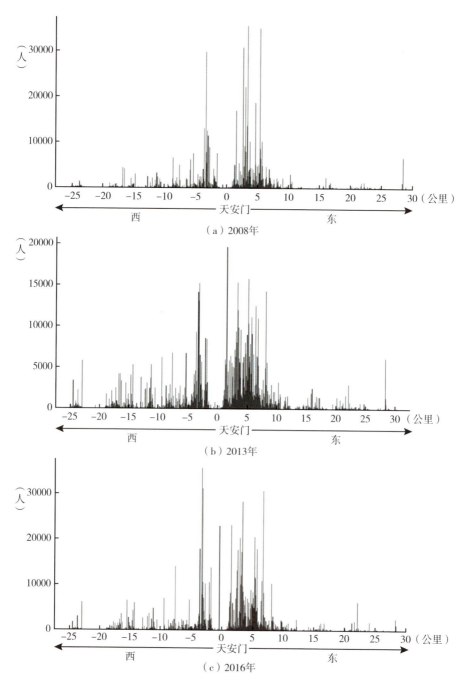

图 9-6　2008年、2013年、2016年长安街及其延长线区域从业人员数量分布对比

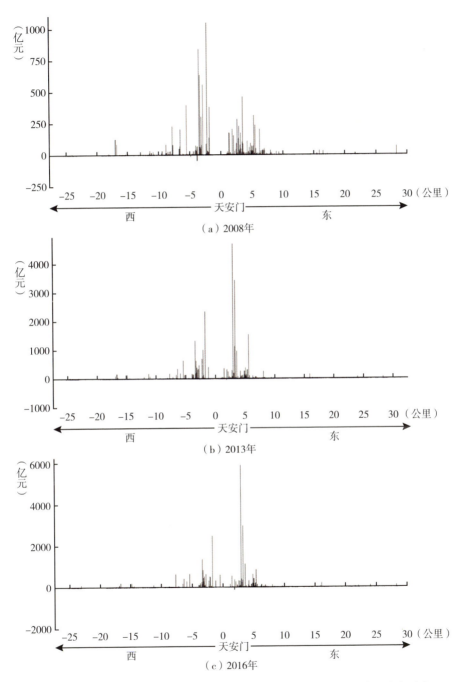

图 9-7　2008年、2013年、2016年长安街及其延长线区域营业收入分布对比

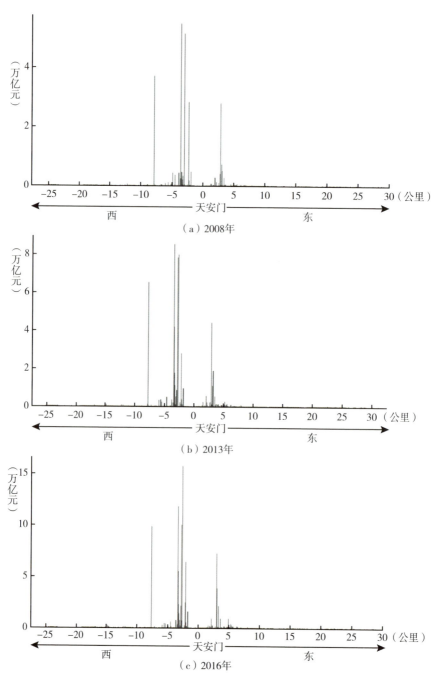

图9-8 2008年、2013年、2016年长安街及其延长线区域资产总额分布对比

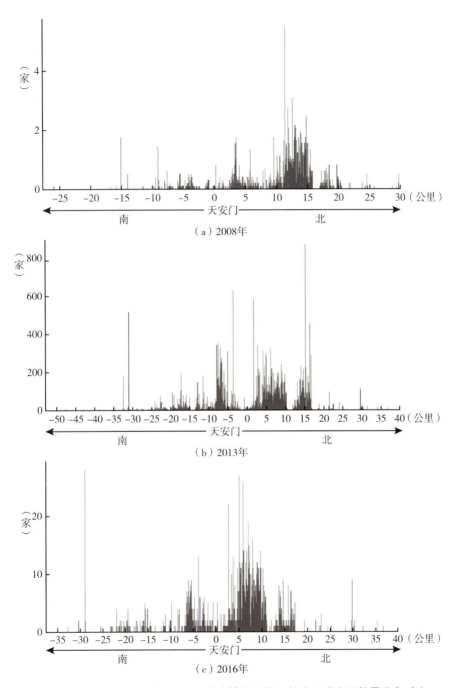

图 9-9　2008年、2013年、2016年中轴线及其延长线区域企业数量分布对比

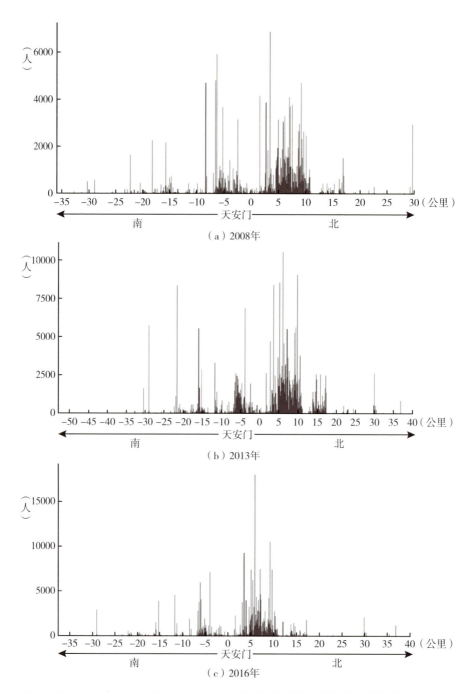

图 9-10　2008年、2013年、2016年中轴线及其延长线区域从业人员数量分布对比

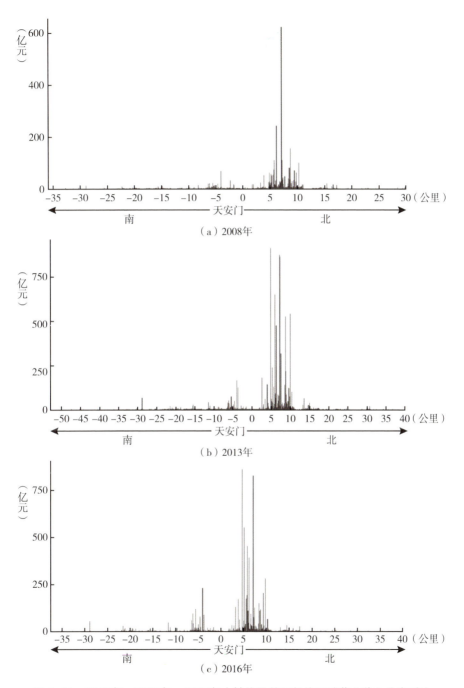

图 9-11　2008年、2013年、2016年中轴线及其延长线区域营业收入分布对比

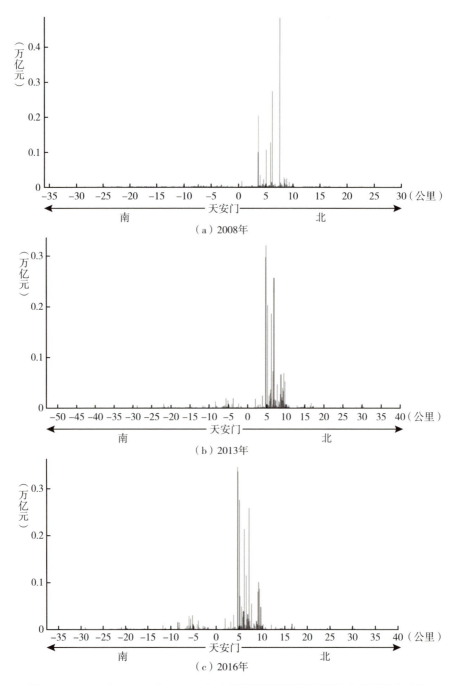

图 9-12　2008年、2013年、2016年中轴线及其延长线区域资产总额分布对比

a.规模以上企业数量空间分布

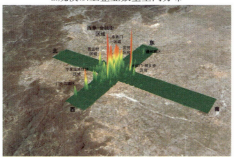

b.规模以上企业从业人员数量空间分布

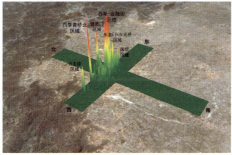

c.规模以上企业营业收入空间分布

d.规模以上企业资产总额空间分布

图 9-13 2008年北京经济活动空间格局

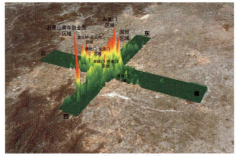

a.企业数量空间分布

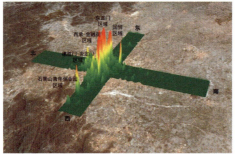

b.从业人员数量空间分布

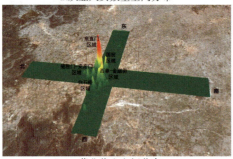

c.营业收入空间分布

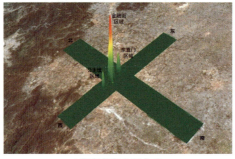

d.资产总额空间分布

图 9-14　2013年北京经济活动空间格局

a.规模以上企业数量空间分布

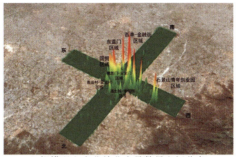

b.规模以上企业从业人员数量空间分布

c.规模以上企业营业收入空间分布

d.规模以上企业资产总额空间分布

图 9-15　2016年北京经济活动空间格局

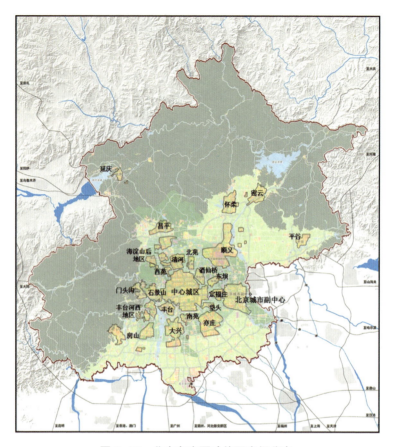

图 9-16　北京各主要功能区空间分布

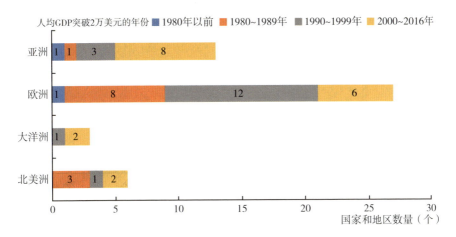

图 10-1　人均GDP超过2万美元的国家和地区的时空分异

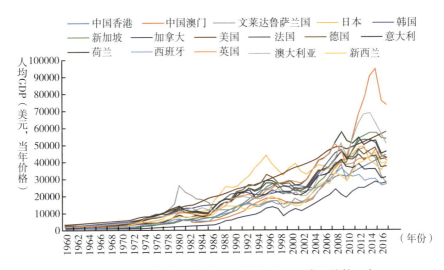

图 10-2　16个世界主要国家和地区人均GDP发展趋势示意

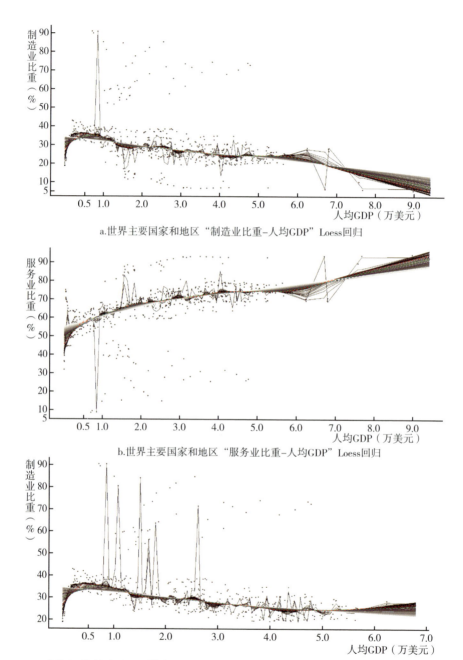

a.世界主要国家和地区"制造业比重–人均GDP"Loess回归

b.世界主要国家和地区"服务业比重–人均GDP"Loess回归

c.世界主要国家和地区"制造业比重–人均GDP"Loess回归（不包括中国香港、中国澳门）

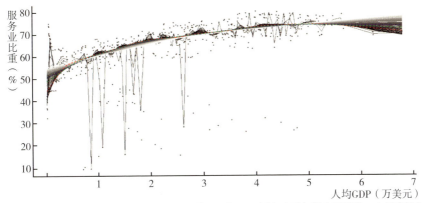

d.世界主要国家和地区"服务业比重–人均GDP"Loess回归（不包括中国香港、中国澳门）

图 10-3　人均GDP超过2万美元的主要国家和地区产业结构与人均GDP的关系

注：红、绿、蓝线条分别代表 Loess 模型的 span 值为 0.2、0.3、0.4。

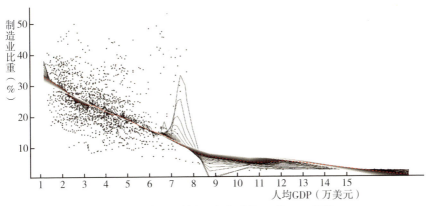

a.美国各州"制造业比重–人均GDP"Loess回归

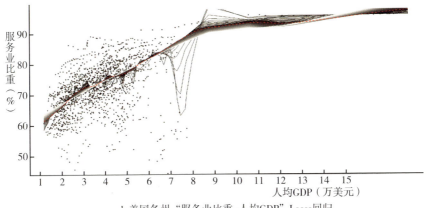

b.美国各州"服务业比重–人均GDP"Loess回归

图 10-4　美国各州产业结构与人均GDP的关系

注：红、绿、蓝线条分别代表 Loess 模型的 span 值为 0.2、0.3、0.4。

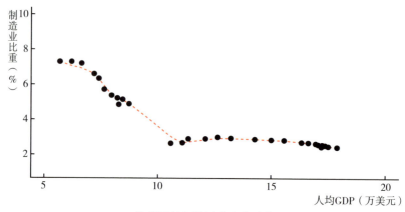

a.华盛顿特区"制造业比重–人均GDP"Loess回归

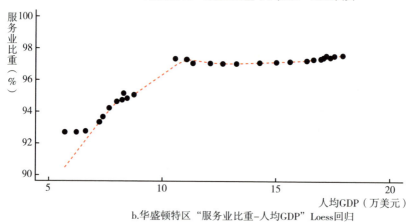

b.华盛顿特区"服务业比重–人均GDP"Loess回归

图 10-5　美国华盛顿特区产业结构与人均GDP的关系

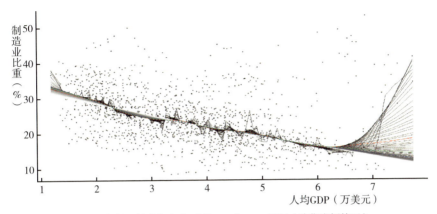

a.美国各州"制造业比重-人均GDP"Loess回归（除华盛顿特区）

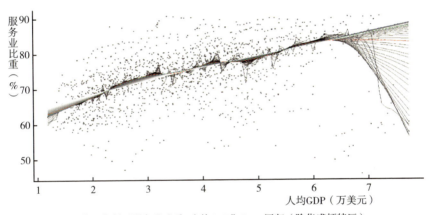

b.美国各州"服务业比重-人均GDP"Loess回归（除华盛顿特区）

图 10-6　美国各州产业结构与人均GDP的关系（除华盛顿特区）

注：红、绿、蓝线条分别代表 Loess 模型的 span 值为 0.2、0.3、0.4。

图 10-7　东京都人均GDP及日元汇率变化趋势

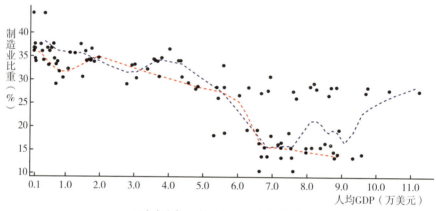

a.日本东京都 "制造业比重-人均GDP" Loess回归

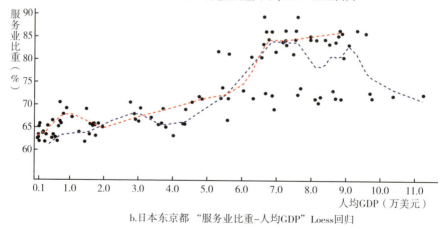

b.日本东京都 "服务业比重-人均GDP" Loess回归

图 10-8　日本东京都产业结构与人均GDP的关系（除华盛顿特区）

注：灰色散点与黑色拟合线对应的是美元当年价格，黑色散点与灰色拟合线对应的是经过通胀平减的人均GDP。

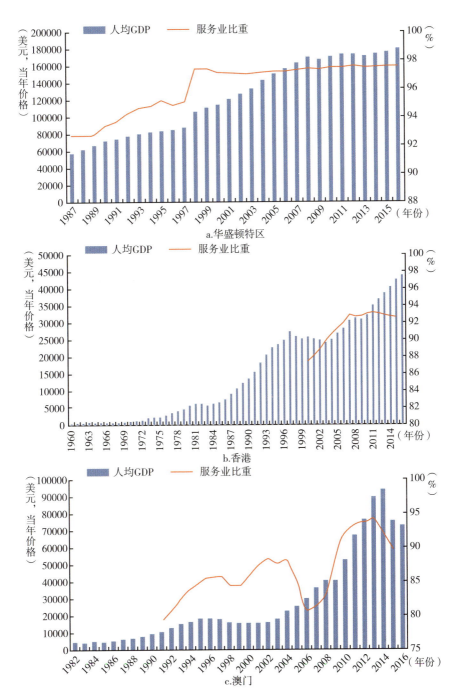

图 10-9　华盛顿特区、香港、澳门人均GDP与产业结构的关系

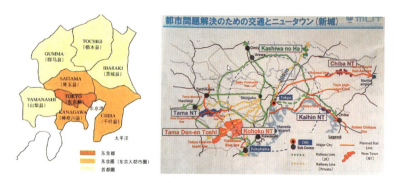

图 10-10　东京都市圈及新城分布

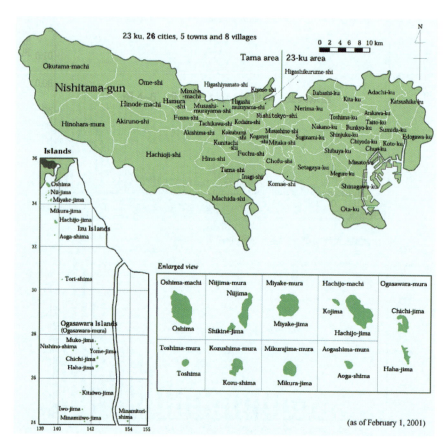

图 10-11　东京都市郡地区行政区划

资料来源：Creating the Future:The Long-term Vision of Tokyo。

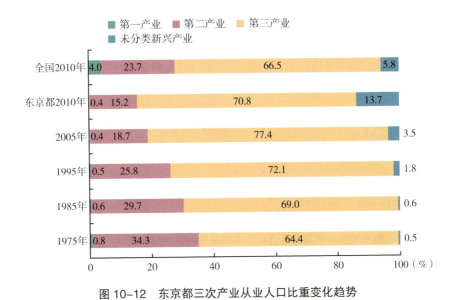

图 10-12　东京都三次产业从业人口比重变化趋势

资料来源：Creating the Future:The Long-term Vision of Tokyo。

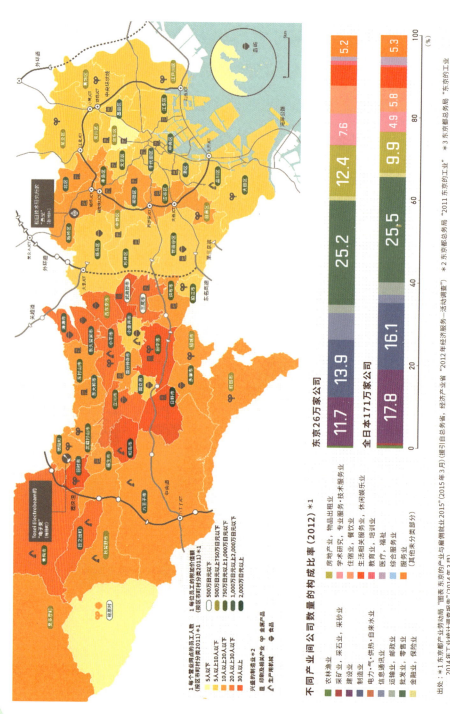

图 10–13 东京都制造业发展状况及空间布局

Creating the Future:The Long-term Vision of Tokyo。

资料来源：Creating the Future:The Long-term Vision of Tokyo。

出处：*1 东京都产业劳动局 "图表 东京的产业与雇佣就业2015" (2015年3月) (援引自总务省，经济产业省 "2012年经济普查—活动调查" *2 东京都总务局 "2011 东京的工业" *3 东京都总务局 "东京的工业" 2014年工业统计调查报告" (2014年3月)

东京都土地利用图

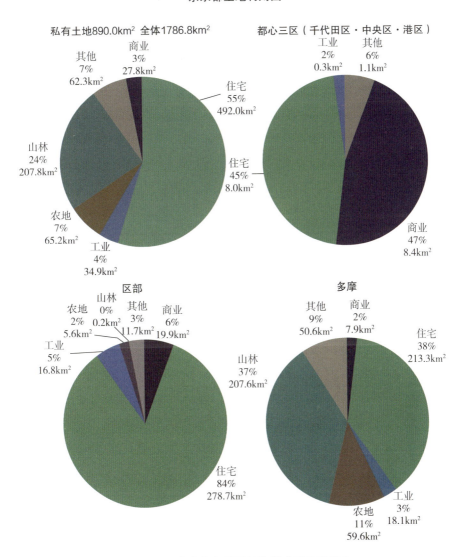

私有土地890.0km² 全体1786.8km²

其他 7% 62.3km²
商业 3% 27.8km²
住宅 55% 492.0km²
山林 24% 207.8km²
农地 7% 65.2km²
工业 4% 34.9km²

都心三区（千代田区·中央区·港区）

工业 2% 0.3km²
其他 6% 1.1km²
住宅 45% 8.0km²
商业 47% 8.4km²

区部

农地 2% 5.6km²
山林 0% 0.2km²
其他 3% 11.7km²
商业 6% 19.9km²
工业 5% 16.8km²
住宅 84% 278.7km²

多摩

其他 9% 50.6km²
商业 2% 7.9km²
住宅 38% 213.3km²
山林 37% 207.6km²
工业 3% 18.1km²
农地 11% 59.6km²

图 10-14　东京都各类用地比例（不含岛屿）

资料来源：Creating the Future:The Long-term Vision of Tokyo。

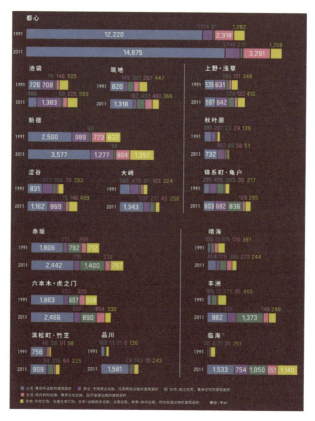

图 10-15　东京都中心与各副中心土地利用变化趋势

资料来源：Creating the Future:The Long-term Vision of Tokyo。

图 10-16　东京都多中心空间结构

资料来源：Creating the Future:The Long-term Vision of Tokyo。

图 10-17　大伦敦地区行政区划示意

资料来源：伦敦规划文本。

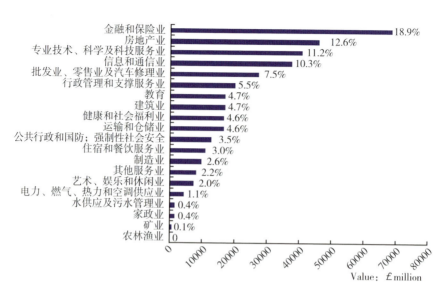

图 10-18　大伦敦地区2014年各产业增加值与产业结构示意

资料来源：Economic Evidence Base for London 2016。

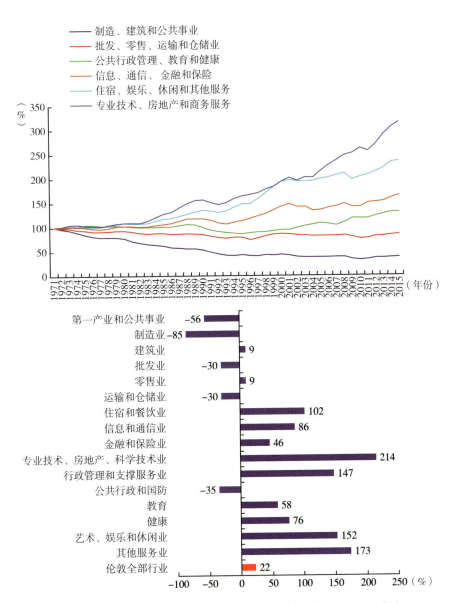

图 10-19　大伦敦地区主要产业就业岗位变化情况（1971~2015年）

资料来源：Economic Evidence Base for London 2016。

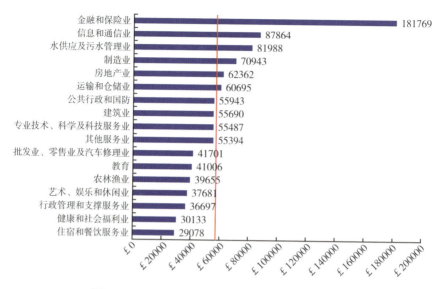

图 10-20 2014年大伦敦地区各产业生产效率对比

资料来源：Economic Evidence Base for London 2016。

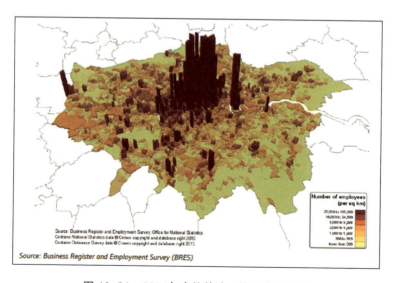

图 10-21 2014年大伦敦地区就业密度示意

资料来源：Economic Evidence Base for London 2016。

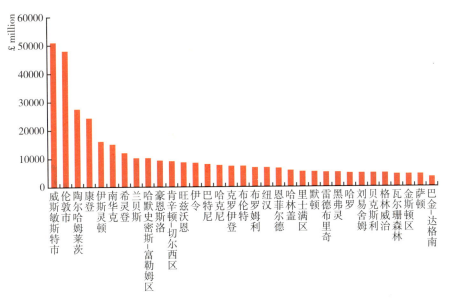

图 10-22　2014年大伦敦地区各自治市GVA排名

资料来源：Economic Evidence Base for London 2016。

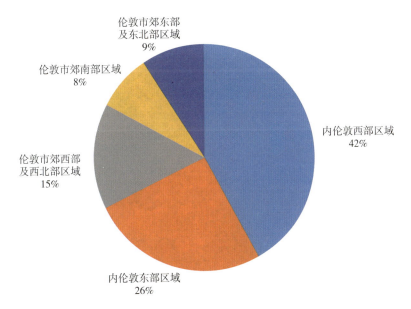

图 10-23　2014年大伦敦地区各区域GVA占全市的比重

资料来源：Economic Evidence Base for London 2016。

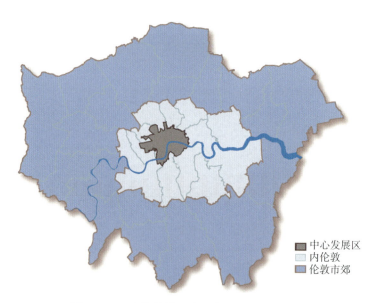

中心发展区
内伦敦
伦敦市郊

图 10-24　大伦敦地区中心发展区CAZ范围示意图

资料来源：伦敦规划文本。

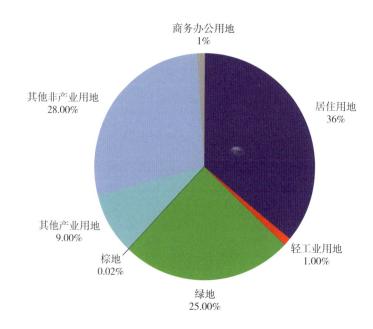

商务办公用地
1%

其他非产业用地
28.00%

居住用地
36%

其他产业用地
9.00%

棕地
0.02%

轻工业用地
1.00%

绿地
25.00%

图 10-25　2015年大伦敦地区土地利用情况

资料来源：Industrial Land Supply and Economy Study 2015。

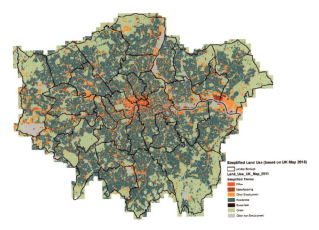

图 10-26　2015年大伦敦地区土地利用类型分布示意

资料来源：Industrial Land Supply and Economy Study 2015。

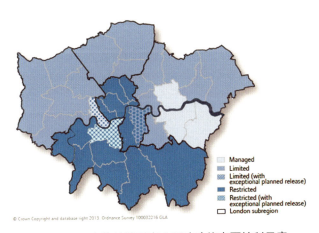

图 10-27　大伦敦地区产业用地功能变更控制示意

资料来源：伦敦规划文本。

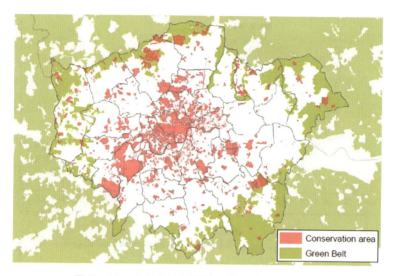

图 10-28　大伦敦地区保护区及环城绿带区分布

资料来源：伦敦规划文本。

图 10-29　1971~2036年伦敦地区人口数量统计与预测值

资料来源：伦敦规划文本。

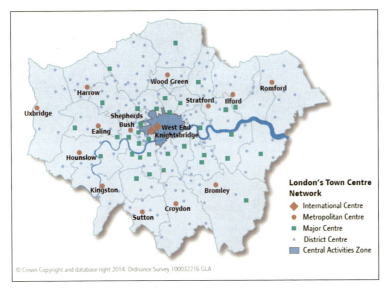

图 10-30　大伦敦地区城市中心体系规划

资料来源：伦敦规划文本。

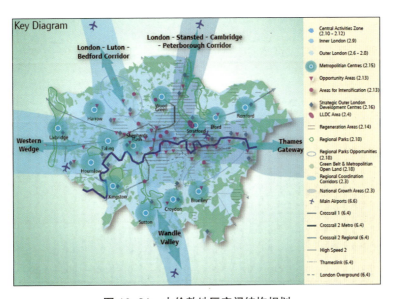

图 10-31　大伦敦地区空间结构规划

资料来源：伦敦规划文本。

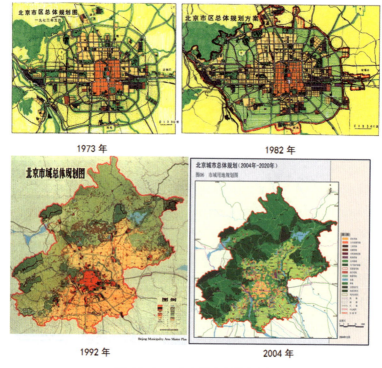

图 10-32　北京城市总体规划

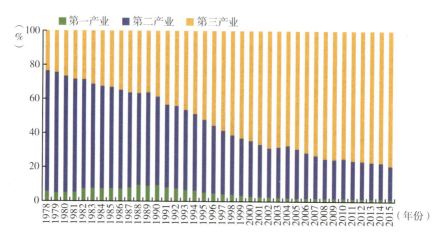

图 10-33　北京三次产业结构变化

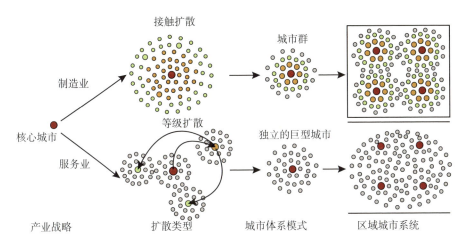

图 10-34　核心城市产业选择对区域城市体系发展的影响机制和过程

图书在版编目（CIP）数据

城市空间分析与区位政策：以北京、杭州为例 / 李
佳洺著. -- 北京：社会科学文献出版社，2018.10
ISBN 978 - 7 - 5201 - 2627 - 4

Ⅰ.①城…　Ⅱ.①李…　Ⅲ.①城市经济 - 研究 - 中国
Ⅳ.①F299.2

中国版本图书馆 CIP 数据核字（2018）第 084921 号

城市空间分析与区位政策：以北京、杭州为例

著　　者 / 李佳洺

出 版 人 / 谢寿光
项目统筹 / 高明秀
责任编辑 / 仇　扬　王红平

出　　版 / 社会科学文献出版社·当代世界出版分社（010）59367004
　　　　　　地址：北京市北三环中路甲29号院华龙大厦　邮编：100029
　　　　　　网址：www. ssap. com. cn
发　　行 / 市场营销中心（010）59367081　59367018
印　　装 / 三河市东方印刷有限公司

规　　格 / 开　本：787mm × 1092mm　1/16
　　　　　　印　张：20.5　插　页：6　字　数：313 千字
版　　次 / 2018 年 10 月第 1 版　2018 年 10 月第 1 次印刷
书　　号 / ISBN 978 - 7 - 5201 - 2627 - 4
审 图 号 / GS（2018）4933 号
定　　价 / 98.00 元